„Das Umfeld ist bei ihnen völlig anders"

Forschung aus der Hans-Böckler-Stiftung 133

Herausgegeben von der Hans-Böckler-Stiftung, Düsseldorf

Matthias Klemm
Clemens Kraetsch
Jan Weyand

„Das Umfeld ist bei ihnen völlig anders“

Kulturelle Grundlagen der europäischen betrieblichen Mitbestimmung

edition sigma

Bibliografische Information der Deutschen Nationalbibliothek

Die Deutsche Nationalbibliothek verzeichnet diese
Publikation in der Deutschen Nationalbibliografie;
detaillierte bibliografische Daten sind im Internet
über http://dnb.d-nb.de abrufbar.

ISBN 978-3-8360-8733-9

Umschlaggestaltung: Gaby Sylvester, Düsseldorf. Umschlaggrafik: Maxim_Kazmin – Fotolia.com.

Druck: Rosch-Buch, Scheßlitz

Printed in Germany

Inhalt

Danksagung

Dieses Buch ist das Ergebnis eines Forschungsprojekts, das unter dem Titel „Kommunikation und Solidarität in der internationalen Arbeitnehmerkooperation“ von 2006 bis 2009 von der Hans-Böckler-Stiftung gefördert wurde. Der von der Hans-Böckler-Stiftung eingesetzte Beirat hat das Projekt kontinuierlich begleitet und uns regelmäßig produktive Anregungen für die weitere Forschung gegeben. Wir danken an dieser Stelle der Hans-Böckler-Stiftung für die finanzielle, *Karsten Schneider* für die organisatorische und unserem Beirat für die inhaltliche Unterstützung.

Unser besonderer Dank gilt der IG Metall, die uns den Zugang zu den von uns untersuchten Unternehmen eröffnet hat und den Gewerkschaftern aus Deutschland, Spanien, Ungarn, Polen, der Tschechischen Republik, vom Europäischen Metallarbeiterbund und den Angehörigen der anderen Organisationen und Institutionen, die uns durch ihre Gesprächsbereitschaft so kompetent unterstützt haben.

Das Projekt wurde von *Gert Schmidt* und *Ilja Srubar* geleitet – eine Voraussetzung für die produktive Verbindung von Arbeits- und Industriesoziologie und Kultursoziologie, die das Buch trägt. Beiden danken wir an dieser Stelle für ihre Übersicht und ihre produktiven Interventionen. *Adrienn Huber, Zuzana Janouskovcova, Joanna Dubas, Agnes Lux* und *Sarah Speck* danken wir für die Unterstützung bei den Interviews, den teilnehmenden Beobachtungen und der Transkription und Interpretation der polnischen, ungarischen, spanischen und tschechischen Interviews. Und wir danken ihnen für ihr Engagement, das unsere Erwartungen weit überstieg.

Ohne die international aktiven Betriebsräte und Eurobetriebsräte, die uns so freundlich aufgenommen und geduldig mitgenommen haben und die uns trotz oft knapper Zeit ihre Zeit für die Beantwortung unserer Forschungsfragen geopfert haben, hätten wir diese Studie nicht durchführen können. Wir dürfen sie, die den wichtigsten Beitrag zu dieser Studie geliefert haben, an dieser Stelle nicht namentlich nennen. Ihnen sprechen wir unseren tiefen Dank und unsere Hochachtung für das aus, was sie alltäglich leisten. Wir wünschen und hoffen, dass die Ergebnisse unserer Arbeit für ihre Arbeit von Nutzen sind.

Erlangen, im Februar 2011

Matthias Klemm
Clemens Kraetsch
Jan Weyand

Vorwort

Gert Schmidt, Ilja Srubar

„Don't do it" – dies der Titel des Hauptartikels in einer jüngst erschienenen Ausgabe des liberalen britischen „Economist". Der Aufruf dieses renommierten Wirtschafts-Journals zielt auf den, vor dem Hintergrund von real- und finanzwirtschaftlichen Turbulenzen der letzten Jahre von einigen Repräsentanten des Wirtschaftsgebildes Europa forcierten Gedanken, den Euro nach zehnjährigem Währungslauf wieder aufzugeben oder zu „spalten".

Zwanzig Jahre nach der historischen Herausbildung einer geopolitischen und geowirtschaftlichen Konstellation eines neuen Europas und dem Ende der „Nachkriegszeit" und knapp zehn Jahre nach der Einführung der europäischen Gemeinschaftswährung – des Euro – taumelt Europa offenbar in eine Krise. Der Anlässe für europäisches Krisenreden gibt es flache und tiefer gründende genug: Da sind aktuelle finanzwirtschaftliche Katastrophenszenarien à la Griechenland oder Irland, da zeigen sich historisch verortete Wider-Verständnisse zwischen den „alten" westeuropäischen Gesellschaften und jenen der mit der Osterweiterung neu hinzugekommenen Nationen – sich etwa äußernd in unterschiedlichen Positionen bezüglich Nato-Politik und Atlantik-Orientierung (es erweist sich der osteuropäische Raum plötzlich als „westlicher" als die westeuropäischen Staaten), da offenbaren sich tiefe Gräben bezüglich der Wahrnehmung einer kulturellen Identität Europas als nicht nur multi-ethnisches, sondern auch multi-religiöses Gemeinwesen (deutlich vor allem mit Blick auf die Beurteilung einer „Europatauglichkeit" der Türkei), da bilden sich „neue" Frontlinien zwischen den großen Staatsnationen in Europa und den weniger großen (es ist in diesem Zusammenhang die Rede von einem „Kerneuropa" und einem erweiterten Gebilde Europa), und es werden sichtbar schließlich mit Blick auf viele kleinere und größere so genannte europäische Gesetzgebungsentwürfe und hinsichtlich der wirtschaftspolitischen Rahmensteuerung die Gegensätze zwischen wirtschaftsstarken Regionen in Europa und wirtschaftlich eher schwächeren Räumen. Die genannten und andere Konflikträume mit Blick auf europäische Identitätsbildung und europäische Politik – also das, was empirisch „Europa" vorzustellen vermag – müssen wohl letztlich interpretiert werden als nicht intendierte Folgen eines beachtlichen Erfolges in der Herstellung *eines* „Europa" nach den weltpolitischen Spaltungen und Spannungen infolge des Zweiten Weltkrieges. Der Phase eines engagierten *„Struggling For"* – eine Phase, die in den Anstrengungen von Kohl und Mitterand einen letzten Höhepunkt erreicht hatte – folgt nun offenbar – und man könnte sagen: naturwüchsig – das unerlässliche *„Mud-*

dling Through", der friedliche Kampf um die relative Positionierung der einzelnen Partner in Europa mit Blick auf Geben und Nehmen, Einfluss und Macht. Es ist Europa eben nicht nur ein Raum gemeinschaftlicher emphatischer Identität, sondern schlicht und einfach auch *„Contested Terrain"*, Chance der Öffnung neuer interner Konflikte als Momentum und Movementum realpolitischer Normalisierung des Gegenstandes „Europa".

Diese „Normalität" des neuen Europa unterhalb der emphatischen Identität als wirtschaftliche und politische sowie auch kulturelle Einheit auf globaler Ebene findet nicht zuletzt Ausdruck in der „realen" Welt der Industriellen Beziehungen als einer – nicht unwichtigen – Arena von Europa-generierter und Europa-bezogener Wirtschafts- und Arbeitspolitik. Die Öffnung der Produkt- und Arbeitsmärkte im Zuge der europäischen Einigung, die Herausbildung von europäischen Wirtschaftsinstitutionen und Unternehmensfigurationen, die neue europäische Einbettung für politische und wirtschaftliche Interessensausbildung hatte schon in der „alten" westeuropäischen Union zu beachtlichen Problemlagen und zu heftigen Interessensbekundungen und Interessenspolitiken besonderer Art geführt. Europäische Gewerkschaftspolitik und europaorientierte Unternehmensstrategien und staatliche Wirtschaftspolitik sind bereits vor 1990 „Elemente" von Wirklichkeit in Europa gewesen – und auch von Konflikten.

Dabei wurde auch in den 1970er und 1980er Jahren schon die Erfahrung des *„Culture Matters"* gemacht. Mit der Öffnung des europäischen Raumes in den ehemaligen COMECON hinein veränderten sich jedoch die europäische Grenzerfahrung nach außen wie auch die europäischen „Grenzen-Erfahrungen" nach innen noch einmal ganz erheblich. Und: Nach der so genannten Ost-West-Konfrontation ward Europa mehr oder minder plötzlich in eine neue global geopolitische Konstellation „versetzt" – und Europa hatte nach innen neuartige Assoziationen und Grenzen der Gemeinschaftserfahrung einzuarbeiten. Letzteres betraf vor allem auch den Bereich der Arbeitspolitik, und hier insbesondere die Anstrengungen um eine institutionelle Verfügung von Arbeitskrafteinsatz und Arbeitskraftnutzung im europäischen Raum wie auch die normative Einbettung des Austragens der Interessenskonflikte zwischen „Kapital" und „Arbeit" im europäischen Sozial- und Wirtschaftsraum. Dass diese Interessenkonflikte nicht nur durch materiale „Realfaktoren" gerahmt sind, dürfte vor dem Hintergrund des bereits Gesagten deutlich geworden sein. „Interkulturalität" wurde zum bedeutenden Faktor von Arbeitsbeziehungen in dem sich neu formierenden europäischen und globalen sozialen Raum.

Die vorliegende Studie entstand im Kontext von Untersuchungen zur interkulturellen Kommunikation in transnationalen Unternehmen, die am Institut für Soziologie der Universität Erlangen in den Jahren von 2000 bis 2005 durchgeführt wurden.[1] In diesen Untersuchungen zeigte sich, dass Kommunikation und interkulturelle Kompetenz vom Management der Global Players als wichtige Ressourcen angesehen werden, von deren effektiver Handhabung die Effizienz der Betriebe im erheblichen Maße abhängt. „Synergetische Effekte" aus der erfolgreichen Zusammenführung kulturell unterschiedlicher Wissensvorräte der Mitarbeiter stellen daher nicht alleine einen Bestandteil des theoretischen Managerwissens dar, sondern die konkrete Erfahrung davon, welche Konsequenzen das Gelingen bzw. das Misslingen von Kommunikation für den Betriebsablauf hat, gehört zur alltäglichen Praxis der Expatriates und ihrer „indigenen" Kollegen. Insofern war das Management den Problemen interkultureller Kommunikation gegenüber sensibilisiert und maß der Thematik mehr Bedeutung zu als mancher deutsche Universitätsrektor.

Nachdem unsere Untersuchungen zeigten, dass interkulturelle Kommunikation nicht nur in Managerseminaren, sondern vor allem in der Managerpraxis der transnationalen Unternehmen einen relevanten Faktor darstellt, wollten wir auch erfahren, welche Rolle sie in der Arbeitnehmerorganisation in diesen Unternehmen spielt. Ähnlich wie auf der Managerseite war auch hier zu erwarten, dass sich unterschiedliche nationale und politische Selbstverständnisse sowie unterschiedliche Betriebs- und Gewerkschaftskulturen begegnen, die als Hintergründe die Möglichkeiten der Koordinierung gemeinsamen Handelns beeinflussen würden, Möglichkeiten, die kommunikativ hergestellt werden müssten. Bei der Vorbereitung des Projekts zeigten sich auch schnell wesentliche Unterschiede bezüglich der Hürden, die interkulturelle Kommunikation und Handlungskoordinierung seitens des Managements und der Gewerkschaft in transnationalen Unternehmen zu nehmen haben. Im Managerkontext geht es vor allem darum, durch die Optimierung der Kommunikation die Effizienz und somit die Alleinstellung des Betriebs im konkurrenzgeprägten Handlungsfeld der Marktwirtschaft zu steigern bzw. zu festigen. Dazu verfügt das Management auch über ein Machtpotenzial und kann hierfür entsprechende materiale Mittel bereitstellen. Im Gewerkschaftskontext dagegen muss die Kommunikation selbst eine für die erfolgreiche Kooperation nötige Ressource hervorbringen, die im konkurrenzgetriebenen Handlungsfeld der Wirtschaft auch noch kontrasystemisch ist, von der jedoch das Maß der Handlungsmacht der Gewerkschaft im Falle eines

1 Es handelt sich um die beiden am Institut für Soziologie der FAU Erlangen-Nürnberg angesiedelten, von der DFG geförderten Forschungsprojekte: „Kommunikation im multikulturellen Unternehmen" und „Glocal Knowledge – Die kommunikative Genese von Wissen zwischen Globalität und Lokalität am Beispiel eines interkulturellen Unternehmens". An den Projekten waren Ivana Hollerová, Arlena Jung, Matthias Klemm, Ursula Mense-Petermann, Michael Popp, Jan Vláčil und Vlado Simeunovic beteiligt. Geleitet wurden die Forschungsprojekte von Gert Schmidt und Ilja Srubar.

Konflikts mit dem Management wesentlich abhängt – nämlich die „Solidarität" der Arbeitnehmer miteinander. Dies gilt nicht nur innerbetrieblich, sondern im gegenwärtigen Rahmen globalisierter Produktion auch transnational. Die dabei auftretenden konträren Handlungszwänge, die Loyalität gegenüber den Mitarbeitern im eigenen Betrieb verlangen, dessen erfolgreiche Aufrechterhaltung langfristig jedoch nur aufgrund der Verständigung mit anderen Belegschaften erreicht werden kann, stellen bereits im „monokulturellen" Rahmen Rechtfertigungsanforderungen dar, die hohe Kommunikationskompetenz erfordern. Der Anspruch auf regionen- und nationenübergreifende „Solidarität" wird objektiv gebrochen durch höchst unterschiedliche Ausgangspositionen der lokal und regional verschieden verorteten Agenten und Repräsentanten von Arbeitnehmerinteressen. Zu diesen systemisch induzierten Kommunikations- und Koordinierungsproblemen treten dann jene Kulturdifferenzen hinzu, die wir bereits nannten und deren Wirkungsmächtigkeit durch die systeminduzierte Paradoxie des gewerkschaftlichen Handelns potenziert wird.

Dass „Solidarität" zugleich eine Voraussetzung als auch eines der zu erreichenden Ziele des gewerkschaftlichen Handelns darstellt, ist den Akteuren durchaus präsent, wie die im Rahmen dieser Studie geführten Interviews belegen. Ebenso präsent ist ihnen auch die Überzeugung, dass in den sensiblen Verhandlungsprozessen, die in den Europäischen Betriebsräten ablaufen, die Herstellung gegenseitigen Vertrauens die Grundlage für Strategien des solidarischen Auftretens gegenüber dem Management ist. Trotz dieser allgemeinen Anerkennung der beiden Werte ist ihre faktische Herstellung in konkreten Situationen ein schwieriger Prozess, in dem der Kommunikation eine zentrale Rolle zukommt. Die Schwierigkeiten dieses Prozesses sind – wie die Studie zeigt – auf verschiedenen Ebenen eingelagert. Es ist zum einen die aufgezeigte systemische Paradoxie, Solidarität unter Bedingungen herstellen zu müssen, die durch den Zwang zum Konkurrenzverhalten gekennzeichnet sind. Zum zweiten spielen die unterschiedlichen Vorstellungen von „Solidarität" und ihrer praktischen Umsetzung eine Rolle, die im Wissensvorrat der Akteure verankert sind. Und schließlich treten all die Faktoren hinzu, durch welche die interkulturelle Kommunikation erschwert wird und die – allgemein gesprochen – aus der biographischen Verwurzelung der Akteure in unterschiedlichen Lebenswelten resultieren.

Das kooperative Handeln der Gewerkschaftsakteure findet also auf komplexem sozio-kulturellem Terrain statt, das in konkreten Praktiken bewältigt werden will. Dieser Praxis ist die vorliegende Studie gewidmet. Die Untersuchung der Kooperation und des darin enthaltenen kommunikativen Handelns von gewerkschaftlichen Akteuren setzt natürlich voraus, dass sowohl die betrieblichen, rechtlichen und organisatorischen Handlungsbedingungen auf relevanten Ebenen als auch die lebensweltlich-kulturellen Orientierungen des Handelns berücksichtigt werden. Daher verbindet das Design dieser Studie die industrie- und organisationssoziologische Perspektive mit der kultur- und wissenssoziologischen Sicht – und zwar sowohl theoretisch als auch bei der Datengewinnung und -auswertung. Gezeigt werden die Rahmenbedingungen und die unterschiedlichen Handlungsmuster, in welchen die transnationalen Europäischen Betriebsräte die Herstellung von „Vertrauen" und „Solidarität" in ihrer alltäglichen Praxis bewältigen, weiterhin die kulturellen Selbst- und Fremdbilder, die die interkulturelle Interaktion prägen, sowie die konkreten Handlungs- und Deutungspraktiken, mit deren Hilfe die beobachteten Differenzen zwischen dem Fremden und dem Eigenen verarbeitet werden. Dabei kommen aussichtsreiche sowie weniger aussichtsreiche Kommunikationsstrategien und -abläufe ans Licht, die im erhobenen Material detailliert dokumentiert werden konnten. Auf mehreren Ebenen wird deutlich, dass es trotz der EU-Erweiterung und der Europäisierung von Arbeitnehmervertretungen nach wie vor eine Ost-West-Asymmetrie in der gegenseitigen Wahrnehmung der Akteure gibt, in der die Unterstellung einer Superiorität des „Westens" das Selbstverständnis der Akteure in vielfältiger Weise bestimmt. Das konfliktreiche Geflecht der aufgrund mangelhafter Kenntnis von Handlungshintergründen gegenseitig unterstellten Überheblichkeiten und deren Abwehr wird eingerahmt durch das Ost-West-Lohngefälle und die daraus resultierenden Konkurrenzängste. Dies ist jedoch nur eine Seite der Medaille, die die Studie zeigt – die Seite der Hürden, die die transnationale gewerkschaftliche Kooperation in realen Settings zu nehmen hat. Die andere Seite, die von der Studie ebenso zu Tage gefördert wird, zeugt davon, dass der Prozess der Europäisierung der Gewerkschaftsarbeit trotz aller Suboptimalität der interkulturellen Kommunikation zu greifen beginnt, indem die Möglichkeiten des Gewerkschaftshandelns auf europäischer Ebene zur Behebung regionaler Missstände aktivierbar werden.

Vor diesem Hintergrund verfolgt die vorliegende Forschungsarbeit zwei Ziele: Innerwissenschaftlich bringt sie die Soziologie der Industriellen Beziehungen und die Kultursoziologie am Gegenstand der Kooperation von Arbeitnehmervertretern in Europa ins Gespräch. Die Projektleiter und die Autoren haben die Hoffnung, dass diese Studie zu einer Neuausrichtung der Soziologie der Industriellen Beziehungen beiträgt, worüber bisherige Beschränkungen überwunden werden könnten und worüber auch das in Anspruch genommene Theoriespektrum für eine auf europäischem und auf erweitertem internationalen Terrain arbeitende Soziologie der Industriellen Beziehungen deutlich erweitert werden könnte. Interökonomische Kooperation von Arbeitnehmern – insbesondere auch mit Blick auf die „enthaltenen" Interessenskonflikte – ist immer real interkulturelle Kooperation!

Würde man den Erkenntnisgewinn der vorliegenden Untersuchung für die Weiterentwicklung der verfahrenen Debatte über die Möglichkeit bzw. Unmöglichkeit interkultureller Kommunikation festhalten wollen, könnte man die

These formulieren, dass die unvermeidbare Suboptimalität interkultureller Kommunikation nicht zu der Annahme berechtigt, interkulturelle Verständigung könne nicht erreicht werden. Die anwendungsbezogene Fassung dieser zugegebenermaßen etwas sperrigen These würde dann wohl lauten: Jede Kommunikation ist besser als gar keine, wie schwierig sie auch sein mag.

1 Kulturelle Grundlagen der Kooperation von betrieblichen Arbeitnehmervertretern in Europa

Einleitung, Fragestellung und Aufbau der Studie

> „Bestimmte moralische Selbstbilder sind in bestimmte Praktiken eingebettet, und das kann zweierlei bedeuten: einerseits, daß diese Selbstbilder durch die Verbreitung der Praktiken gefördert werden, und andererseits, daß die Selbstbilder die Praktiken formen und zu ihrer Etablierung beitragen. Die Meinung, die Praktiken seien stets ausschlaggebend, ist ebenso absurd wie die entgegengesetzte Auffassung, wonach die Geschichte irgendwie von ‚Ideen' vorangetrieben wird." (Taylor 2009, S. 270)

Die Vertretung der betrieblichen Interessen von Arbeitnehmerinnen und Arbeitnehmern[1] steht vor neuen Herausforderungen. Um global wettbewerbfähig zu bleiben, haben viele Unternehmen in den letzten zwanzig Jahren ihre Unternehmensstruktur und -organisation sowie ihre Wertschöpfungsketten internationalisiert. Das hat unter anderem zur Folge, dass unternehmensintern Produktionsstandorte zueinander in Konkurrenz gesetzt werden. Der unternehmensinterne Standortwettbewerb ist inzwischen zu einer „alltäglichen" Managementstrategie geworden. Die betrieblichen Interessenvertretungen der international verteilten Standorte eines Unternehmens müssen deshalb in zunehmendem Maße die Entscheidungen und Aushandlungsprozesse an anderen Standorten für ihre eigene Interessenvertretung berücksichtigen und versuchen, Strategien gegen das gegenseitige Ausspielen von Standorten zu entwickeln.

Die Vertretung von Arbeitnehmerinteressen in international produzierenden Unternehmen verfügte lange Zeit über kein rechtlich kodifiziertes Forum, in dem die Vertreter der verschiedenen Standorte miteinander Kontakt aufnehmen, Informationen austauschen und ihre Handlungsstrategien koordinieren konnten. Mit der nach langem Vorlauf und heftigen Diskussionen erfolgten Ratifizierung der EG-Richtlinie[2] 94/45/EG vom 22. September 1994 wurde mit der Institution

---

1 Im Folgenden verwenden wir der Kürze halber nur die männliche Form, das andere Geschlecht ist natürlich mitgemeint.

2 Im vollen Wortlaut: Richtlinie über die „Einsetzung eines Europäischen Betriebsrats oder die Schaffung eines Verfahrens zur Unterrichtung und Anhörung der Arbeitnehmer in gemeinschaftsweit operierenden Unternehmen und Unternehmensgruppen". Zur Vorgeschichte und Entstehung der EBR-Richtlinie vgl. Lecher et al. 1998. Die Richtlinie

des Eurobetriebsrats (EBR) ein erstes Instrument zur Koordination von betrieblichen Arbeitnehmervertretungen in Europa geschaffen.

Mit der Einführung der EBR waren und sind von Seiten vieler Vertreter der Arbeitnehmer, wissenschaftlicher Beobachter und politischer Akteure eine Reihe emanzipatorischer Erwartungen verbunden: Der EBR soll zunächst eine effektivere Koordination der bislang einzelbetrieblich und vor allem national ausgerichteten Arbeitnehmervertretung in den Unternehmen ermöglichen, für die die Richtlinie gilt. Neben einer Stärkung der standortübergreifenden Arbeitnehmervertretung wird die Hoffnung artikuliert, mit Hilfe der EBR auf lange Sicht zu einer Europäisierung der Arbeitnehmervertretung und zu einer europaweiten Solidarisierung der Arbeitnehmer zu gelangen. Schließlich gilt vielen die EBR-Richtlinie im Verbund mit einigen weiteren Richtlinien und Verordnungen als eine Keimzelle eines im Entstehen begriffenen „Europäischen Sozialmodells" mit (hoffentlich) möglichst vielen Elementen des deutschen Systems der Mitbestimmung und der sozialen Rechte.

Dass die europaweite Vernetzung der betrieblichen Vertretung und gewerkschaftlichen Organisation von Arbeitnehmern die Rolle eines Motors einer Europäisierung von Arbeitnehmerinteressen einnehmen kann, ist jedoch aus zwei Gründen keineswegs ausgemacht. Erstens sind sowohl die gewerkschaftlichen wie auch die betrieblichen Interessenvertretungen nicht nur aufgrund der rechtlichen Rahmenbedingungen nach wie vor hauptsächlich national ausgerichtet und verankert und werden dies wohl auch bleiben,[3] da keine prinzipielle Lockerung der nationalstaatlichen Befestigung der Arbeitnehmerrechte gegenwärtig zu beobachten ist, sondern „nur" die Etablierung einer neuen Handlungsebene, auf der die Europäischen Betriebsräte (und die gewerkschaftlichen Dachverbände) agieren und die *neben* den bestehenden nationalstaatlichen bzw. lokalen Handlungsebenen existiert. Daher scheint es angemessen, von einer Gleichzeitigkeit nationaler und internationaler Interessenvertretung zu sprechen, und offen muss bleiben, ob die übernationale Handlungsebene langfristig an Bedeutung gewinnen wird.

Zweitens werden guter Wille und wachsende Erfahrung der Akteure nicht allein die Schwierigkeiten, vor denen eine europaweit agierende betriebliche Interessenvertretung steht, lösen können. Jenseits der recht abstrakten Postulate

---

wurde 2009 novelliert. Die Änderungen betreffen vor allem verfahrensrechtliche Sachverhalte, der Kern der Richtlinie bleibt im Prinzip unverändert.

3 Die Zusammenarbeit zwischen Gewerkschaften in Europa findet, zugespitzt formuliert, vor allem auf der Ebene der Spitzenfunktionäre statt. Die nationalen Gewerkschaften verweigern sich zudem – durchaus berechtigterweise – einer Abgabe von Kompetenzen und Ressourcen auf die europäische Gewerkschaftsebene. Die europäische Vertretung der Metallgewerkschaften (und das ist eine der großen Vertretungen) kann von der Ausstattung her kaum mit einer größeren Verwaltungsstelle der IG Metall konkurrieren.

europäischer Gemeinsamkeiten und auch jenseits des Ziels (und Willens), in die „gleiche Richtung“ zu arbeiten, stellt sich die vermeintlich gleiche Situation für die beteiligten Akteure – teils erheblich – unterschiedlich dar, denn in solchen Kooperationen treffen sich Arbeitnehmervertreter, die innerhalb des Unternehmens über unterschiedlich viel Macht verfügen, aus unterschiedlichen nationalen und betrieblichen Kontexten, aus unterschiedlichen Systemen Industrieller Beziehungen und aus unterschiedlichen gewerkschaftlichen Traditionen stammen. Sie sprechen unterschiedliche Sprachen und vertreten zuerst die Interessen ihrer Belegschaften. Die gemeinsamen Interessen an umfassender Information durch das zentrale Management und der Wunsch nach abgestimmtem Verhalten gegenüber dem zentralen Management auf der einen Seite sowie konkurrierende oder gegensätzliche Interessen einzelner Standorte in unterschiedlichen Systemen Industrieller Beziehungen auf der anderen Seite bilden ein in jedem Einzelfall komplexes Konglomerat. Wegen der wechselseitigen Unvertrautheit mit den jeweils anderen Handlungskontexten und -mustern scheint die Erwartung plausibel, dass eine Verständigung nicht automatisch gelingen wird.[4]

Erfahrungen, Traditionen, Interessen und Positionen, die in einem nationalen, vereinheitlichten Rahmen als weitgehend selbstverständlich und bekannt gelten können und die das Handeln der betrieblichen Interessenvertreter rahmen, weichen auf der internationalen Ebene erheblich voneinander ab. Selbst wenn die unterschiedlichen Ausprägungen der Praxen der Arbeitnehmervertretung bekannt sind, sind sie noch lange nicht vertraut, weil sie in unterschiedlichen Systemen Industrieller Beziehungen zur Anwendung kommen. Während im jeweiligen nationalen Kontext der betrieblichen Interessenvertretung etwa die Möglichkeiten und die Grenzen des Handelns der betrieblichen Arbeitnehmervertreter oder die normativen Demarkationslinien, die die Grenze zwischen legitimen und illegitimen Handlungen markieren, den Beteiligten bekannt und oft aus eigener Erfahrung vertraut sind, müssen solche Erfahrungen auf internationaler Ebene erst „artikuliert“ und „verhandelt“ werden.

Die angeführten kursorischen Bemerkungen zu den Problemen der Kooperation von betrieblichen Arbeitnehmervertretern auf der europäischen Ebene sollen verdeutlichen, dass eine gemeinsame Handlungspraxis nicht durch die (abstrakte) Zuschreibung gemeinsamer Lagen hergestellt werden kann, sondern von den Akteuren selbst kommunikativ erzeugt werden muss. Somit rücken die Selbst- und Fremdbilder, das wechselseitige Verständnis und der Umgang miteinander in das Zentrum des Interesses: Auf der Grundlage welcher Selbst- und Fremdbilder werden Erwartungen an das Handeln der anderen gestellt? Welche

---

4 Die Akteure in den EBR verfügten zudem vor ihrem Engagement in der großen Mehrzahl über keine Erfahrung in der staatenübergreifenden Zusammenarbeit (vgl. Hall/Marginson 2004; Waddington 2003; Platzer 2000; Steiert 2000).

Selbstbilder haben die Akteure von ihrem eigenen Handeln? Stimmen diese Selbstbilder mit den Fremdwahrnehmungen der anderen einigermaßen zusammen? Verändern sich die Grundlagen des eigenen Handelns und die Erwartungen an das Handeln der anderen sowie deren Wahrnehmung im Zuge der Kooperation? Solche Fragen erfordern eine kultursoziologische reflektierte Antwort.

Doch eine kultursoziologische Reflexion der internationalen Zusammenarbeit von Arbeitnehmervertretern steht in der Forschung zum Thema bisher aus. In der Literatur zur internationalen Koordination und Kooperation von Arbeitnehmervertretern findet man viel über „hard facts", die Differenz von Systemen Industrieller Beziehungen, unterschiedliche Rechtssysteme usw., aber wenig über die Mechanismen und Voraussetzungen interkultureller Kommunikation und Kooperation. Darin besteht das zentrale Manko der Forschung zur Handlungspraxis der Europäischen Betriebsräte. Dies gilt umso mehr, wenn, wie in der internationalen Kooperation von Arbeitnehmervertretern, Interessen, Strategien oder normative Regelungen, die national allen Akteuren wenigstens in ihren Grundsätzen bekannt sind, international nicht einfach als bekannt oder gar geteilt vorausgesetzt werden können. Auch ein gemeinsames Verständnis von Solidarität, das in den nationalen Arenen der betrieblichen Interessenvertretung in der Regel gegeben ist, muss sich erst herausbilden. Unter der Vorgabe, im Interesse aller Arbeitnehmer eines Unternehmens in Europa zu handeln, haben sich in einigen EBR erste normative Maximen gebildet wie etwa die Maxime, Arbeitskämpfe in einzelnen Ländern oder an einzelnen Standorten nicht willentlich zu torpedieren oder auszunutzen. Doch was das im Einzelnen genau heißt, wird außerhalb der engeren Ausschüsse der EBR (gelegentlich auch innerhalb) an den einzelnen Standorten so unterschiedlich bewertet wie die Fragen, was das gemeinsame Interesse der Arbeitnehmer ist und wie Ereignisse bewertet werden sollen, die Arbeitnehmer in ganz Europa betreffen.

Das kulturellsoziologische Defizit in der Forschung[5] zur internationalen Zusammenarbeit von Arbeitnehmervertretern ist nicht nur theoretisch misslich, sondern zeitigt auch Folgen für praktische Empfehlungen: Die überwiegende Mehrzahl der Studien zur internationalen Kooperation von betrieblichen Arbeitnehmervertretern stimmt in ihren Ergebnissen mit den Erfahrungen der überwiegenden Mehrzahl der Praktiker in diesen Kooperationen überein, dass die Zusammenarbeit in aller Regel besser sein könnte, als sie ist. In der Analyse werden die Schwierigkeiten in der Zusammenarbeit mit objektivierbaren Faktoren, z.B. Sprachproblemen, Ressourcenausstattung und/oder der rechtlichen Ausge-

5 Dieses Defizit findet einen Ausdruck in der ethnographischen Forschung, die, wenn sie über „Firmenkulturen" spricht, damit Praxen außerhalb des Bereichs der Alltagsarbeit meint. So exemplarisch die schöne Studie von Wittel 1997.

staltung der unterschiedlichen Systeme Industrieller Beziehungen, erklärt. Im Anschluss wundert man sich, warum die aus solchen Erklärungen abgeleiteten praktischen Konsequenzen nicht zu einer Verbesserung der Kooperation beitragen. Das liegt nicht daran, dass die Analysen falsch wären, sondern daran, dass sie verkürzend sind, weil sie den kulturellen Aspekt der Zusammenarbeit nicht in den Blick bekommen.

Dieses Buch ist ein Beitrag zur Schließung der kultursoziologischen Lücke in der Forschung zur internationalen Zusammenarbeit von Arbeitnehmervertretern. Wir beziehen kulturelle Faktoren für die Analyse der internationalen Zusammenarbeit von betrieblichen Arbeitnehmervertretern ein, ohne „hard facts" wie die rechtlichen, politischen und ökonomischen Rahmenbedingungen des Handelns der Akteure und die ungleiche Verteilung von Macht zwischen ihnen – die Aspekte also, die in den in der internationalen Forschung zu den Industriellen Beziehungen dominanten macht-, herrschafts- und interessenbezogenen Ansätzen (vgl. Kaufman 2008) besonders betont werden – außer Acht zu lassen. Es wurde untersucht, wie betriebliche Arbeitnehmervertreter von Unternehmen mit Standorten in unterschiedlichen europäischen Ländern zusammenarbeiten, mit welchen Selbst- und Fremdbildern sie an diese Zusammenarbeit herangehen, was genau mit diesen für das aufeinander bezogene Handeln zentralen Bildern geschieht, wenn die Akteure sich auf internationalen Treffen begegnen, und ob es gemeinsame Konzeptionen von Solidarität gibt.

Die Relevanz dieser Fragen lässt sich im Rahmen der von uns erhobenen Empirie anhand der Probleme in der Zusammenarbeit zwischen Vertretern deutscher Standorte und von Standorten in Mittel- und Osteuropa aufzeigen.[6] Diese Zusammenarbeit ist im Vergleich zu der zwischen deutschen und westeuropäischen Standortvertretern besonderen Belastungen ausgesetzt: Erstens fungieren die Kostenvorteile der Standorte in Mittel- und Osteuropa – also: niedrigere

---

6 Die Unterscheidung zwischen deutschen und mittel- und osteuropäischen Arbeitnehmervertretern war keine Voraussetzung der Untersuchung, sondern hat sich in ihrem Verlauf erst ergeben: Anfangs war erstens der Untersuchungsgegenstand im Hinblick auf die Auswahl westeuropäischer Standorte breiter angelegt und zweitens wurde zwischen den einzelnen Ländern in Mittel- und Osteuropa deutlicher unterschieden. Erst nachdem sich im Verlauf der Untersuchung die Differenz zwischen deutschen auf der einen und mittel- und osteuropäischen Standorten auf der anderen Seite als zentral für die Kooperation herausgestellt hatte, haben wir die Untersuchung auf sie konzentriert. Die Subsumption der Belegschaftsvertreter aus Polen, Ungarn und Tschechien unter „Mittel- und Osteuropa" ist ebenfalls erst im Verlauf der Studie entstanden: Es zeigte sich, dass die Belegschaftsvertreter von Standorten aus diesen Staaten im Hinblick auf die kulturellen Muster des Selbst- und Fremdverstehens und des Umgangs mit den Belegschaftsvertretern aus Deutschland so erhebliche Übereinstimmungen aufwiesen, dass wir sie als einen Typus begreifen konnten. Das Gleiche gilt umgekehrt für die Belegschaftsvertreter aus Westeuropa im Hinblick auf ihre Kollegen aus Mittel- und Osteuropa.

Löhne, arbeitgeberfreundlichere Bestimmungen zu Arbeitszeit und Arbeitsschutz und eine vermeintlich schwächere Arbeitnehmervertretung – in der Politik der Unternehmensleitungen regelmäßig als Druckmittel gegenüber den Standorten im Westen. Zweitens ist infolge der politischen Lagerbildung nach dem Zweiten Weltkrieg und der anderen ökonomischen, politischen und sozialen Organisation des Zusammenlebens bis zum Ende des „Ostblocks" die wechselseitige Vertrautheit mit den Lebenswelten der jeweils anderen geringer als dies z.B. zwischen Spaniern, Deutschen, Franzosen, Dänen und Engländern typischerweise der Fall ist. „Fremdheit" als Aspekt der Kooperation von Arbeitnehmern tritt in der Zusammenarbeit zwischen deutschen und mittel- und osteuropäischen Arbeitnehmervertretern daher in einer deutlicheren Weise zu Tage.

Eine kultursoziologische Reflexion der internationalen Zusammenarbeit von Arbeitnehmervertretern ist nicht nur ein erster Schritt auf dem Weg, die genannte Forschungslücke zu schließen. Sie kann darüber hinaus helfen, die Soziologie der Industriellen Beziehungen kultursoziologisch zu erweitern und einen verbreiteten „theoretischen Kurzschluss" zu vermeiden: Aus der gesellschaftlichen Lage oder aus objektiv bestimmbaren Interessen wird auf die Deutungs- und Ausdrucksmuster der Akteure, ihr Verständnis von sich selbst und von denen, mit denen sie kooperieren, geschlossen. Allgemeiner ausgedrückt: Die semantischen Formen, in denen Akteure die Industriellen Beziehungen thematisieren, ihr Wissen und damit die Grundlage ihrer Handlungsentwürfe, die gesellschaftlichen Strukturen, in denen sie handeln, und die rechtlichen, politischen und ökonomischen Rahmen werden in einer spezifischen Weise kurz geschlossen: Jene werden auf diese zurückgerechnet und aus dieser Zurückrechnung erklärt. Wie schon bei Marx oder in der älteren Wissenssoziologie wird eine mehr oder minder eindeutige Entsprechung von sozialer Lage, Bewusstseinsform und Handlung unterstellt (vgl. exemplarisch Marx 1969, S. 9-11; Marx 1993, S. 85–98; Mannheim 1985).

So unstrittig die Annahme ist, dass Semantiken das Handeln orientieren und sie in einer Wechselbeziehung zur sozialen Lage der Handelnden stehen, so strittig ist die Beantwortung der Frage, wie genau diese Wechselbeziehung begrifflich zu fassen ist. Grundlage unserer Argumentation ist, im Einklang mit der kultursoziologischen Forschung, dass von einer *gewissen* Eigenständigkeit der semantischen Formen ausgegangen werden muss. Das bedeutet, dass sich Wissen nicht umstandslos auf soziale Lagen zurückführen und damit auch Handeln sich nicht einfach aus „objektiven" sozialen Lagen erklären lässt. Deshalb ist die Konzentration vieler Arbeiten aus dem Bereich der Soziologie der Industriellen Beziehungen auf objektivierbare Faktoren auch nicht mehr mit dem Stand der soziologischen Theoriebildung in Einklang zu bringen: Wenn wir für einen Moment nur auf die Entwicklung in Deutschland sehen, dann basieren die letzten beiden großen Entwürfe, die Theorie des kommunikativen Handelns von Habermas und die Systemtheorie von Luhmann, gerade auf der Kritik jener Engführung. Habermas öffnet die marxistische Diskussion mit der Unterscheidung von Arbeit und Interaktion für die Kulturtheorie. Die Systemtheorie von Luhmann basiert zentral auf der Unterscheidung von Semantik und Gesellschaftsstruktur. Gewiss hat die Wiederentdeckung gesellschaftlicher Semantiken als eines eigenen Forschungsfeldes anfangs dazu geführt, dieses Feld des Sozialen für das Ganze zu nehmen und etwa die ganze Welt zum Text zu erklären. Dieser Überschwang wirkt bis heute in der oft berechtigten Kritik an kultursoziologischen Untersuchungen nach, sie seien blind gegenüber Interessengegensätzen und Machtdifferenzen. In diesem Sinne kann man sagen, dass die oben bezeichnete Öffnung beiden Teildisziplinen der Soziologie nur gut tun kann.

Die vorliegende Arbeit verfolgt also zwei Ziele:

1) Inhaltlich will sie zu einem besseren Verständnis der Formen, Voraussetzungen und Schwierigkeiten der interkulturellen Kooperation von Arbeitnehmern beitragen. Das kann ihr gelingen, indem sie versucht, alle aus der sozialen Lage der beteiligten Akteure abgeleiteten Vorannahmen über das Wissen der Akteure zurückzustellen: Sie unterstellt beispielsweise nicht, dass Betriebsräte deutscher Standorte aufgrund der Konkurrenz, in denen sie sich mit Standorten in Mittel- und Osteuropa befinden, ein Interesse an der Hebung der Sozialstandards und Löhne an diesen Standorten haben müssten, sie unterstellt auch etwa nicht, dass es ein Bewusstsein einer gemeinsamen Lage gäbe, sondern sie *fragt* danach. Wir wollen also etwas wissen, das wir noch nicht wissen. Wir testen keine Hypothesen, sondern stellen unsere eigenen Vorannahmen über mögliche Erklärungen in Frage. Das mag auf den ersten Blick verwirren. Denn wir „wissen" z.B., dass deutsche Betriebsräte ein objektives Interesse an der Verbesserung der Lage der Lohnabhängigen in Mittel- und Osteuropa haben *müssen.* Dieses durch Zurechnung von Einstellungen auf soziale Lagen gewonnene Wissen ist rational evident. Trotzdem wissen wir nicht, welche Rolle genau eine solche rational evidente Zurechnung in der Alltagspraxis der Arbeitnehmervertreter spielt. Deswegen ist es geboten, sich von dieser Vorannahme zwar nicht freizumachen – das geht nicht –, aber sie als unsere Vorannahme zu reflektieren.[7]

2) Innerwissenschaftlich will sie die Soziologie der Industriellen Beziehungen und die Kultursoziologie am Gegenstand der Kooperation von Arbeitnehmervertretern in Europa ins Gespräch bringen. Ihre Autoren haben die Hoffnung,

7 Tatsächlich spielt diese Vorannahme in der gewerkschaftlichen Arbeitnehmervertretung eine ganz andere Rolle als in der betrieblichen: Während sie – in unseren Fällen – für die Alltagspraxis der Arbeitnehmervertreter eine untergeordnete Rolle spielt und nur sehr vermittelt in Strategien der Einbindung mittel- und osteuropäischer Standortvertreter in das eigene Vertretungshandeln zum Tragen kommt, spielt sie auf der Ebene der Gewerkschaften eine herausgehobene Rolle.

dass sie zu einer Perspektiven-Erweiterung der Soziologie der Industriellen Beziehungen beiträgt.

Die Datengrundlage dieser Studie bildet eine Untersuchung der europäischen Zusammenarbeit von betrieblichen Arbeitnehmervertretern in drei global aufgestellten Unternehmen der Automobil- und der Automobilzulieferindustrie mit Stammsitz in Deutschland in den Jahren 2006 bis 2009. Die Untersuchung wurde an ausgewählten Unternehmensstandorten in Deutschland, Spanien, Polen, Ungarn und Tschechien durchgeführt.

Im Folgenden erörtern wir zuerst unseren theoretischen und methodischen Zugang zum Thema *(Kapitel 2).* Im Anschluss *(Kapitel 3)* skizzieren wir die Rahmenbedingungen des Handelns von Arbeitnehmervertretern in der internationalen Zusammenarbeit, soweit sie für unsere Fragestellung relevant sind: Diskutiert werden die unterschiedlichen nationalen Systeme Industrieller Beziehungen (Kapitel 3.1) und die Forschungen zu den Eurobetriebsräten mit einem Schwerpunkt auf dem für unsere Untersuchung zentralen Aspekt der Herstellung von wechselseitigen Vertrauensbeziehungen in der internationalen Kooperation von Arbeitnehmervertretern (3.2). Die Tatsache, dass deutschsprachige Analysen der Industriellen Beziehungen in Mittelosteuropa oft simplifizierend und ungenau sind und damit eine relativ dünne verfügbare Informationsbasis über das konkrete Handeln von Arbeitnehmervertretern in Mittel- und Osteuropa bereitstellen, stellt für uns ein wichtiges Datum dar. Es belegt, dass auch die wissenschaftliche Betrachtung ähnlichen Wahrnehmungsmustern unterliegt, wie wir sie später für die Akteure selbst identifizieren werden: Studien zu den Industriellen Beziehungen in Europa führen kulturelle Bewertungen mit sich, die in dem Land, in dem ihre Autoren leben und arbeiten, verbreitet sind. Das muss kein Nachteil sein – solange die Bewertungen kontrolliert, das heißt aufgedeckt, werden.

In *Kapitel 4* diskutieren wir eine zentrale Rahmenbedingung der internationalen Kooperation von Arbeitnehmervertretern, die quer zum System der Industriellen Beziehungen liegt: die Unternehmensebene. Wir skizzieren die konkreten Handlungsbedingungen, denen die betrieblichen Arbeitnehmervertreter in den von uns untersuchten internationalen Kooperationen unterworfen sind. Diese hängen mit der Struktur der Unternehmen, den unterschiedlichen Voraussetzungen internationaler Kooperation und den unterschiedlichen Vertretungswirksamkeiten der Belegschaftsvertretungen zusammen. Diese Handlungsbedingungen decken sich nicht mit denen, die sich aus der Unterschiedlichkeit der Systeme Industrieller Beziehungen ergeben.

Kapitel 5 diskutiert explizit die kulturellen Voraussetzungen der internationalen Kooperation von Arbeitnehmervertretern: Die Grundlage unseres auf andere bezogenen Handelns bilden Wissensvorräte, mit deren Hilfe wir andere, ihre Erwartungen und die Bedeutungen ihres Handelns einschätzen. Um diese kulturell bedingten Wissensvorräte in den Blick zu bekommen, haben wir nach den Selbst- und den Fremdbildern der Akteure gefragt.[8] Im Ergebnis wird sich zeigen, dass sowohl die Fremdbilder/Selbstbilder der deutschen Arbeitnehmervertreter und die Selbstbilder/Fremdbilder ihrer Kollegen aus Mittel- und Osteuropa deutlich auseinander liegen. Aus diesem Grund bedeuten die Handlungen der jeweils anderen anderes, als von diesen intendiert, unterscheiden sich die Erwartungen an das Handeln der jeweils anderen und die Erwartungen an diese Erwartungen.

Nach einer verbreiteten und gängigen Annahme reduziert der internationale Kontakt kulturelle Distanz. Wir zeigen in *Kapitel 6,* wie und warum internationale Treffen trotz gemeinsam (abstrakt) unterstellter gleicher Interessen der betrieblichen Arbeitnehmervertreter nicht automatisch eine Verständigung ermöglichen oder erleichtern, sondern ebenso zu einer Verfestigung der wechselseitig unterschiedlichen Deutungsmuster führen können. Wir untersuchen die Handlungsmuster anhand von Analysen der von uns begleiteten internationalen Treffen der Arbeitnehmervertreter. Eine Untersuchung nur der Deutungsmuster stünde vor dem Problem, keine Auskunft geben zu können über deren tatsächliche Handlungsrelevanz; eine Untersuchung der Handlungsmuster allein könnte keine Auskunft geben über die tatsächliche Bedeutung, die Handlungen zugesprochen wird. Eine Kombination der Untersuchung von Deutungs- und Handlungsmustern kann nicht nur jene Unzulänglichkeiten vermeiden, sie eröffnet darüber hinaus auch eine Einschätzung über die Perspektiven der internationalen Kooperation von betrieblichen Arbeitnehmervertretern.

Solidarität war und ist eine besondere Sinnklammer der internationalen Kooperation von Arbeitnehmervertretern. Die Bedeutung der Sinnklammer Solidarität geht über andere Sinnklammern, etwa gemeinsames Wissen oder persönliches Vertrauen, wegen ihrer kollektivierenden Kraft hinaus: Solidarität konstituiert ein „Wir", eine kollektive Handlungseinheit. Aber auch für Solidarität gilt, dass in unterschiedlichen Regionen Europas unterschiedliche Perspektiven auf Solidarität vorherrschen. Dies wird in *Kapitel 7* erörtert. Wir zeigen, dass die Unterschiedlichkeit der Perspektiven auf Solidarität durch das gemeinsam geteilte Verständnis, man sei durch die soziale Lage in der Opposition gegen die Vertreter des Kapitals verbunden, verdeckt wird. Weil dieses gemeinsame Verständ-

8 Die in unserer Studie wiedergegebenen Interviewpassagen wurden nur in den Fällen sprachlich „geglättet", wenn der Sinn der Aussage ansonsten nicht mehr erkennbar gewesen wäre. Ansonsten wurden zwecks einer besseren Lesbarkeit komplett die „mhms" und „ja" der Interviewer/innen aus den Passagen entfernt. Die durch die Übersetzungen ins Deutsche entstandenen sprachlichen „Unsauberkeiten" wurden nicht korrigiert, was die Lesbarkeit zwar manchmal etwas erschwert, dafür aber einen lebendigeren Eindruck des Gesagten vermittelt.

nis auf einem hohen Abstraktionsniveau angesiedelt ist, können die darunter liegenden Unterschiede der Verständnisse von Solidarität kaum mehr kommunikativ eingeholt werden. Solidarität kann deshalb als Sinnklammer in der internationalen Kooperation betrieblicher Arbeitnehmervertreter nur begrenzt funktionieren.

Der Schluss des Buchs, *Kapitel 8,* enthält eine Zusammenfassung der Ergebnisse und benennt Möglichkeiten, die Verständigung auf internationalen Treffen zu erleichtern. Insbesondere gilt dies für den Umgang mit der Thematisierung von Interessen-, aber auch von Kulturunterschieden. Den Leserinnen und Lesern, die unter besonderer Zeitknappheit leiden oder die besonders pragmatisch eingestellt sind, möchten wir an dieser Stelle empfehlen, nicht gleich in dieses Kapitel zu „springen". Die Substanz und Ausrichtung dieser Schlussüberlegung ergibt sich aus der Argumentation in den vorherigen Kapiteln, ohne diese bleibt sie blass.

2 Theoretischer Zugang und Methoden

2.1 Theorie

Welchen Nutzen verspricht eine kulturtheoretische Perspektivenerweiterung für die Theorie und Praxis Industrieller Beziehungen? Mithilfe welcher begrifflichen Konzepte lässt sich diese Perspektivenerweiterung bewerkstelligen? Welche Methoden der Forschung und welches Forschungsdesign resultieren aus der begrifflichen Neuorientierung? Was wird daraufhin wie untersucht? Wir klären in den folgenden Abschnitten unseren theoretischen Zugang zum Thema der interkulturellen Verständigung in der europäischen Arbeitnehmervertretung entlang dieser Fragen. Zunächst wird die Notwendigkeit des Perspektivenwechsels dargestellt (2.1.1), dann – in aller Knappheit – ein kulturtheoretischer und ein kultursoziologischer Gedankengang angeschlossen (2.1.2). Aus diesen Überlegungen resultiert unser empirischer Zugang und eine Interpretationsanweisung für die erhobenen Daten (2.1.3). Es ist hier nicht der Ort für eine ausführliche kulturwissenschaftliche Diskussion der einzelnen in Anschlag gebrachten Begriffe. Gleichwohl wird versucht, die theoretischen Entscheidungen transparent zu machen und zu begründen. Im folgenden Abschnitt (2.2) wird die Forschungsmethode skizziert und die Reichweite der Studie diskutiert (2.3).

2.1.1 Der Bedarf an theoretischer Neuorientierung

Eine dezidiert europäisch ausgerichtete, politisch angestoßene institutionelle Beteiligung von Arbeitnehmern am Geschehen in internationalen Unternehmen hat es bis 1994 nicht gegeben. Daher ist auch nicht zu erwarten, dass die für Institutionen typischen Orientierungen der in ihnen Handelnden in irgendeiner Form selbstverständlich vorliegen würden. Im Gegenteil: Die Institutionalisierungsgeschichten betrieblicher Interessenvertretung sind vor allem nationale Geschichten. Wenn sie auch als Ausdruck allgemeiner gesellschaftlicher Modernisierungsprozesse betrachtet werden können, die sich in allen europäischen Gesellschaften vollzogen haben (siehe exemplarisch Kälble 2007), so geschah dies doch in ausgesprochen unterschiedlicher Weise. Die Unterschiede in den Systemen Industrieller Beziehungen etwa Frankreichs, der Bundesrepublik Deutschland oder Großbritanniens belegen diesen Sachverhalt (Überblicksstudien: Cleff 1997; Altmeyer 2001).

Dass sich die Industriellen Beziehungen in ihrer heutigen institutionalisierten Form in erster Linie national entwickelt haben, ist eine soziale Tatsache. Insofern stellen europäische Industrielle Beziehungen eine genuin neuartige Handlungsarena dar, wobei der Streit um die Ausgestaltung der europäischen Ebene nicht zuletzt um die Frage kreiste (und kreist), welchem „nationalen Modell" sie folgen sollte. Wir finden ein weit geöffnetes, aber kaum eingespieltes Handlungsfeld vor uns, in dem die Akteure noch ihre „Lehrjahre" absolvieren, wie es Hermann Kotthoff formuliert hat (Kotthoff 2006). Anders als in der Lehre ist allerdings ein Wissen oder gar eine Prüfinstanz, die definieren könnte, wann das Stadium der Lehre abgeschlossen ist, nicht in Sicht. Kurz: Wohin sich die Institution des EBR entwickeln wird, ist nach wie vor ungewiss.

„Institutionelle" Erklärungen der Entwicklung betrieblicher europäischer Arbeitnehmervertretung reduzieren diese Offenheit, indem sie die Entwicklung entweder von den etablierten nationalen Systemen Industrieller Beziehungen her mit Blick auf Europa generalisieren oder von einem „Weltsystem" her in einer modernisierungstheoretischen Sichtweise deren Strukturen ableiten. Die erste Richtung interpretiert die Entwicklung der europäischen betrieblichen Arbeitnehmervertretung aus der Perspektive etablierter nationaler Vertretungsmodelle, die zweite in einer modernisierungstheoretischen Perspektive. Die in der Forschung einschlägigen Typologien der Strukturen, der Arbeitsweisen und der Wirksamkeit von Eurobetriebsräten folgen in der Regel der einen oder der anderen Richtung. In beiden Fällen bilden schon etablierte Handlungsarenen die Folie der Interpretation der europäischen betrieblichen Arbeitnehmervertretung. Solche Festlegungen definieren in unserer Perspektive, wie sich die europäische betriebliche Arbeitnehmervertretung entwickeln *sollte.*

Das bleibt nicht ohne Konsequenzen für das wissenschaftliche Verständnis dieser Arbeitnehmervertretungen, von denen wir zwei kurz und exemplarisch nennen:

- Wissenschaftliche und gewerkschaftliche Vertreter optieren für die Ausgestaltung nach Maßgabe spezifischer nationaler Interessenvertretungsmodelle und messen die Bedeutung der europäischen Ebene an den national erreichten Mitbestimmungsmöglichkeiten (einschließlich der Positionen der Optimisten und der Euro-Skeptiker; vgl. exemplarisch den Sammelband Deppe et al. 1997).
- Man beobachtet aus modernisierungstheoretischer Perspektive, dass sich verschiedene sektorale und politisch orientierte Gewerkschaften mit unterschiedlichen Ansichten und Strategien der europäischen betrieblichen Arbeitnehmervertretung genähert haben (vgl. die Studie zur Transnationalisierung der IG Metall von Rüb 2009).

So fruchtbar solche Deutungen im Hinblick auf die Frage sind, wie sich die europäische Ebene der betrieblichen Arbeitnehmervertretung entwickeln wird, so unfruchtbar sind sie für das Verständnis dieser Ebene, weil sie dieses Verständnis über den Umweg theoretisch definierter Vorannahmen gewinnen, die mit Handlungspraxis der europäischen betrieblichen Arbeitnehmervertretung nichts zu tun haben.

Legt man der Analyse *keine* aus dem eigenen, theoretisch verfolgten Modell abgeleitete Entwicklungsperspektive zugrunde – und das ist es, was man unserer Auffassung nach tun sollte –, sind Aussagen über die Richtung der Entwicklung kaum mehr möglich. Ein solches Verfahren hat einen Vorteil und einen Nachteil. Der Nachteil besteht darin, dass die Unsicherheit über die Entwicklungsperspektive der EBR nicht reduziert wird. Der Vorteil besteht in einer Transformation der Fragestellung: Wir fragen nicht danach, wohin sich die europäische Ebene der betrieblichen Arbeitnehmervertretung entwickelt, sondern was soziologisch gesehen passiert, wenn Betriebsräte in Europa kooperieren. Weil diese Frage nicht auf die Entwicklungsperspektive der EBR, sondern auf das soziale Geschehen in ihnen zielt, sind wir nicht genötigt, ein empirisch neues Phänomen in einer Perspektive zu interpretieren, von der gar nicht klar ist, ob sie es angemessen erfasst. Dann rückt erstens die Frage ins Zentrum, wer sich auf europäischer Ebene trifft. Dies sind Vertreter aus nationalen Kontexten, die unterschiedliche Sprachen sprechen und unterschiedliche Erfahrungshorizonte in ein gemeinsames Gremium mitbringen. Wie einschlägige Studien bestätigen, resultiert hieraus ein erhöhter Abstimmungsbedarf, ist die Kommunikation missverstehensanfälliger – gerade dann, wenn klare, allen vertraute institutionelle Rahmungen noch nicht vorliegen. Zweitens stellt sich die Frage nach einer soziologischen Reflexion der Bedeutung der unterschiedlichen gesellschaftlichen Einbettungen Industrieller Beziehungen für die Kooperation von Arbeitnehmervertretern in Europa, danach, welche kulturellen Ressourcen von wem in den Prozess der europäischen Kooperation in welcher Weise eingebracht werden. Die Beantwortung dieser Frage zielt nicht auf die Funktionsweise interkultureller Kommunikation in internationalen Gremien, sondern auf den Einfluss der unterschiedlichen Vertretungskulturen auf das internationale Handeln nationaler Interessenvertreter.

2.1.2 Interkulturelle Kommunikation und kultursoziologische Forschungsperspektive

Praktisch keine Studie zur europäischen betrieblichen Arbeitnehmervertretung verzichtet auf den Hinweis, dass Sprachenvielfalt und das Handeln auf „internationalem Parkett" Herausforderungen an Betriebsräte und Gewerkschafter stellen, die für viele Akteure neu waren. Eine Untersuchung über dänische Repräsentanten in Eurobetriebsräten zeigt, dass schwach ausgeprägte interne Kommunikationsstrukturen, eine niedrige Priorität international orientierter Aktivitäten sowie Sprach- und Kulturbarrieren in wechselseitiger Verstärkung das Ausschöpfen des Potenzials von Eurobetriebsräten behindern (Knudsen 2004). Eurofound

(2004) konstatiert in einer vergleichenden Studie über Eurobetriebsräte teilweise große Differenzen in den Einschätzungen von Mitgliedern hinsichtlich der Funktionsfähigkeit der Gremien. Die Einschätzungen variieren in Abhängigkeit der Herkunft der Mitglieder (in Bezug auf ihre Nationalität und die Funktion ihrer Standorte). Sprachliche Barrieren erschweren sowohl die informelle Kommunikation vor, während und nach *meetings* als auch die Nutzung von Kommunikationsmedien (Telefon, E-mail). Sie sind aber nicht alleine verantwortlich für die auftretenden Probleme:

> „The degree of differences and the way these differences affect the functioning of the EWC vary considerably. In general, all EWCs have to contend to some extent with these differences. Of particular significance are discussions on the employee side on the approaches of employee representation across the countries in the EWCs. In a number of EWCs, there are tensions arising from competing concepts of ‚social partnership' and ‚independent' employee representation, reflecting different industrial relations and national backgrounds." (Eurofound 2004, S. 58)

Zwar wird der Aufbau funktionierender Netzwerke und interkultureller Kompetenzen als „technischer" Schritt gefordert und in seiner Relevanz zunehmend betont (vgl. Pries 2003; Heidling et al. 2004). Eine Auseinandersetzung mit der Eigenständigkeit und Dauerhaftigkeit von interkultureller Kommunikation – sowohl als Problem als auch als Chance der Macht- und Kontrollausübung – fehlt bislang weitgehend in der wissenschaftlichen Betrachtung. In einer ersten Studie haben Stirling und Tully (2004) die Eigendynamik interkultureller Kommunikation in Eurobetriebsräten mit Blick auf die Konstruktion von solidarischen Identitäten untersucht und vier Hindernisse herausgearbeitet.[1] Doch darauf aufbauende Untersuchungen, die die Grundlagen interkultureller Kommunikation auf der Ebene der Akteure untersuchen, d.h. das Wissen, das sie über andere haben, und das aufeinander bezogene Handeln der Akteure, das auf diesem Wissen fußt, sind bisher noch Mangelware. Interkulturelle Kommunikation steht im Zentrum der internationalen Kooperation von Betriebsräten, aber nur am Rande der Forschung.

Eine Untersuchung der internationalen Kooperation der europäischen betrieblichen Arbeitnehmervertretung steht vor dem Problem, selbst kulturrelativ zu sein. In der bisherigen Forschung hat dies entweder dazu geführt, dass die

---

1 Missverständnisse bezüglich der Ziele von Eurobetriebsräten; Missverständnisse aufgrund unterschiedlicher Industrieller Systeme; kulturelle Differenzen auf internationalen Treffen; sprachliche Probleme. Ihr Fazit lautet: „We would suggest that by recognizing and embracing issues of linguistic and cultural diversity, communication processes within EWCs can be improved, and this, in turn can encourage the forum to develop a sense of identity and solidarity which truly reflects inclusivity and the interests of all constituents." (Stirling/Tully 2004, S. 87)

Ergebnisse einen spezifischen nationalen bias aufweisen.[2] Das bedeutet, dass Kriterien der Bewertung der Wirksamkeit der europäischen betrieblichen Arbeitnehmervertretung mit Bezug auf ein national etabliertes Vertretungsmodell aufgestellt werden, in dem diese Kriterien als richtig und angemessen gelten. Oder es wurde, auch um diesen bias zu vermeiden, eine Perspektive gewählt, die kulturell geprägte Handlungs- und Deutungsmuster in scheinbar verallgemeinerbaren, kulturunabhängigen analytischen Kategorien wie Ökonomie, Recht, Macht oder Interesse auflöst. Beide Varianten können die soziale Wirklichkeit der europäischen betrieblichen Arbeitnehmervertretung, in der Akteure mithilfe *ihres Erfahrungswissens* handeln, die Handlungen anderer bewerten und Ideen und Strategien der internationalen Zusammenarbeit entwickeln, nur unzureichend erfassen. Im ersten Fall erscheinen bestimmte Strategien von vorneherein plausibler als andere, im zweiten Fall spielt die kulturelle Differenz des Erfahrungswissens keine Rolle.

Um die Schwierigkeiten eines kulturübergreifenden Bewertungsschemas sowie abstrakter macht- oder interessentheoretischer Vorannahmen umschiffen zu können, reflektieren wir unsere Untersuchung der Deutungs- und Handlungsmuster in der europäischen betrieblichen Arbeitnehmervertretung kultursoziologisch. Dazu bietet sich eine von Max Weber in einer Metapher ausgedrückte theoretische Ausgangsposition an, die auch eine Grundlage neuerer kultursoziologischer Arbeiten bildet: Nach Weber leiten die zwar Interessen das Handeln, Ideen jedoch sind „Weichensteller" für die Kanäle und Richtungen, in welche die Interessen das Handeln lenken (Swidler 1986; Swidler 2003). Neuere kultur- und wissenssoziologische Überlegungen, die an diese Metapher anschließen, heben drei Aspekte besonders hervor:

1) Kultur und Wissen sind als semantische Formen zu verstehen, über die Akteure verfügen und auf die sie zurückgreifen (müssen), wenn sie ihre Interessen verfolgen.
2) Kultur wird in der Praxis „benutzt", um damit angemessen Situationen deuten, handeln und reagieren zu können.
3) Kultur verweist auf Gesellschaft: Industrielle Beziehungen werden nicht nur als ein für sich existierender institutioneller Komplex, sondern auch als Element der Gesellschaft und ihrer kulturellen Grundlagen betrachtet. Was im Rahmen Industrieller Beziehungen als „normal" angesehen wird, ist eben auch Bestandteil der „normalen" gesellschaftlichen Wirklichkeit (Parsons 1973, S. 214ff.).

---

2 Auf den bias in der deutschen Forschung zu europäischen Betriebsräten gehen wir im dritten Kapitel näher ein. Theoretisch wird diese Schwierigkeit in der kulturanthropologischen und soziologischen Forschung schon lange diskutiert (vgl. etwa Fabian 1983; Matthes 1992).

In dieser Perspektive sind Interessenauseinandersetzungen – sowohl systematisch als auch historisch betrachtet – kulturell „eingebettet".

> „Workers and industrial capitalists did not wage a century-long struggle simply over antagonistic material interests, even if one allows for the framing effects of industrial culture. Rather, economic strains were translated into the categories of the civil sphere." (Alexander 2006, S. 232)

Alexander zeigt in der zitierten Studie auf, inwieweit Interessenfragen in Fragen um Bürgerstatus und Gerechtigkeit einmünden und in Semantiken artikuliert werden, die nicht nur materielle Interessen umfassen. Auch in der alltäglichen Praxis der Arbeitnehmervertretung bestehen zweifellos nicht nur antagonistische Interessen, sondern Praktiken des Interessenaushandelns und des -ausgleichs. In diesen und anderen Praktiken zeigen sich nicht „nackte" Interessen, sondern gesellschaftliche Wertvorstellungen, auf die die Akteure zurückgreifen (etwa bei der Bewertung angemessener oder unangemessener Forderungen, dem Auftreten, den Verfahren der Konfliktaustragung usw.). Was die Kultursoziologie zur Untersuchung solcher Praktiken beitragen kann, sind Analysen der kulturellen Funktionsweisen der national unterschiedlichen Institutionen der Industriellen Beziehungen. Kaum eine Untersuchung hat sich aber in den vergangenen fünfzehn bis zwanzig Jahren ernstlich darum bemüht, diejenigen kulturellen „tools" zu identifizieren, die in den Institutionen der Arbeitnehmervertretung zur Anwendung kommen (Ausnahme: Hürtgen 2008). Und kaum eine Untersuchung hat dazu beigetragen, zu verstehen, wie und warum diese und keine anderen Techniken und Gerechtigkeitsvorstellungen, Semantiken etc. verwendet werden. So gesehen, ist das in der Einleitung skizzierte Manko der Forschung zu Industriellen Beziehungen auch ein Manko der Kultursoziologie oder genauer: der Arbeitsteilung in der Soziologie zwischen „harten" und „weichen" Feldern der Gesellschaft.

Fassen wir zusammen: Ideen (Kultur), Interessen und Handlungen (Programme, Institutionen) sowie gesellschaftliche Strukturen (Machtkonstellationen und die ihnen zugehörigen Verhandlungs- und Handlungspotenziale) sind Determinanten der betrieblichen Interessenaushandlung und müssen bei der Untersuchung des neuen Feldes der europäischen betrieblichen Arbeitnehmervertretung analysiert werden. Wir wissen vieles über Strukturen und Institutionen, aber wenig über die Kulturen der Arbeitnehmervertretung. Wir wissen kaum etwas über die Selbstbilder der Akteure, ihre Motive und Ideen sowie über die Symbole und Narrative, mit Hilfe derer in den verschiedenen europäischen Staaten Arbeitnehmer ihre Interessen zum Ausdruck bringen. Wir fragen daher, warum Akteure so handeln, wie sie handeln, auf welche Ideen sie dabei zurückgreifen und in welchen situativen Kontexten dies geschieht.

2.1.3 Theoretischer Zugang

Mit der Frage, warum Betriebsräte in der internationalen Kooperation handeln, wie sie handeln, legen wir uns auf einen handlungstheoretischen Zugang in der Tradition der phänomenologischen Soziologie im Anschluss an Alfred Schütz und den symbolischen Interaktionismus (vgl. dazu exemplarisch: Schütz 2004; Schütz/Luckmann 2003; Blumer 1973; Giddens 1976) zum Thema fest. Dies tun wir insoweit, als wir annehmen, dass das Handeln der Akteure nicht umstandslos aus ihrer Lage erklärt werden kann. Für uns gilt daher zugleich die wissenssoziologische Einsicht, dass alles Handeln auf der Grundlage von Handlungsentwürfen erfolgt, die sich nicht direkt aus der sozialen Lage selbst speisen, sondern aus semantischen Mustern, in denen diese Lage typischerweise thematisiert wird und die weder ein bloßer „Spiegel" noch ein zeichenhafter „Reflex" der sozialen Lage sind. Handelnde orientieren sich in ihrem Handeln an Erfahrungen, Strategien und Problemdeutungen, die erprobt und bewährt sind. Das tun sie häufig auch dann noch, wenn „sich die institutionellen Kräfteverhältnisse bereits gravierend verändert haben" (Brinkmann et al. 2008, S. 25). In solchen Fällen der Ungleichzeitigkeit der Entwicklung von gesellschaftlichen Strukturen und den semantischen Formen ihrer Thematisierung sind, umgangssprachlich gesprochen, Handlungen nicht mehr (oder noch nicht) zeitgemäß. Strategien etwa in Arbeitskämpfen, die einmal angemessen waren, funktioniert haben und deshalb als bewährte Strategien etabliert sind, funktionieren nicht mehr – ohne dass die Akteure im Einzelfall genau sagen könnten, warum das so ist.

Die Unangemessenheit von Handlungen oder Deutungen in Bezug auf sich wandelnde gesellschaftliche Strukturen setzt typisch – auch hierin folgen wir der aktuellen Debatte um Wissens- und Kultursoziologie – einen Prozess der Variation des Gedankenguts in Gang (siehe etwa Luhmann 1980; Berger/Luckmann 2007; als aktuelles empirisches Beispiel: Münch 2008). Diese „kulturelle Arbeit" (Swidler 2003, S. 94ff.) hängt zwar mit der gesellschaftlichen Position der Akteure zusammen (sie gibt gewissermaßen Problematiken vor), lässt sich aber in ihren Ergebnissen nicht aus den gesellschaftlichen Strukturen ableiten oder erklären. Der Prozess „kultureller Arbeit" zur Erfassung veränderter Rahmenbedingungen, zur Entwicklung neuer Handlungsstrategien und zur Definition neuer Identitäten kann sehr umfangreich sein und auch spezialisierte soziale Rollen oder Institutionen hervorbringen (etwa Forschungseinrichtungen, knowledge officers usw; Znaniecki 1940; Luhmann 1992). Formulieren wir diesen Sachverhalt allgemein, müssen wir zwischen gesellschaftlichen Strukturen, Handlungen und Semantiken unterscheiden (vgl. dazu und zum Folgenden Weyand 2011). Etablierte oder, mit Niklas Luhmann gesprochen, „gepflegte" Semantiken (Luhmann 1980, S. 19ff.) orientieren als Wissensvorräte Handeln; im Handeln bewähren sich Semantiken oder nicht. Bewährung geschieht durch die Variation von Anschlüssen an vorhergehende Handlungen: Jede Handlung eröffnet einen Raum an möglichen Anschlusshandlungen und schließt zugleich andere Anschlusshandlungen aus. Der Raum der möglichen Anschlusshandlungen, der durch eine Handlung eröffnet wird, wird dem Handelnden in Form von teils explizitem, teils implizitem Wissen thematisch. Dieses, auf konkrete Situationen bezogene Wissen, in dem Handlungen gedeutet und Handlungsentwürfe an vollzogene Handlungen angeschlossen werden, speist sich zwar aus semantischen Mustern, ist aber nicht durch sie determiniert. Beispielsweise sind für die Gesellschaftsform, in der wir leben, liberalistische Semantiken etablierte Deutungsmuster, auf die Handelnde zur Orientierung ihres Handelns zurückgreifen können. Aber die allgemeine Form einer liberalistischen Semantik sagt noch nichts aus über die konkrete Ausprägung des situationsbezogenen Wissens von Akteuren, sie gibt ihm nur einen Rahmen. In diesem Rahmen sind nicht beliebig viele, aber in jedem Fall mehrere Anschlüsse an vollzogene Handlungen möglich (vgl. Münch 2008, S. 145ff.).

Semantiken, in diesem Punkt folgen wir Luhmann und dem Mainstream der soziologischen Diskussion, stehen in einem Kopplungsverhältnis mit der Gesellschaftsstruktur: Liberalistische Semantiken kann es nur in einer sich entwickelnden Gesellschaft mit kapitalistischer Produktionsweise geben, nicht in einer Feudalgesellschaft oder einer anderen bisher bekannten Gesellschaftsform. In diesem Sinne kann man sagen, dass sich „die Menschheit immer nur Aufgaben stellt, die sie auch lösen kann“ (Marx 1969, S. 9). Für gesellschaftliche Strukturen gilt, was auch für Semantiken gilt: Sie werden durch Handeln reproduziert und modifiziert. Unter einer gesellschaftlichen Struktur verstehen wir alle sozialen Bedingungen des Handelns, d.h. grundlegende Handlungsbedingungen, etwa das Lohnarbeitsverhältnis oder die Warenform, wie darauf aufbauende spezifischere Handlungsbedingungen, etwa eine Bürokratie, ein Konzern, eine Bildungseinrichtung. Strukturen definieren in diesem Sinne Handlungssituationen, die durch Handeln unter Zuhilfenahme von Wissen gelöst werden.

Das konkrete Zusammenspiel von Handlung, Gesellschaftsstruktur und Semantik, unter dem Gesichtspunkt des Handelns als eine interaktive Praxis betrachtet, wird empirisch in Form von typischen Handlungs-, Ausdrucks- und Deutungsmustern, in denen typische Situationen auf typische Weise bewältigt werden, zugänglich. Dieses Bündel an *typischen* Handlungsweisen zur Bewältigung typischer Situationen, das sich auf etablierte Semantiken stützt, in denen diese Situationen gedeutet werden, bezeichnen wir als Kultur, in unserem Fall der Vertretung von Arbeitnehmerinteressen als institutionenspezifische Kultur, als Kultur der Arbeitnehmervertretung.

Kultur in dieser Weise verstanden, bezeichnet die Art und Weise, wie wir mit uns, anderen und der nichtmenschlichen Welt umgehen, einen kollektiven, historisch entstandenen Wissensvorrat, der in Sprache und habituellen Formen des Umgangs mit Dingen und Menschen objektiviert ist und pragmatisch in der Welt realisiert wird (vgl. Srubar 2005). Kultur hat als allgemeine Form des Weltzugangs und Realisierung dieser allgemeinen Form in historisch und gegenwärtig jeweils spezifischen Kulturen[3] eine zweifache Funktion bei der Koordination von Handlungen. Die in einer Kultur erworbenen Erfahrungen, Wissensbestände etc. bestimmen nicht nur den Horizont der möglichen Handlungen, die in einer gegebenen Situation gewählt werden (können), sie eröffnet auch den anderen, auf die bezogen wir handeln, die Möglichkeit, in typischen Situationen typische Handlungen erwarten zu können.

Die Stabilität der durch Erfahrung gesättigten Erwartungen an das Handeln anderer ist eine Folge kulturellen Lernens, durch die Mitglieder einer Kultur die Fähigkeit erwerben, ihr auf andere bezogenes Handeln wie ihre Erwartungen an das Handeln anderer in typischen Situationen so zu gestalten, dass dieses Handeln und die Erwartungen an das Handeln anderer sich in typischen, kulturell etablierten Mustern vollziehen (Tomasello 2006; Mead 1973). Die soziale Form der Thematisierung dieser Muster erfolgt in Semantiken, über die die Angehörigen einer Kultur in der Regel verfügen. Aus diesen Semantiken speist sich der Wissensvorrat der Handelnden. Deshalb verfügen alle Angehörigen einer Kultur über typische Erwartungen und handeln in typischen Situationen typisch, d.h. auf eine in dieser Kultur etablierte Weise. Während innerhalb einer Kultur für alle Angehörigen die typischen Muster zur Bewältigung typischer Situationen mehr oder minder selbstverständlich sind, sind sie für Fremde alles andere als selbstverständlich und fraglos gegeben. Kulturelle Fremdheit drückt sich gerade darin aus, dass der Fremde im Unterschied zu den Einheimischen in vielen Situationen nicht weiß, in welcher typischen Weise diese bewältigt werden.

In der interkulturellen Kommunikation und Kooperation von Personen ist diese Fremdheit wechselseitig: Alle Beteiligten verfügen zwar über typische Handlungs- und Erwartungsmuster, aber diese gelten nur für die Angehörigen der eigenen und nicht für die Angehörigen der fremden Kultur. In diesem Fällen thematisieren die Akteure sowohl sich selbst wie auch den jeweils anderen, auf den bezogen sie handeln, nicht in gleicher Weise. Diese Unterschiede mögen individuell konnotiert sein wie auch die typischen Erwartungs- und Handlungsmuster innerhalb einer Kultur eine individuelle Konnotation aufweisen. Jenseits dieser individuellen Unterschiede aber erwarten Akteure in der interkulturellen

---

3 Die selben Begriffe (wie z.B. Identität, Gerechtigkeit etc.) können in verschiedenen Kulturen sehr unterschiedliche Bedeutungen haben oder Begriffe und damit ganze kulturelle Komplexe sind unbekannt („Zeit ist Geld“ ist in vorkapitalistischen Gesellschaften unbekannt und unverständlich, wie wir uns wiederum mit dem Begriff der „Traumzeit“ der australischen Ureinwohner sehr schwer tun). In beiden Fällen ist eine „Übersetzung“ keine triviale Sache und sind Mechanismen der Verständigung nicht selbstverständlich.

Kooperation und Kommunikation zunächst das und reagieren auf das, was sie auf der Grundlage der von ihnen in ihrer Kultur erworbenen Wissensvorräte erwarten können, und das sind die typischen Handlungsmuster, die ihnen aus ihrer Kultur vertraut sind. Auch das, was sie über Angehörige der anderen Kultur wissen, schöpfen sie aus dem Wissensvorrat ihrer Kultur. Die Folgen kennen wir alle: Wir machen in einer interkulturellen Kommunikation oder Kooperation die Erfahrung, dass der andere nicht so reagiert oder handelt, wie eigentlich erwartet. Das führt zu Irritationen. Diese Irritationen, die in den Berichten von internationalen Treffen betrieblicher Vertreter von Arbeitnehmern immer wieder auftauchen, lassen sich in einem Satz zusammenfassen: Man ist sich wechselseitig fremd und verfügt (noch) über keine gemeinsamen typischen Muster zur Bewältigung typischer Situationen. Vielmehr treffen die Beteiligten auf unterschiedliche Sprach-, Darstellungs- und Wahrnehmungsstile, auf Personen, die dasselbe Problem, die effektive Vertretung von Arbeitnehmerinteressen, in anderen Verhandlungssystemen bearbeiten (vgl. für diese interaktionistische Rekonstruktion interkultureller Kommunikation Bolten 1995).

Während in einem kulturellen Rahmen, in dem typische Situationen, typische Handlungen und typische Erwartungen für alle Akteure wie für die Forscher mehr oder minder selbstverständlich sind, also etwa im deutschen System der Industriellen Beziehungen, kultursoziologische Überlegungen dieser Art eine untergeordnete Rolle spielen können, weil für alle Beteiligten ein vergleichbarer kultureller Hintergrund gegeben ist, ist dies in der internationalen Kooperation und Kommunikation von Arbeitnehmervertretern nicht der Fall. Der gemeinsame kulturelle Hintergrund, die Folie, auf der gehandelt und das Handeln anderer gedeutet wird, besteht weder für die Akteure noch für die Wissenschaftler, die ja, wie die Akteure der betrieblichen Arbeitnehmervertretung, auch in der Regel in einem System Industrieller Beziehungen sozialisiert worden sind. Deshalb müssen kultursoziologische Überlegungen in einer Untersuchung zur internationalen Kooperation von Arbeitnehmervertretern eine andere Rolle spielen als in nationalen.

- Insbesondere ist danach zu fragen, welche Selbst- und Fremdbilder die Akteure voneinander haben, weil diese die Grundlage des eigenen Handelns und der eigenen Erwartungen sowie der Annahmen über das Handeln der anderen und deren Erwartungen an das eigene Handeln bilden (1).
- Zweitens ist nach den Mechanismen zu fragen, über die die Akteure verfügen, um kommunikativ mit den wechselseitig unterschiedlichen Vorverständnissen umzugehen (2),
- und drittens ist zu klären, ob es Mechanismen gibt, mit denen die Akteure mit Machtungleichgewichten zwischen den Vertretern unterschiedlicher Standorte umgehen (3).

(1) Für jede Form interkultureller Verständigung spielen *Vorurteile* bzw. *Stereotype* eine zentrale Rolle. Mit dem Terminus Vorurteil werden nicht nur affektiv besetzte, abwertende Äußerungen über fremde Lebensweisen bezeichnet. Jede Form von interkultureller Kommunikation, d.h. von einer Kommunikation unter Fremden, basiert auf wechselseitigen Vorurteilen und Stereotypen: Wir wissen nicht genau, was uns in der Fremde erwartet und reduzieren diese Unsicherheit durch Erwartungen, die wir auf der Basis von Vorannahmen (Vor-Urteilen) über das treffen, was wir zu erwarten glauben. Das kann auch gar nicht anders sein. Unsere Annahmen über „den Fremden" sind Annahmen, die mit der Erfahrung des Fremden wenig und mit unserer Erwartung viel zu tun haben (vgl. Srubar 2007, S. 541). Diese Erwartungen basieren auf den Annahmen, die nicht der Interaktion mit dem Fremden entspringen, sondern die im kulturellen Wissensvorrat daheim über den Fremden verfügbar sind (vgl. Schütz 1944). Die Frage ist dann, inwieweit wir selbst in der Lage sind, unser als Erwartung konstruiertes Bild des Fremden durch Erfahrung zu modifizieren, wie „durchlässig" also unsere Erfahrung für andere Sichtweisen ist. Wenn die Erfahrung kein Korrektiv unserer notwendigen Vorurteile mehr ist, verliert das Vorurteil seinen Vorläufigkeitscharakter (Vor-Urteil!) und erstarrt zur Grundlage von feststehenden negativen (oder überhöhenden) Eigenschaftszuschreibungen. Dann beobachten wir jene Phänomene der Diskriminierung, die üblicherweise mit dem Terminus Vorurteil verbunden werden (vgl. Allport 1958, S. 8ff.; Adorno et al. 1950).

Interkulturelle Kommunikation kann gelingen, wenn solche Verhärtungen entweder nicht auftreten oder die Beteiligten über Mittel verfügen, sie wieder zu lösen. Darüber hinaus müssen die Perspektiven des jeweils anderen als andere erkannt und „übersetzt" werden können. Dabei wird unter „Übersetzen" nicht nur eine sprachliche, sondern vor allem eine soziale Kompetenz verstanden, unterschiedliche Deutungs- und Handlungsmuster sowie Entscheidungs- und Arbeitsstile nachzuvollziehen und – als Erwartungserwartung – zum Bestandteil eigener kommunikativer Praxis machen zu können. Daher fragten wir: Wie findet der Umgang mit kulturellen Differenzen statt? Welche Übersetzungen von Inhalten und Identitäten werden geleistet? Die wechselseitige Anerkennung der kulturellen Differenz ermöglicht den Aufbau gemeinsam geteilter Wissensbestände.

(2) Vorurteile und wechselseitig unterschiedliche Erwartungen an das Handeln der jeweils anderen stehen am Beginn jeder interkulturellen Kooperation (und in dieser Hinsicht vermitteln etwa Reiseführer oder Kurzseminare zu „fremden Kulturen" systematisch „kontrollierte" Vorurteile). Die Kooperation selbst vollzieht sich in den beiden Modi *Verständigung* und *Konflikt*. Verständigung, aber auch Konflikte sind die Quellen der Revision der eigenen Vorurteile und deshalb wesentliche Grundlagen jeder Form interkultureller Kompetenz. Noch so viel „Wissen über" eine Kultur kann die „Kommunikation mit" einem Vertreter dieser

Kultur nicht ersetzen (vgl. Schütz 1964). Da die wechselseitigen Erwartungen bei interkultureller Kommunikation typischerweise nicht komplementär sind, kann die Modifikation der Erwartungen durch die Erfahrung des Anderen konflikthaft sein und ist es oft auch. Dabei ist zu beachten, dass gerade der Konflikt Quelle der Irritation von Vorannahmen sein kann und so der Entstehung neuer Regeln und partnerschaftlicher Kooperationsformen dienen mag (vgl. klassisch Coser 2009, S. 146ff.).

Dass das aufeinander bezogene Handeln der in der internationalen Kooperation aktiven Arbeitnehmervertreter Einfluss auf ihre wechselseitigen Erwartungen und Fremdbilder hat, die Kooperation nicht nur auf der Grundlage solcher Erwartungen und Fremdbilder aufbaut, sondern diese auch verändert und dadurch selbst verändert wird, dürfte unbestritten sein. Die Frage ist jedoch, in welcher Weise das geschieht. Nach der gängigen Auffassung werden in interkulturellen Begegnungen Stereotype abgebaut oder in Frage gestellt. Genau so gut kann allerdings das Gegenteil der Fall sein, d.h. die Frage nach der Wirkung von internationalen Begegnungen auf die Stereotype der Akteure und der Relevanz der Begegnungen für den Aufbau eines gemeinsamen Wissensvorrats ist eine empirisch zu beantwortende Frage. Dies gilt natürlich auch und gerade dann, wenn die Rahmenbedingungen für Verständigung und den Aufbau ungünstig sind: Zeitknappheit, Sprachenvielfalt (Dolmetschen), formale Etikette bei internationalen Treffen arbeiten gewissermaßen situativ gegen offene Formen der Verständigung. Hinzu treten die Elemente der Situation, die es eigentlich gälte, für alle Seiten verfügbar zu machen: z.B. eingelebte Formen der (Selbst-)Präsentation oder politische Strategien der Informationsgewinnung der Teilnehmer. Das Beherrschen solcher Repertoires dürfte eine wesentliche Bedingung des Erfolgs der Interessenvertretung in einem nationalen Rahmen oder an einem Unternehmensstandort ausmachen. In einem internationalen Kontext, in dem die anderen mit den eigenen eingelebten Mustern der Selbstpräsentation, des strategischen Auftretens usw. gerade nicht vertraut, sondern unvertraut sind, wird die Funktionsweise solcher Mechanismen im umfassenden Sinne des Wortes fragwürdig.

(3) Ungleiche Macht und ihre Legitimität stellen schon die Kooperation betrieblicher Arbeitnehmervertreter in einem nationalen Rahmen vor erhebliche Herausforderungen. Diese potenzieren sich in der internationalen Kooperation. Jede Form nicht erzwungener, auf einen längeren Zeitraum angelegter Kooperation basiert auch auf Normen, auf die sich die Handelnden beziehen können. Normen betreffen das Verhältnis und Verhalten der Akteure untereinander sowie das System, in dem sie kooperieren. Offener, d.h. nicht nur oder nicht vor allem strategischer Informationsaustausch und Kooperation setzen z.B. die wechselseitigen Zuschreibungen von Ehrlichkeit (als allgemeiner Verhaltensnorm) und der Legi-

timität des gemeinsamen Austauschs (es ist richtig, Informationen offen auszutauschen) voraus (Soeffner 2007, S. 110). In Kooperationen, in denen sich die Akteure wenig vertraut sind *und* die Positionen der Akteure asymmetrisch sind, schwindet die Verlässlichkeit von Normen: Belegschaftsvertreter, die international kooperieren, vertreten Standorte, die im Unternehmen eine zentrale oder eine nicht so zentrale Position einnehmen, über bessere oder schlechtere Beziehungen zum zentralen Management verfügen usw. Verschärft wird die Problematik, wenn die Standorte in einem unternehmensinternen Wettbewerb stehen.

Das Faktum der Asymmetrie gilt nicht selten als Erklärung misslingender Kooperation. Der entscheidende Punkt ist aber nicht in erster Linie das Faktum selbst, sondern der Umgang mit ihm.[4] Ein im Hinblick auf die Kooperation legitimer Umgang mit asymmetrisch verteilter Macht basiert auf der wechselseitigen Zuschreibung von Ehrlichkeit und Gerechtigkeit, d.h. das Macht nicht im eigenen Interesse gegen andere eingesetzt wird. Diese Zuschreibungen entscheiden mit darüber, wie *kommunikativ* mit „Missverständnissen" (Streitfällen etc.) umgegangen werden kann, ob sie zum Abbruch der Zusammenarbeit führen oder ob sie eingeklammert werden können und die Kommunikation fortgesetzt werden kann. In diesem Zusammenhang sei auf die stabilisierende Funktion von Sinnklammern der Kommunikation verwiesen, wie sie aus Studien zur interkulturellen Kommunikation des Managements bekannt sind (etwa der Rekurs auf gegenseitige Ergänzung trotz Differenzen etc.; vgl. Jung et al. 2004). In der internationalen Kooperation von Arbeitnehmervertretern gilt ein gemeinsames Verständnis von Solidarität als eine solche Sinnklammer. Solidarität beinhaltet einen kognitiven Rahmen (Wissen), eine normative Orientierung (Ko-Orientierung) sowie auch einen emphatischen Bezug (Involvement). Im transnationalen Maßstab müssen diese Bezüge erst kommunikativ artikuliert und akzeptiert werden, weil sie nur beschränkt auf gemeinsame Traditionen und gemeinsam geteiltes Wissen gestützt sind. Auf die Frage, ob und wenn ja, in welcher Weise der Aufbau eines gemeinsamen Verständnisses von Solidarität erfolgt, richtet sich deshalb unsere Aufmerksamkeit.

2.2 Methoden

Die in dieser Studie zentralen Fragen nach den Mustern der Selbst- und Fremdwahrnehmung und der Relevanz dieser Muster für die internationale Zusammenarbeit von betrieblichen Arbeitnehmervertretern, den Praxen des Umgangs miteinander und den Konzepten von Solidarität legen ein qualitatives Vorgehen

4 Dies ist eine zentrale Annahme der Soziologie überhaupt und wird durch die Ungleichheitsforschung immer wieder bestätigt.

nahe. Ein qualitatives Untersuchungsdesign ist auch deshalb geboten, weil die in kultursoziologische Forschungslücke in der Soziologie der Industriellen Beziehungen – Folge der Sprachlosigkeit zwischen kultursoziologisch und arbeits- und industriesoziologisch orientierter Forschung – dazu geführt hat, dass wir nicht auf einem mehr oder minder breiten Erkenntnisstand zur interkulturellen Kommunikation in der internationalen Zusammenarbeit von betrieblichen Interessenvertretern aufbauen konnten, sondern gleichsam am Anfang stehen. Ein quantitativ orientiertes Vorgehen setzt ein klares Verständnis der Prozesse der kulturellen Übersetzung, der Interessenabstimmung sowie der Konstruktion von Solidarität und ihrer Verankerung im Alltag der Interessenvertretung voraus. Dieses Verständnis ist noch nicht gegeben, sondern soll – auch durch diese Studie – erst entwickelt werden. Wenn ein entsprechender Kenntnisstand geschaffen sein wird, werden auch quantitativ angelegte Studien, die ihre Instrumente auf dem Boden sicheren Wissens aufbauen, ein geeignetes Forschungsinstrument sein können.

Theoretisch haben wir uns wegen dieses Standes der Forschung an der Grounded Theory (vgl. Strauss 1998) orientiert. „Orientiert" bedeutet, dass wir zwar nicht unsere theoretischen Annahmen aus dem Material entwickelt haben, sondern die eben diskutierten Überlegungen zur Grundlage der Fragestellung und Konzeption der Studie gemacht haben. Sehr wohl aber haben wir das Postulat ernst genommen, alle inhaltlich bestimmten Vorannahmen über das Untersuchungsfeld auszuschließen. Da wir uns weder als Forschende noch als alltäglich handelnde Individuen von unseren Vorannahmen frei machen können, sie sozusagen „neben uns" als Forschende stellen und eine über den Dingen frei schwebende Position einnehmen können (so schon Horkheimer 1936 (1987)), müssen wir sie zum Teil der Forschungspraxis machen. Das bedeutet, die eigenen Vorannahmen methodisch kontrolliert zu reflektieren, d.h. sich in der Forschungsgruppe diskursiv sowohl bei der Konzeption der Erhebungsinstrumente wie bei der Auswertung der erhobenen Daten über sie zu verständigen. Dieser Punkt ist in einer Studie zur internationalen Zusammenarbeit von Betriebsräten von herausgehobener Bedeutung, weil die Mehrzahl der Mitglieder des Forschungsteams im deutschen System der Industriellen Beziehungen groß geworden ist und deshalb dazu neigt, die in diesem System gepflegten Fremdbilder über andere Systeme nicht als Annahmen zu begreifen, die möglicherweise kulturrelativ sind, sondern als Verständnis der Sache selbst zu betrachten – zumal wir zwar nicht die gleichen, aber vergleichbare Erfahrungen von Fremdheit machen, wie sie auch die Betriebsräte machen. Davon, was passiert, wenn die eigenen Vorannahmen nicht kontrolliert reflektiert werden, gibt die Forschungslandschaft zum Thema ein eindrucksvolles Beispiel: So gilt in einigen Untersuchungen das deutsche System der Industriellen Beziehungen umstandslos als das am weitesten entwickelte System in Europa oder die Arbeitnehmervertretungen in

Mittel- und Osteuropa gelten als undurchsichtig und anfällig für eine Unterwanderung durch Arbeitgeber. Beides sind Perspektiven, die so weder mit der Realität in anderen Systemen Industrieller Beziehungen in Einklang zu bringen sind noch im eigentlichen Sinn einen Erkenntniswert haben, weil sie eigene Vorannahmen unkontrolliert in die Untersuchung einfließen lassen.

Das Problem der Perspektivität des eigenen Blicks lässt sich zwar methodisch kontrolliert bearbeiten, vollständig lösbar ist es nicht. Wir sind ihm begegnet, indem wir sowohl bei der Konzeption der Erhebungsinstrumente als auch bei der Auswertung der Daten aus den mittel- und osteuropäischen Staaten mit Forscherinnen und Forschern zusammengearbeitet haben, die entweder in den Staaten leben, in denen wir Erhebungen durchgeführt haben, oder in diesen Staaten lebten. Bei in Westeuropa gelegenen Standorten (Spanien, Deutschland, England) haben wir auf dieses Kontrollverfahren aus Gründen der Kostenreduktion verzichtet. Dies schien uns hier eher möglich als bei in Mittel- und Osteuropa gelegenen Standorten, weil der Fremdheitsaspekt geringer war und die eigenen Kenntnisse auf einer erheblich breiteren Grundlage an verfügbarer wissenschaftlicher Literatur aufbauen. Im Fall der spanischen Standorte haben wir allerdings mit Muttersprachlern zusammengearbeitet.

Als Untersuchungsinstrumente kamen leitfadengestützte Interviews, teilnehmende Beobachtungen von internationalen Treffen und Dokumentenanalysen zum Einsatz. Durchgeführt wurde die Untersuchung in drei Unternehmen der Automobil- und deren Zuliefererindustrie. Die Instrumente wurden entsprechend unserer Erkenntnisziele eingesetzt: Zur Erhebung der Selbst- und Fremdbilder der Arbeitnehmervertreter in internationalen Kooperationen haben wir leitfadengestützte Interviews eingesetzt und Dokumentenanalysen, oft Sekundäranalysen, durchgeführt. Diese Instrumente kamen auch zur Erhebung der Solidaritätsverständnisse zum Einsatz. Material über Handlungsmuster lässt sich dagegen mit Interviews nicht erheben: Mit Hilfe von Interviews lassen sich Aussagen über semantische Strukturen treffen, auch über semantische Strukturen der Deutung von Handlungsmustern, nicht aber Aussagen über Handlungsmuster selbst. Um Aussagen über Handlungsmuster machen zu können und in der Folge das Zusammenspiel von Deutungs- und Handlungsmustern untersuchen zu können, haben wir mit Hilfe von teilnehmenden Beobachtungen internationale Treffen begleitet.[5]

---

5 In der soziologischen und insbesondere der ethnologischen Methodendiskussion (vgl. etwa Girtler 2001) wird das Instrument der teilnehmenden Beobachtung in aller Regel mit sehr langfristigen Beobachtungen verbunden. Das ist in unseren Fällen natürlich anders: Die beobachteten internationalen Treffen dauerten ein bis drei Tage. Wenn wir hier von „teilnehmender Beobachtung" sprechen, verstehen wir darunter ein Verfahren, das der Anlage und auch dem Einsatzgebiet nach vergleichbar ist, aber eine andere zeitliche

In einer ersten Erhebungsphase wurden themenzentrierte, leitfadengestützte Interviews und Expertengespräche geführt, die zwischen einer Stunde und anderthalb Stunden dauerten. Erhoben wurden insbesondere die Perspektiven auf die internationale Zusammenarbeit, die damit verbundenen Solidaritätskonzepte und die Probleme der Zusammenarbeit aus der Perspektive der Beteiligten. An 14 Standorten in fünf Ländern (sechs in Deutschland, einer in Polen, zwei in Spanien, zwei in Tschechien, zwei in Ungarn) wurden Interviews mit 34 betrieblichen Arbeitnehmervertretern geführt. Die Verteilung ergibt sich aus den Unternehmensstrukturen, die jeweils eine Mehrzahl an Standorten in Deutschland aufweisen (in allen Fällen sind entsprechend mindestens die Hälfte der EBR-Mitglieder Vertreter deutscher Standorte). Befragt wurden EBR-Mitglieder, aber auch Standortvertreter (Betriebsräte, Vertrauensleute, Betriebsratsreferenten), die entweder über internationale Kontakte verfügen oder mit der EBR-Arbeit vertraut sind.[6] Drei der Interviews wurden nicht im oben angeführten Sinne durchgeführt, sondern als Gruppengespräche, zwei in Deutschland, eines in Ungarn. Im Rahmen eines Aufenthalts zur teilnehmenden Beobachtung wurde schließlich ein Interview mit einem EBR-Mitglied aus England geführt, der zu einer Ausschusssitzung eines EBR eingeladen worden war. Dazu kommen acht Interviews auf der übergeordneten Ebene der Gewerkschaftsverbände (in Deutschland, Tschechien und Ungarn sowie auf europäischer Ebene) und drei Interviews mit Experten (Gewerkschaftsberater bzw. eine Vertreterin eines Arbeitsministeriums) in drei Ländern (Deutschland, Tschechien, Ungarn).

In einer zweiten Erhebungsphase wurde die Handlungspraxis der Arbeitnehmervertreter aus unterschiedlichen Staaten im Rahmen von internationalen Treffen mit Hilfe von teilnehmenden Beobachtungen untersucht. Vier internationale Treffen wurden beobachtet, über die teilnehmenden Beobachtungen wurden Protokolle gefertigt. Nur in einem von vier Fällen war eine Aufzeichnung der Kommunikation möglich. Dies scheint – im Nachhinein – unproblematisch, da sich die in diesem Fall herausgearbeiteten typischen Handlungs- und Kommunikationsmuster in den anderen Fällen weitgehend bestätigten.

Eine Untersuchung der Deutungsmuster und der Erwartungshorizonte steht vor methodischen und organisatorischen Schwierigkeiten. Die Handhabung der sprachlichen Vielfalt, die Reiseintensität, Planung und Durchführung der Daten-

---

Perspektive hat und deshalb in der Tiefe der gezogenen Schlussfolgerungen im Unterschied zu anderen, deutlich länger dauernden teilnehmenden Beobachtungen, limitiert ist.

6 Im ursprünglichen Design war es auch vorgesehen, zu prüfen, inwieweit die Aktivitäten des EBR bei lokalen Betriebsratsmitgliedern bekannt sind. Dabei hat sich rasch gezeigt, dass die Kenntnis über den EBR „nach unten“ stark abnimmt. Wir haben uns daraufhin entschlossen, das Thema in den Interviews beizubehalten, aber nicht mehr systematisch durch Erhebungen weiter zu verfolgen: Die erhobenen Daten dazu können als „karge Interviews“ bezeichnet werden.

erhebung in unterschiedlichen Sprachen, die Erarbeitung von Hintergründen zu nationalen Interessenvertretungskulturen erfordern einen erheblichen Aufwand. Zur Kontaktanbahnung wurden Projektbeschreibungen auf Deutsch, Englisch, Polnisch, Tschechisch und Ungarisch erstellt. Bei den englisch- und spanischsprachigen Interviews ergaben sich die Kontakte im Verlauf der Untersuchung. In diesen Fällen wurde das Projekt zu Anfang des Interviews bzw. im Vorgespräch kurz vorgestellt. Alle Interviews wurden in der jeweiligen Landessprache geführt (mit Ausnahme eines Interviews in Spanien, bei dem die interviewte Person einem Interview in der deutschen Sprache vorab zugestimmt hatte, da sie in dieser Sprache aus familiären Gründen perfekt „zu Hause“ war). Die Interviewerinnen und Interviewer waren Muttersprachler und kannten den jeweiligen Kontext entweder, weil sie in dem betreffenden Land lebten oder, weil sie bis vor kurzem dort gelebt hatten.[7] Während der Interviews wurden in kurzen Pausen den anwesenden Mitgliedern des engeren Forschungsteams die Aussagen zusammenfassend übersetzt, so dass wir die Möglichkeit hatten, gegebenenfalls Rückfragen zu stellen. In Tschechien stellte sich dieses Problem nicht, weil ein Mitglied des engeren Forschungsteams selbst Muttersprachler ist.

Die Interpretation von in anderen Sprachen und anderen kulturellen Kontexten geführten Interviews bereitet methodische Probleme, die sich aus der kulturellen Differenz der Beteiligten ergeben, etwa das Problem der sprachlichen Transformation von Sinngehalten oder das Problem der Interpretation von Interviews in einer anderen Sprache und damit in einem nicht identischen System von Bedeutungen (vgl. dazu exemplarisch die Debatte in der Zeitschrift Erwägen – Wissen – Ethik 2007/2). Die Interviews wurden in der jeweiligen Sprache transkribiert und – mit Ausnahme der englischsprachigen – kontrolliert ins Deutsche übersetzt, d.h. Übersetzer und Mitglieder des engeren Forschungsteams verständigten sich über die Bedeutung von Passagen. Dieser Umgang erwies sich rasch als ausgesprochen zeitintensiv, da es uns nicht auf eine wörtliche Übersetzung, sondern auf eine Übersetzung der Bedeutung und des Bedeutungsraumes einer Aussage ankam. Aus diesem Grund sind wir mit der Zeit dazu übergegangen, das Verfahren nur bei zentralen Passagen anzuwenden.

Die zur Untersuchung von Handlungsmustern eingesetzten teilnehmenden Beobachtungen wurden ebenfalls vom engeren Forschungsteam gemeinsam mit

---

7 Wir haben Wert darauf gelegt, dass die muttersprachlichen Interviewerinnen und Interviewer sich im jeweiligen System der Industriellen Beziehungen gut auskannten. Diese Anforderung konnten wir nicht in allen Fällen realisieren, so dass einige Interviews von Personen geführt wurden, die zwar das jeweilige System der Industriellen Beziehungen kannten, aber nicht mit ihm in einem wissenschaftlichen Sinne vertraut waren. In diesen Fällen haben wir die Interviewerinnen und Interviewer vorab geschult. Hinsichtlich Interviewtechnik wurden alle vorab geschult, sofern sie nicht Mitglieder das engeren Forschungsteams waren.

Muttersprachlern durchgeführt (mit Ausnahme einer EBR-Sitzung und einem deutschsprachigen internationalen Treffen). Hier entstanden den eben genannten vergleichbare Probleme. Die Teilnehmer der Treffen, die nicht aus Deutschland kamen, wurden vorab mit Projektbeschreibungen in der Landessprache oder mündlich durch die Muttersprachler über Forschungsziele und Inhalte informiert. Eine Ausnahme bildete ein Eurobetriebsratstreffen, auf dem der EBR-Vorsitzende uns die Möglichkeit einer kurzen Projektvorstellung gab, die simultan in die jeweiligen Sprachen der Teilnehmer übersetzt wurde. Die Beobachtungsprotokolle wurden vom Forschungsteam gemeinsam mit den Muttersprachlern verfertigt und diskutiert, insbesondere im Hinblick auf die Frage nach kulturspezifischen Habitus und Ausdrucksformen.

Zur Auswertung der Interviews und Beobachtungsprotokolle wurden Muttersprachler in strittigen oder unklaren Punkten zu Rate gezogen. Die Auswertung der erhobenen Daten folgte sowohl hermeneutischen als auch typisierenden (Kodier-)Verfahren.

2.3 Geltungsbereich der Studie

Während der Erhebung und Auswertung wurde uns immer deutlicher, wie vielgestaltig die europäische Landschaft der Arbeitnehmervertretung in der Praxis ist, wie breit die Spannweite unterschiedlicher Ressourcen und Erfahrungen ist und wie schmal im Vergleich dazu der Sektor gemeinsamen Wissens über die Praktiken, Strategien und Wertvorstellungen betrieblicher Interessenvertreter in Europa, zumal in der wissenschaftlichen Beobachtung, ist. Darstellungen im Rahmen von Einzelprojektforschungen, auch die vorliegende, müssen hier über weite Strecken an der Oberfläche bleiben.

Abseits dieser Einschränkung, die für jede international vergleichende Einzelforschung in diesem Gebiet gilt, werden unsere Ergebnisse und damit der Geltungsbereich der im Folgenden getroffenen Aussagen durch vier Punkte eingeschränkt:

1) Alle Unternehmen, in denen die internationale Zusammenarbeit von Betriebsräten untersucht wurde, haben ihren Stammsitz in Deutschland und haben, oft mit finanzieller Unterstützung durch die EU, nach 1990 in Mittel- und Osteuropa Produktionsanlagen aufgebaut, die in der Mehrzahl der Fälle inzwischen mit den etablierten Standorten in Deutschland bzw. in anderen westeuropäischen Ländern um Produktionsvolumina konkurrieren.

2) Die international aktiven Arbeitnehmervertreter deutscher Standorte nehmen in der Regel auch wichtige Positionen in der nationalen betrieblichen Mitbestimmung ein. Sie sind ausnahmslos lange in der Interessenvertretung aktiv und kennen eine Vielzahl der meist aus Deutschland stammenden Werksleiter der Unternehmensstandorte in Mittelosteuropa persönlich. Sie haben fast alle einen direkten Zugang zum zentralen Management, deren wichtigste Vertreter ihnen wiederum persönlich bekannt sind. In allen unseren Fällen sind die deutschen Vertreter in der internationalen Betriebsratsarbeit nahe an den wichtigen Entscheidungsgremien der Unternehmenszentralen.

3) Alle Unternehmen verfügen über einen EBR, der inzwischen auf eine langjährige Erfahrung zurückblicken kann.

4) Die Verkehrssprache zwischen Betriebsräten mit unterschiedlichen Muttersprachen ist in aller Regel Deutsch. Wenn die betrieblichen Arbeitnehmervertreter kein Deutsch können, wird nicht ins Englische gewechselt, sondern ein Übersetzer engagiert.

Wir vermuten, dass sich die im Folgenden vorgestellten Ergebnisse zwar nicht dem Inhalt, aber der Struktur nach erstens über Deutschland hinaus auch auf die Beziehung von Arbeitnehmervertretern westeuropäischer Standorte zu Arbeitnehmervertretern aus Mittel- und Osteuropa übertragen lassen und zweitens die gleichen Probleme und die gleichen Muster des Umgangs die internationale Zusammenarbeit von Betriebsräten und Gewerkschaftsvertretern überhaupt kennzeichnen, doch reicht unser Material nicht hin, diese Vermutung auch empirisch zu unterfüttern. Hier bedarf es weiterer Forschung. Deshalb schränken wir den Geltungsbereich unserer Aussagen erstens auf die Zusammenarbeit von deutschen Betriebsräten mit Betriebsräten aus Mittel- und Osteuropa ein und zweitens auf Unternehmen, welche die oben genannten Kennzeichen aufweisen. Eine Generalisierung über diesen Unternehmenstyp und Standorte in den genannten Ländern hinaus ist von weiteren Untersuchungen abhängig.

3 Der Rahmen betrieblicher Arbeitnehmervertretung in Deutschland und Mittel- und Osteuropa

Mit diesem Kapitel bereiten wir den kultur- und wissenssoziologischen Kern der Studie vor. Wir erörtern die Rahmenbedingungen des Handelns der betrieblichen Arbeitnehmervertreter, soweit sie für unsere Frage nach deren internationaler Zusammenarbeit relevant sind. In einem ersten Schritt diskutieren wir die unterschiedlichen Systeme Industrieller Beziehungen im Hinblick auf unser Thema. Die unterschiedlichen Systeme Industrieller Beziehungen münden in unterschiedliche Kulturen betrieblicher Interessenvertretung, die unterschiedliche Erwartungen an eine internationale Zusammenarbeit nahe legen. Sie bilden einen zentralen Hintergrund für die in Kapitel 5 diskutierten unterschiedlichen Selbst- und Fremdbilder (3.1). In einem zweiten Schritt erörtern wir die Rahmen der europäischen betrieblichen Arbeitnehmervertretung und den Stand der Forschung im Hinblick auf unsere Fragestellung. Von besonderem Interesse ist dabei das kultursoziologische Defizit der Forschung zu den Europäischen Betriebsräten. Dieses Defizit führt dazu, dass die kulturelle Unterschiedlichkeit betrieblicher Interessenvertretung entweder ausgeblendet oder unterschätzt wird (3.2).

3.1 Nationale Organisation von Arbeitnehmerinteressen

3.1.1 Das deutsche System der Industriellen Beziehungen: Machverlust der Arbeitnehmervertreter und Verbetrieblichung

Die Ausgestaltung des Systems Industrieller Beziehungen in der damaligen Bundesrepublik ist der spezifischen Situation der Nachkriegszeit geschuldet, die bestimmt war von der Erfahrung des Nationalsozialismus, einer weitgehenden Zerschlagung der organisatorischen Strukturen der Arbeiterbewegung und der Ermordung vieler ihrer Funktionäre, den Kriegsfolgen und dem sich anbahnenden Systemwettbewerb mit dem „real existierenden“ sozialistischen Ostblock.[1]

> „Die Industriellen Beziehungen in Deutschland basieren auf gewachsenen Kulturen der Konsensfindung und dem bewährten Einsatz von Instrumentarien zur politischen und wirtschaftlichen Problemlösung. Dadurch sind sie hochgradig sozialpartnerschaftlich – korporatistisch – angelegt und weniger konfliktorisch als in anderen Teilen Europas.“ (Kohler 2009, S. 49)

---

1 Wobei die Besonderheit der Situation nicht darüber hinwegsehen lassen kann, dass hier an Traditionslinien angeknüpft wurde (vgl. Abelshauser 2003, 23ff.; Wellhöner 1996).

Die Intention, die hinter der Regulierung der Industriellen Beziehungen in der Bundesrepublik stand und steht, lässt sich als Bewahrung des „industriellen Friedens" beschreiben, in dem die unternehmerische Verfügung über ihr Unternehmen unangetastet bleibt und die Arbeitnehmervertretungen im Ausgleich dafür (begrenzte) „Mitbestimmungsrechte" erhalten.

Die für Deutschland spezifische rechtlich fixierte „Umsetzung" dieser Intention findet sich wieder in der klaren institutionellen Trennung zwischen der betrieblichen und der tariflichen Aushandlungsebene, auf der – neben den gesetzlichen Regelungen – die Rahmenbedingungen (über Engelt- und Manteltarifverträge) für die betriebliche Ebene festgelegt werden.[2] Die Trennung der Aushandlungsebenen hat zur Folge, dass auf der betrieblichen Ebene formal gewerkschaftsunabhängige und nicht zum Streikaufruf berechtigte Betriebsräte die Arbeitnehmer vertreten, auf der überbetrieblichen Ebene die Gewerkschaften, die unter bestimmten Voraussetzungen Streiks durchführen können.[3] Die spezifische Ausgestaltung des dualen Vertretungssystems mit der Verpflichtung der betrieblichen Interessenvertreter auf die „Einhaltung des Betriebsfriedens"[4] lässt die prinzipielle betriebliche Machtasymmetrie bestehen, offenes Machthandeln ist im Betrieb weitgehend ausgeschaltet. Das deutsche Modell der betrieblichen Interessenaushandlung ist gekennzeichnet durch die Kleinarbeitung und Differenzierung von Konfliktlagen sowie der wechselseitigen Verpflichtung – bester Ausdruck hierfür waren die arbeitnehmernahen Arbeitsdirektoren in den Großunternehmen. Nach den Konflikten um die Novellierung des Betriebsverfassungsgesetzes von 1972 lässt sich für die darauf folgende Zeit im Allgemeinen eine fortschreitende „Versachlichung" der Aushandlungsprozesse zwischen Betriebsräten und Betriebsleitungen feststellen.[5]

---

2 Vgl. Müller-Jentsch 2007. „Die im dualen System der Interessenvertretung angelegte Arbeitsteilung zwischen Betriebsräten und Gewerkschaften ist ein zentrales Moment der Stabilisierung und Regulierung betrieblicher Konflikte, insofern Betriebsräte einerseits nicht streikberechtigt sind ..., andererseits über im internationalen Vergleich weitreichende so genannte „Mitbestimmungsrechte" verfügen" (Hürtgen 2008, S. 79f.). Zu weiteren makroökonomischen und strukturellen Bedingungen für die Stabilität des deutschen Systems Industrieller Beziehungen in „fordistischen Zeiten" vgl. u.a. Kädtler 2006 und Schröder/Weinert 2001. Der klaren „institutionellen" Trennung korrespondiert keine personelle. Das Verhältnis von betrieblicher und tariflicher Interessenvertretung kann als „wechselseitiges symbiotisches Abhängigkeitsverhältnis" (Artus et al. 2001, S. 135) beschrieben werden.

3 Die Gewerkschaften sind an den Prozessen auf der Unternehmensebene nur mittelbar über ihre Aufsichtsratsmandate und, auf der betrieblichen Ebene, ihre Vertrauenskörper (soweit vorhanden) beteiligt, die über keine formalen Mitwirkungsrechte verfügen.

4 Vgl. hierzu die entsprechenden Bestimmungen im Betriebsverfassungsgesetz.

5 Eberwein et al. (2000, S. 17) sprechen von einer „Liberalisierung und Versachlichung der Herrschaftsverhältnisse". Diese „Kultur der Rationalität" der Interessenvertretung

Die innerbetrieblichen Beziehungen wurden von einem breiten betrieblichen sozialen Konsens zwischen der Belegschaftsvertretung – in der Industrie vor allem die Facharbeiterschaft – auf der einen und dem Management auf der anderen Seite getragen. Kennzeichen des betrieblichen Aushandlungssystems – auch eine Folge des rechtlichen Rahmens – sind Delegation und „Stellvertreterpolitik" auf der Arbeitnehmerseite, d.h. eine relative Entkoppelung der Institution des Betriebsrats (bzw. des Handelns von Betriebsräten) von „der" Belegschaft in den Verhandlungen mit dem Arbeitgeber.[6] Die beiderseitige prinzipielle Akzeptanz und der Konsens auf der betrieblichen Ebene über das „Setting" der Interessensaushandlung führten zum einen dazu, dass für beide Seiten bei „Regelverstößen" nicht gleich das ganze Aushandlungssystem auf dem Spiel stand. Entsprechend hoch war die Toleranz gegenüber Regelverstößen. Zum anderen stellte sich eine „antizyklische" Wirkung ein: Bei guter Konjunktur und entsprechend starker Machtposition reizten die Betriebsräte ihre Machtressourcen nicht voll aus, bei schlechter Konjunktur hingegen nutzte das Management die Schwäche der Arbeitnehmervertretung nicht voll aus. Das in diese Praxis eingebettete konfliktpartnerschaftliche Modell Industrieller Beziehungen bildete bis Mitte der 1990er Jahre den anerkannten und verlässlichen Rahmen der Aushandlungsbeziehungen zwischen Management und Betriebsräten (vgl. Kädtler 2006).

Die institutionell abgesicherte Stärke des Betriebsrats war und ist aber gleichzeitig seine Schwäche: „Nur" ihrem Betrieb verantwortlich, sind die Belegschaftsvertreter ohne starke Gewerkschaften prinzipiell durch das Management erpressbar.[7] So kann etwa die Einbeziehung des Betriebsrates vom Management als strategisches Instrument zur Durchsetzung und Legitimation betrieblicher Restrukturierungen genutzt werden. Das Spannungsfeld zwischen der

---

hat sich – so Bosch (1997) – zunehmend alternativlos durchgesetzt (vgl. auch Eckardt 2003 zu einem empirischen Beispiel innerbetrieblicher Konflikte). Einige Autoren attestierten dem deutschen Modell, durch seine Art der Regulierung wenig emanzipatorisch (in Bezug auf die Überwindung innerbetrieblicher Machtasymmetrien), sondern strukturkonservierend angelegt zu sein, aber auch erfolgreich, was die betriebliche Interessenvertretung betrifft.

6 Natürlich sind auch Betriebsräte an ihre Wählerbasis rückgebunden, sie müssen sich nach jetziger Rechtslage alle vier Jahre einer Wahl stellen. Nichtsdestotrotz macht der starke „Stellvertretungsgedanke", der sich darin ausdrückt, dass Belegschaften zwar ein Wahlrecht haben, aber keine Beschlüsse fassen können, die Belegschaft zum „betreuten" Gegenstand der betrieblichen Auseinandersetzungen. Dieser Aspekt der deutschen „Vertretungskultur" erklärt, ohne der empirischen Auswertung vorzugreifen, warum und wie hochgestellte deutsche Betriebsräte so mit ihren Kollegen aus Mittel- und Osteuropa sprechen, wie sie sprechen, nämlich als Teil „ihrer" Belegschaft.

7 Für den „Sonderfall" Ostdeutschland, wo sich aufgrund der Umstände eine verstärkte Betriebsbezogenheit der betrieblichen Interessenvertretung herausgebildet hatte, vgl. Liebold 1996.

Vertretung von Belegschaftsinteressen und dem „Wohl" des Unternehmens, in dem der Betriebsrat agiert, macht ihn auch für das Management wertvoll und stabilisiert ihn wiederum institutionell (Heine 1985). Die bloße Androhung der Standortverlagerung kann die Bereitschaft erzeugen, sich auf einen konzerninternen Standortwettbewerb einzulassen.

> „Wie wenig sich unter diesen Umständen eine *solidarische Klassenkultur* herausbilden konnte, zeigt sich etwa dann besonders deutlich, wenn in den Krisenbranchen die Belegschaften in Bewegung geraten: Sehr schnell steht hier Belegschaft gegen Belegschaft, Betriebsrat gegen Betriebsrat, nach dem St. Florians-Prinzip: Schließt Eure Werke woanders, aber nicht bei uns." (Heine et al. 1986, S. 308; Hervorh. i.O.)

Das – hier nur grob skizzierte – duale Vertretungssystem ist trotz seiner institutionellen Stabilität starken Veränderungen unterworfen. In den wirtschaftlichen Krisen seit den frühen 1970er Jahren des letzten Jahrhunderts zeigte sich zunächst die Stabilität des Systems der Industriellen Beziehungen bei gleichzeitig stattfindenden internen „Verschiebungen": Die seit etwa 20 Jahren zu beobachtende Schwächung der Gewerkschaften[8] und die geringere Normsetzungskraft der Flächentarifverträge für die betriebliche Ebene[9] waren und sind mit einer tendenziellen Aufwertung der Betriebsräte verbunden – in der Literatur als Tendenz zur „Verbetrieblichung" des Systems der Industriellen Beziehungen diskutiert (vgl. Bispinck/Schulten 1999; Heidling et al. 2004; Müller-Jentsch 2007) –, da Betriebsräte unabhängig von Gewerkschaften und relativ unabhängig von der Belegschaftsmobilisierung handeln können. So hat sich die früher vielfach kritisierte Verrechtlichung der betrieblichen Aushandlungsebene auf den ersten Blick vorteilhaft auf den Handlungsspielraum der Betriebsräte ausgewirkt. Mit der zunehmenden Mobilität des Kapitals und neuen unternehmensinternen Verwertungsstrategien (hierzu unter vielen: Kädtler 2006; Hürtgen 2008) gerät aber

---

8 Der gewerkschaftliche Organisationsgrad ist auf unter 18% – ohne Beamtenbund und christliche Gewerkschaften – im Jahr 2005 gesunken (Müller-Jentsch 2007, S. 37), selbst die „mächtige" IG Metall musste weit reichende tarifpolitische Zugeständnisse, z.B. durch Öffnungsklauseln, machen. Aufgrund einer sich verändernden Zusammensetzung der volkswirtschaftlichen Gesamtproduktion und der damit verbundenen Abnahme ihres klassischen Klientels, der Facharbeiter, stehen die Gewerkschaften vor dem Problem, zum einen in den neuen Wirtschaftszweigen mit hochqualifizierten „Wissensarbeitern" und zum anderen in dem stark wachsenden Bereich der einfachen Dienstleistungen Fuß zu fassen.

9 Der Flächentarifvertrag gibt „immer weniger die unabdingbaren, universell verbindlichen quantitativen Normen vor, sondern steckt Korridore und Variabilitäten ab" (Schröder/Weinert 2001, S. 101). In der inzwischen recht heterogenen Tariflandschaft haben Betriebsräte durch immer weiter ausgebauten „Öffnungsklauseln" für die speziellen betrieblichen Belange an Bedeutung gewonnen.

die lange Zeit eingespielte Praxis der innerbetrieblichen Austauschbeziehungen unter Druck. Durch die zunehmend realistischen Bedrohungsszenarien des Managements, Standorte selbst bei rentabler Produktion zu verlagern oder zu schließen und durch die Schwäche der Gewerkschaften in der Fläche hat sich die „Verhandlungsmächtigkeit“ der Betriebsräte verringert.[10] Der alte sozialpartnerschaftliche und kompromissorientierte Verhandlungsmodus wird zudem zunehmend von der Arbeitgeberseite – aufgrund gestiegener Chancen zur Durchsetzung der eigenen Position und veränderter unternehmerischer Leitbilder – in Frage gestellt. Folgt man der einschlägigen Literatur, so befinden sich seit mindestens zehn bis 15 Jahren auch Betriebsräte vielfach in einem „defensiven Stellungskrieg“, was sich in den vielen betrieblichen „Bündnissen für Arbeit“ und der Inanspruchnahme tariflicher Öffnungsklauseln zeigt. Die veränderten Rahmenbedingungen führten dazu, dass sich Betriebsräte verstärkt Ansätzen von Co-Management für ihre Interessenvertretung zugewandt haben, ein problematischer und in vielen Fällen erfolgloser Versuch, verlorenes Terrain zurück zu gewinnen.[11] Der Problemdruck, die oftmals als legitim angesehenen unternehmerischen betriebswirtschaftlichen Interessen unter den gegenwärtigen ökonomischen Umständen mit der Verteidigung von Arbeitnehmerinteressen in Einklang bringen zu wollen bzw. zu müssen, ist zu einem Hauptbelastungsfaktor – bis hin zu Erkrankungen – für Betriebsräte geworden (vgl. Bergmann et al. 2002; Tietel 2006).

Abschließend kann man festhalten, dass die deutsche „Kultur der Mitbestimmung“ infolge der eben skizzierten Entwicklungen erheblich irritiert worden ist. Zwar können deutsche Betriebsräte, vor allem in den großen Unternehmen, aus ihrer eigenen Sicht auf eine lange Historie mehr oder weniger erfolgreicher betrieblicher Auseinandersetzungen zurück blicken und stehen im internationalen Vergleich, was die institutionelle Absicherung der Mitwirkungsrechte und die Ressourcenausstattung anbelangt, immer noch gut da, aber die für lange Jahre vertrauten und eingespielten Formen der Auseinandersetzung mit dem Management werden von der Gegenseite immer öfter unterlaufen. Die Grundlage der Wirksamkeit der Arbeitnehmervertretung wird damit geschwächt. Eine weitere Reaktion auf den Verlust des Vertrauens in die „Aufrichtigkeit“ des Managements und die drohende Erosion ihrer betrieblichen Aushandlungsmacht ist,

---

10 Vgl. u.a. Kotthoff 1998. Aufgrund dieser Entwicklungen sehen nicht wenige Autoren das „deutsche Modell“ in einem krisenhaften Zustand (u.a. Hürtgen 2008). Allerdings ist das Urteil in dieser Frage uneinheitlich, es wird teilweise trotz aller Widrigkeiten und negativen Entwicklungen eine erstaunliche Stabilität konstatiert: „Trotz dieser Erosionsprozesse ist das System der deutschen Arbeitsbeziehungen nicht aus dem Ruder gelaufen.“ (Schröder/Weinert 2003, S. 98)

11 Zur Diskussion über Vorteile und Nachteile der co-managerialen Ausrichtung von Betriebsräten vgl. u.a.: Minssen/Riese 2007; Rehder 2006; Hürtgen 2008a.

neben den Co-Management-Ansätzen, der Versuch, die national eingeschränkte Macht international zu kompensieren – gerade im Hinblick auf den oft als Bedrohung empfundenen Aufbau von neuen Unternehmensstandorten in Mittel- und Osteuropa. Wir kommen auf diese Punkt zurück.

3.1.2 Neuaufbau des Systems Industrieller Beziehungen in Mittelosteuropa

Das heutige System der Industriellen Beziehungen in Polen, Ungarn und Tschechien ist nur vor dem Hintergrund des Systemwechsels von 1988/89 zu verstehen. Wir konzentrieren uns im Folgenden auf die Rahmenbedingungen der betrieblichen Interessenvertretung und deren Selbstverständnis. Nacheinander wird auf den ökonomischen Umbruch, die Rolle der Gewerkschaften im Transformationsprozess und die heutige rechtliche und faktische Ausgestaltung der Industriellen Beziehungen eingegangen. Im Anschluss wird kurz die deutsche Forschungsliteratur zum Thema reflektiert. Bei allen angesprochenen Aspekten wird auf eine gesonderte Gliederung nach den drei Ländern verzichtet, denn trotz teilweise unterschiedlicher Entwicklungspfade ergeben sich ähnliche Problemlagen und Handlungsanforderungen.[12] Eine ausführlichere Analyse müsste die unterschiedlichen Entwicklungsverläufe berücksichtigen, für unsere Zwecke ist eine gröbere Darstellung ausreichend.

3.1.2.1 Der ökonomische Umbruch

Die strukturellen Probleme der sozialistischen Volkswirtschaften zeigten sich spätestens in den 1980er Jahren, als sie im Prinzip stagnierten, ihre Produkte nicht weltmarktfähig waren und in einigen Ländern sogar ein Produktionsrückgang zu verzeichnen war (vgl. Bohle 2002). Damit verbunden waren vielfach ein Konsumgütermangel und ein Absinken des Lebensstandards weiter Bevölkerungskreise. Mit dem Übergang von einer bürokratisch gestalteten Plan- zu einer preisregulierten Marktwirtschaft ab 1989 wurden die staatlichen Unternehmen weitgehend privatisiert, die zentralen Wirtschaftspläne abgeschafft, die Preise in den meisten Wirtschaftsbereichen freigegeben und für das Funktionieren einer Marktwirtschaft notwendige Institutionen etabliert.[13]

---

12 Für die Untersuchung der internationalen Kooperation von betrieblichen Arbeitnehmervertretern in Kapitel 5 und 6 gilt zudem, dass die Unterschiede in der wechselseitigen Wahrnehmung und Handlungspraxis weit hinter den Gemeinsamkeiten zurückstehen. Dies gilt sowohl für die Wahrnehmung der Arbeitnehmervertreter aus Mittel- und Osteuropa aus der deutschen Perspektive wie umgekehrt für die Wahrnehmung westlicher Arbeitnehmervertreter aus der Perspektive ihrer mittel- und osteuropäischen Kollegen.

13 Der in den meisten Transformationsländern von Anfang an anvisierte EU-Beitritt beschleunigte den umfassenden politischen und ökonomischen Systemwechsel und legiti-

Die Systemtransformation führte in allen Volkswirtschaften zunächst zu einem massiven Rückgang der industriellen Produktion (vgl. MacShane 1994) und damit zu einem Sinken des Bruttoinlandsprodukts, verschärft durch den „Zusammenbruch“ des Handelsaustauschs mit der ehemaligen Sowjetunion. Auch Ungarn, das 1968 mit dem so genannten „Neuen Wirtschaftsmechanismus“ im Ostblock am umfassendsten marktförmige Elemente eingeführt hatte (vgl. Judt 2006; Mänicke-Gyöngyösi 1991), blieb nicht von der Transformationsrezession verschont. Trotz zu Beginn eher „gradueller Reformen“ ging das BIP erheblich zurück – 1990 um 4% und 1991 um 12% – und erreichte erst 1997 wieder den Stand von 1989. Die Reallöhne gingen, verstärkt durch eine hohe Inflationsrate, massiv zurück – um ein Drittel bis 1992. Im Jahr 2000 betrugen sie durchschnittlich 98% des Wertes von 1989. Die Arbeitslosigkeit stieg ebenfalls erheblich bis auf über 12% in den Jahren 1992/93 an (vgl. Deppe/Tatur 2002; Voß/Wilke 2003; Bukodi/Róbert 2008). Die Wirtschaft Polens steckte in den 1980er Jahren in einer schweren strukturellen Krise, die Auslandsverschuldung war extrem hoch, die Inflationsrate lag 1988 bei 1.000%. Die Reformen der ersten nachkommunistischen, von der Gewerkschaft Solidarność bestimmten Regierung führten zu einem Rückgang des BIP (7%) und einer weiteren zweijährigen Hyperinflation. Auch in den folgenden Jahren blieb die Inflationsrate hoch. Die Realeinkommen sanken 1989 um ca. 37% und um ca. 27% im Jahr 1990, die Arbeitslosigkeit stieg erheblich und betrug 2002 knapp 20% (vgl. Bohle 2002; Deppe/Tatur 2002; Baranowska 2008; Hürtgen 2008). Die Entwicklung in der Tschechoslowakei – ab 1993 nur noch Tschechien – nahm nicht den krisenhaften Verlauf wie in anderen Staaten, obwohl auch hier in den ersten zwei Jahren das BIP um ca. 12% sank. Die Arbeitslosenquote blieb anfangs gering (ca. 5%) und stieg erst ab Ende der 1990er Jahre im Zuge der Russland- und Asienkrise auf knapp 10% (Baum-Ceisig 2005; Hoen 2008; Straková 2008).

Im Großen und Ganzen erholten sich ab Mitte der 1990er Jahre mit im Detail unterschiedlichen Verläufen die drei Volkswirtschaften und zeigten hohe Wachstumsraten. Heute gilt die ökonomische Transformation als vollzogen, die Transformationsrezession als überwunden. Die Wachstumsraten waren in den letzten 15 Jahren durchschnittlich höher als die Westeuropas (Deppe/Tatur 2002; Gebel 2008; Hoen 2008).[14] Die Privatisierungen sind inzwischen weitestgehend

---

mierte ihn zusätzlich. Die Idee „Europa“ wurde schon früh in der Dissidentenszene in Abgrenzung zur Sowjetunion benutzt (vgl. Judt 2006; Geremek 2008). Die Hoffnungen auf „Europa“ während des real existierenden Sozialismus richteten sich auf den politischen Wandel und nach 1989/90 auf ausländische, vor allem europäische Investoren, die die Modernisierung der Volkswirtschaften ermöglichen sollten. Deswegen war anfangs der Wunsch nach einem EU-Beitritt in fast allen Transformationsländern stark ausgeprägt.

14 Dies bezieht sich auf den Zeitraum vor dem Beginn der Finanz- und Wirtschaftskrise Ende 2008. Weiter ist anzumerken, dass die volkswirtschaftliche Bedeutung der so ge-

abgeschlossen, 75% bzw. 80% des Bruttoinlandprodukts wurden 2007 privat erwirtschaftet.[15] Auch in der sektoralen Aufteilung nähern sich die drei Länder dem Durchschnitt Westeuropas an – mit der Ausnahme Polens hinsichtlich einer überdurchschnittlich hohen Anzahl von Beschäftigten in der Landwirtschaft. Zur Wirtschaftsstruktur sei noch auf zwei Punkte hingewiesen. Zum einen haben im Zuge des Strukturwandels die Klein- und Kleinstbetriebe eine noch höhere Bedeutung erlangt als im Durchschnitt der EU-15-Länder, die Kleinstbetriebe (mit weniger als zehn Beschäftigten, oft auch nur Ein-Mann-Firmen) sind vorherrschend in der heutigen ungarischen, tschechischen und polnischen Wirtschaft (vgl. u.a. Deppe/Tatur 2002; Illessy 2007). So hatten im Jahr 2000 in Ungarn und Polen 97% bzw. 93% aller Betriebe, die etwa die Hälfte aller Arbeitnehmer beschäftigten, weniger als zehn Mitarbeiter (Deppe/Tatur 2002). Zum anderen spielen in allen drei Ländern ausländische Direktinvestitionen eine eminent wichtige Rolle – vor allem im verarbeitenden Gewerbe. Z.B. waren in Polen im Jahr 2001 ca. ein Drittel der Beschäftigten in Unternehmen mit nichtpolnischen Besitzern beschäftigt, 52% des Umsatzes, 66% des Exportumsatzes sowie 64% der Investitionen wurden hier getätigt (Tholen et al. 2006). Für Tschechien stieg der Kapitalstock der ausländischen Direktinvestitionen bis 2002 auf 55,3% des Bruttoinlandsprodukts (vgl. Bluhm 2007).

Die sozialen Folgen der ökonomischen Transformation und der mit ihr verbundenen De-Industrialisierung breiter Landstriche sind bis heute virulent. Obwohl nach dem EU-Beitritt die Zahl der Arbeitslosen inzwischen auf „normales" europäisches Maß gesunken ist,[16] arbeiten viele Beschäftigte unter prekären Arbeitsbedingungen mit niedriger Entlohnung und in unsicheren Vertragsverhältnissen. Auch wenn die Lohnentwicklung inzwischen positiv ist, fallen die Erhöhungen der Tarif- wie auch der Reallöhne regelmäßig niedriger als die Produktivitätssteigerungen aus (vgl. Platzer 2005). Zwar zahlen eine Reihe von Unternehmen mehr als den tarifvertraglich vereinbarten Lohn, gleichzeitig muss sich eine erhebliche Anzahl der Beschäftigten mit dem gesetzlichen Mindestlohn abfinden – so erzielten im Jahr 2000 in Ungarn mindestens ein Viertel aller Be-

---

nannten „Schattenwirtschaft" deutlich höher als in den (alten) EU-15 Ländern ist. Schätzungen für alle mittel- und osteuropäischen Länder besagen, dass 2004 der Anteil der Schattenwirtschaft am BIP bei 31% (EU-15: 18%) lag (Baum-Ceisig 2005, S. 187).

15 Zu den verschiedenen Verfahrensweisen und dem Ablauf vgl. für Tschechien Bluhm 2007, für Polen Bluhm 2007 und Deppe/Tatur 2002 und für Ungarn Deppe/Tatur 2002. Für die Industriellen Beziehungen ist natürlich von Belang, dass die Privatisierungen zum Teil „illegal" von statten gingen.

16 Die Arbeitslosenquote für Ungarn betrug Anfang 2008 7,6%, für Polen knapp 8,5% und für Tschechien 6,7% Ende 2007. Alle drei Länder haben eine hohe Jugendarbeitslosigkeit, die zwei bis drei Mal über dem jeweiligen Landesdurchschnitt liegt (Gebel 2008).

schäftigten nur ein Einkommen in Höhe des gesetzlichen Mindestlohns.[17] Wirtschaftswachstum und Produktivitätszuwachs führten lange Zeit nicht zu einem entsprechenden Beschäftigungswachstum (vgl. Baum-Ceisig 2005). In allen drei Ländern liegt die Erwerbstätigenquote heute erheblich niedriger als 1989/90.

3.1.2.2 Die Gewerkschaften im Transformationsprozess

Das Handlungsfeld der Gewerkschaften unterschied sich während des Systemwechsels erheblich von dem Handlungsfeld, das Gewerkschaften im Westen Europas ausfüllen: Die „Staatsgewerkschaften“ bzw. ihre Nachfolgeorganisationen sowie die neu gegründeten Verbände agierten eher als zivilgesellschaftliche Akteure denn als Vertreter ökonomischer Interessen (vgl. Voß/Wilke 2003).[18] Einfluss und Rolle der Gewerkschaften zu Beginn des Transformationsprozesses sind in jedem Land unterschiedlich gewesen. Im Unterschied zu allen anderen Transformationsländern spielte in Polen eine Gewerkschaftsbewegung – die Solidarność[19] – die zentrale Rolle bei der Ablösung des alten kommunistischen Regimes und war ein wesentlicher Initiator und Träger des Systemübergangs (vgl. Judt 2006; Tatur 1991). Der „Zusammenbruch“ des Sozialismus in Ungarn wies die Besonderheit auf, dass die „Initiative“ zum Systemwechsel anfänglich nicht von einer Oppositions- oder Protestbewegung ausging. Die „ausgehandelte Revolution“ war wenigstens zu Anfang das Ergebnis von Auseinandersetzungen innerhalb der Spitze der regierenden sozialistischen Staatspartei über zukünftige

---

17 Dieser soll in allen drei Ländern ca. 40% des Durchschnittslohns betragen, in Ungarn betrug er 2007 ca. 260 €, in Polen wurde er 2007 auf 311 € monatlich angehoben (Hürtgen 2008; Kohl 2008). Zudem kam für Polen das Problem der pünktlichen Entgeltzahlung hinzu, 2002 hatten fast ein Viertel der Beschäftigten ihren Lohn verspätet oder zeitweise gar nicht ausgezahlt bekommen (Hürtgen 2008). In Tschechien beträgt der Mindestlohn gegenwärtig ca. 290 € (8.000 CZK). Bei der quantitativen Einschätzung des Phänomens von Löhnen auf Mindestlohnniveau taucht das Problem auf, dass teilweise offiziell nur der Mindestlohn gezahlt wird und aus Gründen der Einsparung von Sozialversicherungsbeiträgen ein zweites, nicht-offizielles Gehalt (vgl. Illessy et al. 2007).

18 Ein Anzeichen hierfür ist auch die erstaunlich geringe Anzahl von (größeren) Streiks. In Ungarn gab es kaum Streiks, und wenn, dann nur im öffentlichen Dienst. Auch in Tschechien waren sie selten. In Polen gab es in einigen Branchen, vor allem in der Stahlindustrie und im Bergbau, eine größere Anzahl von Streikaktionen 1992/93, danach gingen die Streikaktivitäten massiv zurück (vgl. Winter 2005).

19 Genau genommen verstand sich die Spitze der Solidarność 1989/90 weniger als Gewerkschaft und mehr als politische Reformbewegung, Teile davon mit einem Hayek'schen Gesellschafts- und Marktverständnis. Dass das Selbstverständnis als politische Bewegung das gewerkschaftliche lange dominiert hat, zeigte sich auch in ihrer führenden politischen Rolle im rechtskonservativen Lager und der zweimaligen Regierungsbeteiligung (vgl. Tatur 1991; Deppe/Tatur 2002; Hürtgen 2008). Nach der Wahlniederlage von 2001 hat sich die Solidarność aus der Parteipolitik zurückgezogen.

Wirtschaftsreformen. Die Dynamik der Veränderungen war dann zwar durch nichtkommunistische, oppositionelle soziale Bewegungen, Parteien und „zivilgesellschaftliche" Vereinigungen geprägt, die damaligen „Staatsgewerkschaften" und alternative Neugründungen spielten in diesem Prozess aber nur eine untergeordnete Rolle (vgl. u.a. Judt 2006; Deppe/Tatur 2002; Szabó 1991). Die „Samtene Revolution" in der Tschechoslowakei lief anfangs ebenfalls ohne größere Beteiligung der Gewerkschaften ab, Träger des Umbruchs waren hier Studenten und Dissidenten aus der „Charta 77"-Bewegung.

Der institutionelle Umbau in Folge des Systemwandels wurde in allen Ländern durch so genannte tripartistische (oder auch tripartite) Foren begleitet, in denen Regierung, Gewerkschaft und Arbeitgeber vertreten waren. In Ungarn wurden sie bereits 1988 etabliert, in Tschechien herrschte anfangs von Regierungsseite eher ein Desinteresse vor, trotzdem gab es auch hier ab 1990 tripartistische Foren (Mansfeldová 1999; Bluhm 2007). Aufgrund der zentralen Rolle der Solidarność bei dem Systemwechsel spielten in Polen – im Gegensatz zu fast allen anderen Transformationsländern – tripartistische Kommissionen am Anfang keine Rolle, sie wurden erst ab Ende 1992 peu à peu etabliert (vgl. Bluhm 2007).

Der Grundgedanke hinter der Etablierung dieser „korporatistischen" Kommissionen war, gesellschaftliche Verbände mit in die politische Willensbildung einzubeziehen, um die Reformen zu unterstützen und zu legitimieren, z.B. hinsichtlich der Modalitäten der umfassenden Privatisierungen, der lohnpolitischen Begleitung oder Unterstützung der makroökonomischen Transformationspolitik, Fragen der Gestaltung der Industriellen Beziehungen etc.[20] Da „zivilgesellschaftliche" Akteure erst im Zuge der Transformation entstanden und keine etablierten Verhandlungssysteme zwischen Arbeitgebern und Arbeitnehmern existierten, waren die tripartistischen Foren ein unverzichtbarer Bestandteil des Transformationsprozesses, die von staatlicher Seite aus initiiert wurden, um einen sozialen Dialog zu etablieren.[21]

Die Einbindung der Gewerkschaften in die politischen Entscheidungsprozesse hatte in allen drei Ländern problematische Folgen für diese. Zwar konnten die Gewerkschaften durch ihre Teilnahme an den tripartistischen Foren – bzw. im Sonderfall Polen die Solidarność durch ihre Regierungsbeteiligungen – auf

---

20 Tripartism „was designed to prevent or regulate conflicts, to tackle the social impact of transformation and to maintain social peace" (Dvorakova 2003, S. 425). Zur Genese und Funktion der tripartistischen Foren vgl. auch: Héthy 1994; Mansfeldová 1999; Deppe/Tatur 2002; Otte 2002; Kohl/Platzer 2003; Dvorakova 2003.

21 Im osteuropäischen Tripartismus „werden durch den Staat im Übergang von der Planwirtschaft zur Marktwirtschaft potentielle Veto-Spieler eingebunden, ohne dass die dazu eingeladenen intermediären Organisationen programmatisch, organisatorisch oder gar von ihrer sozialen Basis her schon entwickelt genug waren, einen solchen Platz aus eigener Kraft zu reklamieren." (Bluhm 2007, S. 96)

der politischen Ebene ihre Legitimität sichern (vgl. Vickerstaff/Thirkell 2000). Die Unterstützung der marktwirtschaftlichen Reformen beinhaltete jedoch einen Zielkonflikt mit ihrer „originären" Aufgabe, die Arbeitnehmer zu schützen – z.B. durch die Zustimmung zu Entlassungen im Zuge von Privatisierungen. Auf diese Weise verloren die Gewerkschaften an Schlagkraft und an Legitimation unter den Beschäftigten.

> „Stellt der demokratische Umbruch das rechtliche Instrumentarium bereit, um sich als unabhängige Organisationen und als eigenständige tarifpolitische Akteure zu konstituieren, so untergräbt der krisenhafte marktwirtschaftliche Umbruch stets auf neue ihre mühsam bewahrten oder neu geschaffenen Organisations- und Handlungspotentiale. Im Zeichen der Privatisierung und Umstrukturierung der Staatsbetriebe, der Zunahme von auf der ‚grünen Wiese' neu gegründeten Unternehmen, der massiven Beschäftigungseinbrüche und vielfältigen Beschäftigungsverlagerungen *bleibt die Repräsentativität der Gewerkschaften prekär und ihre Tariffähigkeit fragil.*" (Deppe/Tatur 2002, S. 24f., Kursiv i.O.)

Zudem war ihr Einfluss auf Entscheidungen der Regierungen gering. Der Einfluss und die Kompetenzen der Kommissionen, in denen sie vertreten waren, waren begrenzt und wurden weiter begrenzt (für Tschechien vgl. Mansfeldová 1999 und Dvorakova 2003). Vielfach wurden Ergebnisse wie z.B. zu Mindestlöhnen oder Tariferhöhungen nicht umgesetzt.

Den Gewerkschaften ist es bis jetzt nicht gelungen, den Verlust an Mitgliedern im Zuge der Privatisierungen und Frühverrentungen durch Rekrutierungen in den neuen (kleinst und kleinen) privaten Firmen auch nur ansatzweise auszugleichen oder in den neu entstandenen Dienstleistungssektoren Fuß zu fassen.[22] „Geringe Belegschaftszahlen, hohe Standortdispersion, verstärkter Einsatz von Zeitarbeit und Teilzeitmodellen sowie die Heterogenität der zugehörigen Betriebe minimieren die Organisations- und Solidaritätsbereitschaft der Arbeitnehmer" (Winter 2005). Auch die aus Sicht der Beschäftigten mangelnde Gestaltungs- und Durchsetzungsfähigkeit von Arbeitnehmervertretungen hat die Mitgliederzahlen sinken lassen (vgl. u.a. Illessy et al. 2007). Die Mehrzahl der Eigentümer kleiner privater Unternehmen lehnt jede Form von Gewerkschaftstätigkeit und institutionalisierter betrieblicher Interessenvertretung ab und versucht diese zu verhindern – ein keineswegs auf Osteuropa beschränktes Phäno-

---

22 Der gewerkschaftliche Organisationsgrad ist in Polen inzwischen auf ca. 15% gefallen, Anfang des Jahrtausends waren nur in 6% der privaten Unternehmen Gewerkschaften aktiv (Otte 2002; Voß 2003; Bluhm 2007; Kohl 2008). In Ungarn liegt er bei 25% und in Tschechien bei 30% (Platzer 2005). Dazu kommt, dass die Mehrheit der Gewerkschaftsmitglieder im öffentlichen Sektor beschäftigt ist und somit der Organisationsgrad in der Privatwirtschaft geringer ist, als es die genannten Zahlen „suggerieren". Nicht zuletzt gefährdet eine hohe Jugendarbeitslosigkeit die Rekrutierung einer jüngeren Generation von Gewerkschaftsmitgliedern.

men, das dort jedoch durch die hohe Zahl an Kleinbetrieben eine stärkere Bedeutung hat.

3.1.2.3 Dominanz der betrieblichen Ebene im System der Industriellen Beziehungen

Die Industriellen Beziehungen in den sozialistischen Volkswirtschaften waren aufgrund des Gesellschaftsmodells und des garantierten Rechts auf Arbeit durch eine starke individuelle Position der Beschäftigten gegenüber den Unternehmensführungen gekennzeichnet. Die staatlich zugelassenen Gewerkschaften hatten primär die Funktion eines Transmissionsriemens der Betriebsbürokratie, die Entgelte wurden zentral-administrativ festgelegt. Durch die Transformation änderten sich die Verhältnisse in den Industriellen Beziehungen grundlegend: Ein massiver Produktionsrückgang und die Möglichkeit von Entlassungen bei hohen Arbeitslosenraten verschoben die Machtposition zwischen Beschäftigten und Arbeitgebern drastisch zugunsten der Arbeitgeber.

Die Auswirkungen der Frühphase der Transformation sind bis heute im System der Industriellen Beziehungen sichtbar. Insbesondere durch die tripartistischen Kommissionen, die die Transformation begleiteten, haben sich in vielen Bereichen lange Jahre keine bilateralen Formen der Verhandlungen zwischen Arbeitnehmer- und Arbeitgeberseite entwickelt (vgl. u.a. Lecher 2000 und Weiss 2002). In Polen führte die Beteiligung der Gewerkschaften an den Regierungen in 1990er Jahren dazu, dass Konflikte gleich auf der staatlichen Ebene durch Gesetze „entschieden" wurden. Hinzu kommt, dass der Staat gegenüber den Verbänden eine dominierende Rolle einnehmen konnte und kann. Da bestimmte Regelungsbereiche nicht tariflich „bearbeitet" werden dürfen, haben die Tarifparteien einen geringeren Spielraum hinsichtlich der Verhandlungsinhalte.[23] Rechtliche Regelungen waren oft auch im Interesse schwacher Gewerkschaften (vgl. Bluhm 2007). Da anfangs auch Lohnfragen zentral in den tripartistischen Kommissionen entschieden wurden, gab es lange Zeit keine Anreize für den Abschluss von bilateral ausgehandelten Kollektivverträgen auf regionaler Ebene oder auf Branchenebene.

---

23 „Trotz der Reformen blieb indes das etatistische Rechtsprinzip der Detailnormierung erhalten. Von einer unilateralen Entscheidungsmacht des Managements bei der Gestaltung der Arbeitsbedingungen kann insofern keine Rede sein. (...) Vor allem Arbeitszeit und Überstunden einschließlich Überstundenzuschläge blieben in den Arbeitsgesetzbüchern Polens wie Tschechiens bis zur Übernahme des Gemeinschaftsrechts stark normiert. Abweichungen waren offiziell zumeist nur mit Ausnahmeregelungen möglich, wobei die Gewerkschaften zustimmen mussten. Sie wurden damit aber nicht zu einem Gegenstand von Kollektivvertragsverhandlungen." (Bluhm 2007, S. 106)

Kennzeichnend für das System der Industriellen Beziehungen in allen drei Ländern ist die geringe Anzahl und Relevanz von sektoralen Tarif- oder Kollektivverträgen. Der Schwerpunkt liegt eindeutig auf der betrieblichen Ebene. Die betrieblichen Kollektivverträge gehen vor allem in Polen aufgrund des engen rechtlichen Rahmens in der überwiegenden Mehrzahl nicht über Lohnfragen hinaus (Kohl/Platzer 2003; Bluhm 2007). Weite Bereiche der Privatwirtschaft sind tarifvertragsfrei, die Literatur geht für Ungarn von einer tarifvertraglichen Deckungsrate von etwa 40% aus, für Polen und Tschechien liegen die Schätzungen bei 30% bzw. bei 35% – wobei der Löwenanteil bei den betrieblichen Abschlüssen liegt.

Die Gründe für die geringe Anzahl (überbetrieblicher) Tarifverträge sind auch darin zu suchen, dass tariffähige Arbeitgeberverbände vielfach nicht vorhanden sind. Wo Arbeitgeberverbände existieren, besteht ein verbreiteter Unwille, solche Verträge abzuschließen (für Tschechien vgl. Dvorakova 2003).[24] Die Arbeitgeberverbände verstehen sich vielfach als ausschließlich wirtschaftliche Interessenvertretungen und nicht auch als Sozialpartner bzw. Tarifvertragsparteien (Otte 2002; Platzer 2005). Der Organisationsgrad der Unternehmen ist ähnlich niedrig wie auf Gewerkschaftsseite, in Polen sind weniger als 20% der Unternehmen Mitglied in einem Arbeitgeberverband, in Tschechien etwa 35% und in Ungarn weniger als 40% (vgl. Kohl et al. 2006).

In allen drei Ländern existieren miteinander konkurrierende Gewerkschaften, wobei in Ungarn und Polen die Gewerkschaftslandschaft deutlich fragmentierter ist als in Tschechien. Dabei lassen sich jeweils zwei Hauptblöcke ausmachen: Nachfolgeorganisationen ehemaliger Staatsgewerkschaften oder alternative Neugründungen. Anfangs standen sich die Nachfolgegewerkschaften und die Neugründungen oft unversöhnlich gegenüber. An eine Zusammenarbeit war aus politischen Gründen und aufgrund von Auseinandersetzungen um die Verteilung der Ressourcen und Finanzen der alten Staatsgewerkschaften kaum zu denken. Die Konflikte sind inzwischen geringer geworden. Auf der betrieblichen Ebene hat sich eine größere Kooperationsbereitschaft unter den einzelnen Gewerkschaften herausgebildet.

---

24 „Die Dominanz der betrieblichen Ebene in den Kollektivvertragsbeziehungen dokumentiert auf der einen Seite das geringe Interesse der Arbeitgeber an einer überbetrieblichen Verhandlungsebene. Auf der anderen Seite bringt sie jedoch die Zurückhaltung des Staates bei der institutionellen Stützung der Kollektivvertragsebene zum Ausdruck" (Bluhm 2007, S. 98). Zum Teil ist die Dominanz der betrieblichen Ebene auch Ausdruck der gewerkschaftlichen Orientierung. Die Solidarność etwa war stärker an betrieblichen als an überbetrieblichen Kollektivvereinbarungen interessiert, die Verlagerung der Lohnabschlüsse auf die betriebliche Ebene war anfangs eine ihrer zentralen Forderungen (vgl. Otte 2002).

In Ungarn existieren sechs verschiedene Dachverbände, wobei vier Nachfolgeorganisationen (MSZOSZ; SZEF; ESZT; ASZSZ) sind, die beiden Neugründungen (FSZDL und MOSZ) erhielten bei den Betriebsratswahlen im Jahr 1995 weniger als 10% der Stimmen. Während nach 1989 in Tschechien die Gewerkschaftslandschaft zunächst mit über 50 Neugründungen faktisch in Fragmente zerfiel, stabilisierte sich die Lage seit Mitte der 1990er Jahre durch Zusammenschlüsse von Gewerkschaften (Mansfeldová 1999). In Tschechien sind zwei Dachverbände von nationaler Bedeutung. Neben dem bei weitem größten und international sichtbarsten Dachverband, der 1990 gegründeten CMKOS[25] – 33 Verbände umfassten im Jahr 2008 ca. 530.000 Mitglieder –, agiert als zweitwichtigster Verband die ASO (gegründet 1995, ca. 170.000 Mitglieder), die auf nationaler Ebene wie der CMKOS auch in tripartistischen Räten vertreten ist. Auch die ASO ist auf europäischer Ebene vernetzt, als Dachverband jedoch nicht Mitglied im Europäischen Gewerkschaftsverbund.

In Polen sind die NSZZ Solidarność und, als Nachfolgerin der alten Staatsgewerkschaften, der Dachverband OPZZ die beiden wichtigsten Gewerkschaften. Beide gehören dem Internationalen Gewerkschaftsbund an. Die NSZZ Solidarność ist eine landesweite Gewerkschaftsorganisation, die überbetrieblichen Organisationsebenen – vor allem die regionale, die seit den 1990er Jahren aufgebauten Branchenstrukturen sind schwach – haben im Prinzip nur eine koordinierende Funktion. Die rechtlich selbständigen Betriebskommissionen vertreten hauptsächlich die Mitgliederinteressen. Die OPZZ dagegen ist ein Dachverband von 17 Branchengewerkschaften. Beide haben aktuell jeweils mehr als 800.000 Mitglieder und organisieren damit ca. zwei Drittel aller Gewerkschaftsmitglieder.[26]

Hinsichtlich der Art der Institutionalisierung der betrieblichen Arbeitnehmervertretung unterscheidet Platzer (2005) zwischen einem dualen, einem gewerkschaftlich-monistischen und einem hybriden Modell. Das in Ungarn praktizierte duale Modell basiert auf der Trennung zwischen einer gewerkschaftsunabhängigen betrieblichen Interessenvertretung und den Gewerkschaften mit jeweils un-

---

25 Die CMKOS wurde als Nachfolgeorganisation des alten Dachverbandes gegründet, wobei dieser zuerst formal aufgelöst wurde und es dann zu einer „Neugründung" kam. Damit war ein weitgehender Austausch der alten Führungsspitze verbunden (vgl. Mansfeldová 1999).

26 Daneben sind noch zu nennen die FZZ Forum (ca. 300.000 Mitglieder), die Solidarność 80 (ca. 300.000 Mitglieder) und tausende weiterer kleiner betrieblicher oder regionaler Gewerkschaften – in Polen reichen zehn Beschäftigte aus, um eine Gewerkschaft zu gründen (vgl. Geißler 2000; Otte 2002). Um überbetriebliche Tarifabschlüsse herbeiführen zu können, müssen die Gewerkschaften bestimmte Bedingungen erfüllen. In Polen kann nur eine Gewerkschaft Tarifverhandlungen auf der überbetrieblichen Ebene führen, die mindestens 500.000 Mitglieder besitzt oder zehn Prozent der in dem betroffenen Bereich beschäftigten Arbeitnehmer vertritt.

terschiedlichen Rechten. In Tschechien und Polen wurde vor dem EU-Beitritt das monistische Modell praktiziert, in dem gewerkschaftliche Komitees die betriebliche und tarifliche Interessenvertretung wahrnehmen. Mit dem Beitritt wurde ein hybrides Modell etabliert, in dem ein Vorrang der gewerkschaftlich bestimmten betrieblichen Interessenvertretung besteht. Wenn in einem Betrieb keine gewerkschaftliche Vertretung existiert, kann eine betriebliche Arbeitnehmervertretung installiert werden.[27]

In Ungarn sind nach 1992 Betriebsräte gesetzlich institutionalisiert worden. Die bis dahin bestehenden betrieblichen Mitwirkungsrechte der Gewerkschaftskomitees wurden auf die Betriebsräte übertragen. Sie haben hauptsächlich Informations- (hinsichtlich der wirtschaftlichen Lage, der Lohnentwicklung, der geplanten Investitionen) und Konsultationsrechte (bei Reorganisationen, Modernisierungen und umfangreichen Personalmaßnahmen). Hinsichtlich sozialer Fragen, Gesundheitsschutz und der Verwaltung sozialer Einrichtungen besitzen sie ein Mitbestimmungsrecht. Am Anfang gab es Reibungsverluste und Konkurrenzen aufgrund der unklaren Rollen- und Kompetenzverteilungen mit den Betriebsgewerkschaften, die inzwischen weitgehend überwunden sind. Die Betriebsräte sind wie in Deutschland an eine Friedenspflicht gebunden. Haus-Tarifverträge können weiterhin nur von den betrieblichen Gewerkschaftskomitees abgeschlossen werden. Um betriebliche Kollektivverträge abschließen zu können, muss eine Gewerkschaft die Repräsentativitätsregel erfüllen, d.h. sie muss 10% der Stimmen bei den Betriebsratswahlen erhalten haben. Gibt es nur eine Gewerkschaft im Unternehmen, kann sie einen Tarifvertrag abschließen, wenn sie mindestens die Hälfte der Stimmen bei den Betriebsratswahlen erhalten hat (zu mehr Details vgl. Deppe/Tatur 2002).

In Polen wurde das in den 1980er Jahren unter der Militärdiktatur eingeführte „Selbstverwaltungsmodell“ mit einem „Belegschaftsrat“, der den Arbeitnehmern formal weitgehende Mitsprache bei betrieblichen Entscheidungen ermöglichte, von der politischen Führung der Solidarność prinzipiell abgelehnt und die Institution des Belegschaftsrats nicht auf die Privatwirtschaft ausgedehnt, da sich dies aus ihrer Sicht als strukturkonservativ und schädlich bei der Entstaatlichung der Ökonomie erweisen würde (Vivkerstaff/Thirkell 2000; Deppe/Tatur 2002). Die Mitbestimmungsrechte der gewerkschaftlichen Betriebskomitees in Polen betreffen den Arbeitsschutz, den betrieblichen Sozialfonds und die Arbeits- und Arbeitsvergütungsordnung. Sie besitzen ein Informationsrecht

27 Betriebsräte als gewählte Repräsentanz neben einer vorhandenen oder sich erst nach dem Wahlakt bildenden Gewerkschaftsvertretung sind in Polen rechtlich nicht zulässig, sie müssen ihre Tätigkeit in diesem Falle automatisch beenden. Diese Einschränkung war die Bedingung für die Zustimmung der Gewerkschaften, die sich dieser Änderung der Vertretungsmöglichkeiten lange widersetzt hatten.

hinsichtlich des Lohns, der wirtschaftlichen Lage des Betriebs und der Arbeitsbedingungen (zu Details vgl. u.a. Geißler 2000; Bluhm 2007). Aufgrund der Zersplitterung der polnischen Gewerkschaften gibt es in größeren Betrieben meist mehrere Gewerkschaftskomitees. Eine Betriebsgewerkschaft gilt als repräsentativ, wenn sie mindestens 7% der Arbeitnehmer organisiert.

In Tschechien können seit 2001 Beschäftigtenräte als Ersatz für eine fehlende gewerkschaftliche Repräsentation in Betrieben mit mehr als 25 Beschäftigten gegründet werden. Sie sind mit deutlich weniger Rechten als ein Gewerkschaftskomitee ausgestattet. Sie können keinen Unternehmenstarifvertrag abschließen und besitzen Informationsrechte bei wirtschaftlichen und personellen Angelegenheiten, Konsultationsrechte bei Massenentlassungen, Fragen des Arbeits- und Gesundheitsschutzes und bei Betriebsübernahmen. Mitbestimmungsrechte bestehen nicht.[28] Wird eine Betriebsgewerkschaftsorganisation mit mindestens fünf Mitgliedern gegründet, muss sich der Beschäftigten-/Betriebsrat auflösen. Diese hat deutlich mehr Rechte: Ein Konsultationsrecht bei personellen Einzelmaßnahmen und in Arbeitszeitfragen, Mitbestimmungsrechte bei Sozialfonds, beim Arbeitsschutz und bei der Urlaubsplanung, Kontrollrechte zur Einhaltung von Tarifverträgen und Bestimmungen des Arbeitsrechts. Da es keine Betriebsvereinbarungen gibt, sind Haustarifverträge die einzige Möglichkeit für kollektive Vereinbarungen (Altmeyer 2005). Freistellungen sind ab 600 Gewerkschaftsmitgliedern gesetzlich vorgeschrieben.

Trotz diverser Unterschiede lassen sich gemeinsame Merkmale der Systeme Industrieller Beziehungen in Polen, Tschechien und Ungarn festhalten. Weite Teile der Privatwirtschaft sind tarifvertragsfrei, Kollektivverträge werden fast nur auf der betrieblichen Ebene abgeschlossen. In vielen Betrieben besteht keine betriebliche Interessenvertretung und die Rechte der betrieblichen Interessenvertreter sind zum Teil erheblich geringer als die ihrer deutschen Kollegen.[29] Der

---

28 Der Verbreitungsgrad dieser Art von „Betriebsräten" scheint gering zu sein, vor allem aufgrund der Tatsache, dass die gewerkschaftlichen Betriebskomitees wesentlich mehr Rechte besitzen (Dvorakova 2003). Bei der Sichtung der Literatur bleibt unklar, wie weitgehend die Rechte der betrieblichen Gewerkschaftskomitees in Polen und Tschechien sind. Während normalerweise davon ausgegangen wird, dass nur wenige wirkliche Mitbestimmungsrechte bestehen, kommt Bluhm zu einem anderen Ergebnis: „Die rechtliche Ausstattung der polnischen und tschechischen Gewerkschaftsorganisationen auf betrieblicher Ebene kann sich indes im europäischen Vergleich sehen lassen, auch wenn sie das deutsche Mitbestimmungsniveau nicht erreicht. Im Bereich des Arbeits- und Gesundheitsschutzes gehen die Rechte der Arbeitnehmervertretung über die der deutschen Betriebsräte hinaus." (Bluhm 2007, S. 91)

29 Für die betriebliche Interessenvertretung kommt vor allem in Polen erschwerend hinzu, dass gerade in multinationalen Betrieben der Anteil der Leiharbeiter (bis zu 50%, vgl. Hürtgen 2008) und befristet Beschäftigten hoch ist.

Staat spielt direkt und indirekt (z.B. durch die Festlegung des Mindestlohns) eine zentrale Rolle in den Industriellen Beziehungen, das ganze System ist ausgesprochen verrechtlicht. Auf der betrieblichen Ebene führt die gewerkschaftliche Zersplitterung zu Problemen, wenn zwischen den Gewerkschaften ein Dissens besteht.

3.1.2.4 Die Industriellen Beziehungen in Mittel- und Osteuropa und der „methodologische Nationalismus" der Forschung

Die Entwicklung der Industriellen Beziehungen in Mittel- und Osteuropa stößt in der deutschsprachigen Forschung nicht zuletzt wegen der Frage auf Interesse, ob und inwieweit die Entwicklungen dort Rückwirkungen auf die deutschen Verhältnisse haben.[30] Neben eher deskriptiven Darstellungen der rechtlichen Ausgestaltung der Industriellen Beziehungen finden sich viele Analysen, die eine prinzipielle Schwäche der Gewerkschaften, institutionelle Defizite des Systems der Industriellen Beziehungen vor Ort und geringe Arbeitnehmerrechte beschreiben.[31]

Neben der noch offenen Frage, ob in Mittel- und Osteuropa tatsächlich eine Sondersituation vorliegt oder ob sich in Deutschland und Westeuropa nicht prinzipiell das Gleiche vollzogen hat (vgl. Vickerstaff/Thirkell 2000; Armingeon 2006; Hürtgen 2008) – so ist etwa der gewerkschaftliche Organisationsgrad in Deutschland zwar höher als in Polen, aber niedriger als in Ungarn oder Tschechien und lässt sich auch für Deutschland eine Krise des Flächentarifvertrags beobachten –, ist der für uns entscheidende Punkt der „methodologische Nationalismus"[32] der einschlägigen Forschung: Trotz des auch für Deutschland vielfach konstatierten Verlusts an Wirksamkeit der Interessenvertretung der Arbeitnehmer wird das deutsche duale System – mit für überbetriebliche Tarifverträge zuständigen Gewerkschaften und „lokalen" Betriebsräten für die betriebliche Ebene – oftmals unreflektiert als normative Vergleichsfolie herangezogen. Zum einen wird das Fehlen sektoraler bzw. regionaler Tarifverträge als das entscheidende Defizit der Industriellen Beziehungen in Mittel- und Osteuropa bewertet (z.B. Platzer 2005) und damit die betriebsbezogene Perspektive der Gewerk-

30 Die Rückwirkungen der Arbeitsbeziehungen in Mittel- und Osteuropa auf den Westen wurden teilweise dramatisch skizziert, die Entwicklungen in der EU und z.B. die Lohnunterschiede in Mittelosteuropa führen zu einer Situation, in der „unvermeidlich (...) Konkurrenzverhältnisse über die Grenzen reproduziert (werden), die eine europäische Solidarität der Lohnabhängigen und ihrer Gewerkschaften untergraben" (Deppe 2005, S. 88). „Mitunter wird sogar die eingängige Metapher vom „Trojanischen Pferd der Amerikanisierung" bemüht, um die Stimmungslage in den westeuropäischen Gewerkschaften zu beschreiben." (Bluhm 2007, S. 89)

31 Vgl. den Arbeitsstandard-Index bei Kohl et al. 2006.

32 Zum Begriff und zur Diskussion des methodologischen Nationalismus vgl. Beck 2004.

schaften als eine der Ursachen für eine schwache Position der Arbeitnehmervertreter gewertet. In dieser Perspektive ist die Frage, ob eine betriebsbezogene Strategie nicht in einem bestimmten Umfeld rational sein kann, von vorneherein negativ beantwortet. Zum anderen wird die Etablierung von – analog dem deutschen Modell – formal gewerkschaftsunabhängigen Betriebsräten als unverzichtbarer Bestandteil demokratischer Arbeitsbeziehungen angesehen (vgl. Kohl 2002). Entsprechend fallen die Einschätzungen aus: Als Heilmittel gegen eine geringe Wirksamkeit von Arbeitnehmervertretungen in Mittel- und Osteuropa gilt die institutionelle Einführung von Elementen des deutschen Systems der Industriellen Beziehungen.

So schließt sich der Kreis: Man geht von einer „Überlegenheit“ des „deutschen Modells“ aus, misst die Industriellen Beziehungen in anderen Ländern an den institutionellen Verhältnissen des „deutschen Modells“ und gibt diese für das Ziel aus, auf das sich jene hin bewegen sollen.[33] Zweifellos haben Interessenvertreter im deutschen System Industrieller Beziehungen oftmals mehr, vor allem aber andere Handlungsoptionen als Vertreter in anderen Systemen Industrieller Beziehungen. Es soll auch nicht in Abrede gestellt werden, dass derartige Analysen der Industriellen Beziehungen in Mittel- und Osteuropa in vielen Teilen zutreffen, sie laufen aber Gefahr, dass Verhalten der Arbeitnehmervertreter aus den mittelosteuropäischen Ländern als defizitär wahrzunehmen: Unverständlich muss dann bleiben, warum diese kein Interesse zeigen, Elemente des deutschen Systems der Industriellen Beziehungen zu übernehmen oder sich diese zum Vorbild zu nehmen.[34] Durch die Konzentration auf vermeintliche institutionelle Defizite läuft eine derartige Sichtweise Gefahr, die Realität in Mittel- und Osteuropa nicht adäquat zu erfassen, das Verhalten der Kollegen im Osten zu pädagogisieren, problematische Lösungsvorschläge zu präsentieren und die Leistungen der Interessenvertreter vor Ort zum Verschwinden zu bringen.[35]

---

33 Hürtgen (2008, S. 40f.) charakterisiert dies treffend als „teleologische Ankunftsvorstellung“.

34 So war z.B. die Verlagerung der Lohnverhandlungen auf die betriebliche Ebene in Polen eine wichtige Forderung der Solidarność, die auch auf Erfahrungen zur Zeit der sozialistischen Planwirtschaft beruhte (vgl. Otte 2002; Bluhm 2007).

35 Diese Verwechslung von realer Vertretungswirksamkeit aufgrund gesellschaftspolitischer Gegebenheiten mit der gesetzlichen Fixierung von Interessenvertretung findet sich interessanterweise auch bei den von uns befragten deutschen Betriebsräten wieder, die sich die aus ihrer Sicht unzureichende Interessenvertretung in Mittel- und Osteuropa mit dortigen „Sozialisationsdefiziten“ erklären und Handlungskontexte und -bedingungen ihrer mittelosteuropäischen Kollegen ausblenden (vgl. Kapitel 5).

3.2 Europäische Betriebsräte im Blick kultursoziologisch defizitärer Forschung

Mit der Richtlinie zur Bildung von Europäischen Betriebsräten (EBR) wurde erstmals eine transnationale Zusammenarbeit von Betriebsräten in Europa gesetzlich verankert.[36] Formal sind die Kompetenzen eines EBR mit denen eines Wirtschaftsausschusses nach dem deutschen Betriebsverfassungsgesetz vergleichbar; in der EU-Richtlinie sind Informations- und Konsultations-, aber keine Mitwirkungsrechte verankert. Bis 2009 sind in rund 37% der unter die EBR-Richtlinie fallenden Unternehmen Europäische Betriebsräte eingerichtet worden (vgl. Hauser-Ditz et al. 2010).

Die Unterschiede hinsichtlich Wirksamkeit, Arbeitsfähigkeit und Arbeitsweise zwischen den einzelnen EBR sind erheblich, was auch mit der Ausformulierung der Richtlinie zusammenhängt, die die konkrete Umsetzung der Richtlinie von Verhandlungen zwischen Arbeitgeber- und Arbeitnehmervertretern in den einzelnen Unternehmen abhängig macht. Die Studien zu den Europäischen Betriebsräten zeigen, dass die „freiwillig ausgehandelten" EBR-Vereinbarungen (nach Artikel 13 und Artikel sechs der Richtlinie) eine große Vielfalt aufweisen, wenn auch überwiegend in den EBR-Vereinbarungen nur der Text der Richtlinie übernommen wurde (vgl. Müller/Hoffmann 2001). Vielfältig sind die „ausgehandelten" EBR-Vereinbarungen vor allem hinsichtlich der Rahmenbedingungen der Arbeit des EBR, da die Richtlinie den Verhandlungspartnern erheblichen Spielraum hinsichtlich der Zusammensetzung, der Befugnisse, der Finanzierung des Gremiums sowie der Anzahl der Treffen sowohl des ganzen Gremiums wie des engeren Ausschusses lässt (vgl. Kotthoff 2006). In keiner Vereinbarung ist es der Arbeitnehmerseite gelungen, Mitwirkungsrechte formal zu verankern – die in der Richtlinie auch nicht vorgesehen sind.[37]

---

36 Auch weil die Richtlinie nicht nur neu war, sondern durch sie auch eine neue, vorher nicht existente Ebene der Arbeitnehmervertretung geschaffen wurde, hat ihre Umsetzung viel Aufmerksamkeit in der Soziologie der Industriellen Beziehungen erfahren (über den Forschungsstand bis 2000 vgl. Müller/Hofmann 2001, für die Zeit danach Hauser-Ditz et al. 2010). Im englisch- und deutschsprachigen Raum lässt sich die wissenschaftliche Literatur zu den Europäischen Betriebsräten grob nach zwei Themengebieten unterscheiden: Studien über die Entwicklung der Richtlinie 94/45/EG zur Bildung von Europäischen Betriebsräten bzw. über die Entstehungsgeschichte einzelner EBR und Studien über die Arbeitsfähigkeit bzw. Wirksamkeit der Eurobetriebsräte. Wir gehen im Folgenden vornehmlich auf das für unseren Gegenstand relevantere zweite Themengebiet ein.

37 Deshalb können die EBR bei jetziger Rechtslage keine größere eigenständige Rolle hinsichtlich der Regulierung der Arbeitsbeziehungen in Europa einnehmen (vgl. Eberwein et al. 2000). Einige Autoren gehen aber davon aus, dass die Europäischen Betriebsräte in ihrer jetzigen Gestalt den Nukleus in einer sich herausbildenden (eigenständigen) Ebene

Das Hauptinteresse der Arbeitnehmervertreter am und im EBR – bei der gegenwärtigen Ausgestaltung der EU-Richtlinie – richtet sich auf Informationsgewinn und -transparenz. In welcher Weise die Informationsrechte umgesetzt werden, was genau unter Unterrichtung des EBR durch das Management zu verstehen ist und zu welchen Zeitpunkten Anhörungen stattzufinden haben, bleibt in der EU-Richtlinie unspezifiziert. Entsprechend unterschiedliche „Praktiken der Information und Anhörung" (Waddington 2006, S. 561) haben sich etabliert. Eine erfolgreiche EBR-Arbeit kann dazu beitragen, Strategien des Managements, Kosten durch das Ausspielen von Belegschaften über Staatsgrenzen hinweg zu senken, zu durchkreuzen oder wenigstens zu behindern. Der Informationsgewinn wird von den Betriebsräten durchweg positiv hervorgehoben (z.B. Waddington 2006 und auch in unserer eigenen Erhebung). Er ist besonders für die betrieblichen Arbeitnehmervertreter von Unternehmenstöchtern oder Produktionsstandorten, die sonst kaum Zugang zu Informationen aus der Konzernzentrale haben, erheblich. Einigen EBR ist es gelungen, ihre Kompetenzen – aufgrund entsprechender „Verhandlungsmacht" – im Laufe der Jahre über das in der EBR-Richtlinie vorgesehene Maß hinaus auszudehnen und in Teilbereichen Einfluss auf Management-Entscheidungen zu gewinnen (vgl. Kotthoff 2006; Waddington 2006). Für den Großteil der Fälle aber gilt, dass Unternehmensentscheidungen kaum beeinflusst werden können, was sich z.B. an der Nichteinbeziehung des EBR bei Umstrukturierungsmaßnahmen zeigt (vgl. Waddington 2006).

Einige Forscher bzw. Forschergruppen haben ihre Ergebnisse hinsichtlich der Vertretungswirksamkeit von Eurobetriebsräten in Form von Typologien zusammengefasst. So unterscheiden Lecher et al. (1998) zwischen vier verschiedenen Typen: Dem symbolischen EBR (de facto wirkungslos), dem dienstleistungsorientierten, dem projektorientierten und (am wirksamsten) dem beteiligungsorientierten EBR. In ähnlicher Weise typologisiert Kotthoff (2006).[38] Eberwein et al. (2000) entwickeln zwar keine Typologie, kommen aber in ihren Fallbeschreibungen zu Typologien vergleichbaren Ergebnissen.[39] Unterschiedlich wird

europäischer Arbeitsbeziehungen bilden: „(...) the EWC does indeed develop a new collective – European – identity based on members who are increasingly of equal standing, irrespective of their national origin. This type of EWC has the potential to become a creative, though by no means unproblematic, actor in the network national and transnational industrial relations." (Lecher/Rüb 1999, S. 20)

38 Kotthoff unterscheidet zwischen einem „marginalisierten EBR", „dem EBR im Leerlauf", „dem EBR als Informationsanalytiker", „dem EBR mit deutschem Betriebsratsvorsitzenden als Fürsprecher der Diaspora" und dem „EBR als mitgestaltendem Arbeitsgremium".

39 Sie unterscheiden zwischen einem EBR zwischen „Akzeptanz und Funktionalisierung", einem EBR als Spiegel der „nationalen Zersplitterung der Interessenvertretung", einem

beurteilt, inwieweit ein EBR (als Gremium) eine aus nationalen Kontexten herausgelöste europäische Identität entwickeln muss, um wirklich wirksam zu werden – so die Position von Lecher et al. (1999) und Eberwein et al. (2000). Kotthoff weist im Unterschied dazu auf Fälle hin, in denen eine starke nationale Verankerung die Grundlage der Wirksamkeit des EBR bildet (Kotthoff 2006).

Über die Bedingungen, die die Wirksamkeit eines EBR beeinflussen, wird breit diskutiert. Es wird auf „strukturelle" Aspekte (z.B. auf die Unternehmensstruktur, die Existenz eines Ansprechpartners für den EBR auf europäischer Ebene, den Produktionsprozess, sektorale Einflüsse), auf Interessenlagen und die Akzeptanz durch die jeweiligen nationalen Interessenvertretungen und Gewerkschaften verwiesen (vgl. z.B. Eberwein et al. 2000).[40] Auch die im zentralen Management vorherrschende Einschätzung der EBR spielt für dessen Funktionsfähigkeit eine nicht unerhebliche Rolle. Die Kommunikationsprozesse in den EBR werden in der Forschung ebenfalls thematisiert – z.B. Struktur des Gremiums, personelle Kontinuität, Frequenz der Lenkungsausschuss-Sitzungen, Häufigkeit informeller Kontakte zwischen den Sitzungen etc. Der Passivität oder Aktivität des Lenkungsausschusses kommt für die EBR-Arbeit eine zentrale Rolle zu (vgl. u.a. Kotthoff 2006). Die Existenz eines stabilen informellen Informations- und Kommunikationsnetzwerks zwischen den EBR-Mitgliedern ist die Voraussetzung für eine wirksame Interessenvertretung, auch deshalb ist die personelle Kontinuität eine wichtige Bedingung für eine vertrauensvolle Zusammenarbeit. Ein wichtiges Ergebnis der Fallstudien ist weiter, dass ein handlungsfähiger Eurobetriebsrat Vertrauen zwischen seinen Mitgliedern voraussetzt. Für die Entwicklung dieses Vertrauens ist der inoffizielle bzw. informelle Teil um die eigentlichen offiziellen Sitzungen herum wichtiger als die Sitzung selbst.

EBR zwischen „Verarbeitung und Distanzierung von Konflikten auf nationaler Ebene", einem „suchenden und isolierten EBR" und einem „überrollten EBR".

40 Die Handlungsfähigkeit eines EBR-Gremiums kann nicht losgelöst von den lokalen und nationalen betrieblichen Aushandlungsarenen betrachtet werden. Ein Verständnis für die (mögliche) Bedeutung des EBR musste sich im Laufe der Jahre bei den Betriebsräten oder gewerkschaftlichen Betriebsvertretern erst entwickeln und war nicht von Anfang an gegeben. Die Fallstudien von Eberwein et al. zeigen, dass die nationalen Arbeitnehmervertreter in der Regel wenig Einblick in die und Interesse an der inhaltlichen EBR-Arbeit haben und die EBR-Delegierten mitunter verdächtigen, schöne Reisen durchzuführen, anstatt sich für den eigenen Standort zu engagieren. Unsere Gespräche mit nicht in der internationalen Arbeit aktiven Betriebsräten bestätigen diesen Befund. Kädtler weist darauf hin, dass – neben einem „Androhungspotential" auf lokaler Ebene – ein Eurobetriebsrat nur dann zu einer Stärkung der betrieblichen (lokalen) Arbeitnehmervertretungen beitragen kann, wenn die lokalen betrieblichen Interessenvertreter einen Nutzen in dem Aufwand für die transnationale Kooperation sehen (vgl. Kädtler 2006, S. 304f.).

Wechselseitiges Vertrauen herzustellen ist nicht nur schwierig aufgrund unterschiedlicher Interessen einzelner Standort-Vertreter, sondern – wie die bisherigen Forschungen zeigen – auch aufgrund sprachlicher Barrieren und/oder kultureller Unterschiede. Gerade im informellen Teil der EBR-Treffen ist das Sprachproblem besonders gravierend (vgl. Whitall 2000). Daher ist die Bedeutung der Dolmetscherinnen und Dolmetscher nicht zu unterschätzen (z.B. Kotthoff 2006) – ein Befund, der durch unsere Beobachtungen nur bestätigt werden kann (vgl. Kapitel 6). Fehlendes Vertrauen beruht aber nicht alleine auf sprachlichen Problemen.[41] „And even if language barriers are overcome, ‚cultural' barriers remain" (Knudsen 2004, S. 216; vgl. auch Kotthoff 2006).

Zwar wird die Relevanz von Vertrauen in der Literatur zum Thema weithin zugestanden, doch schlägt in der weiteren Analyse das in der Einleitung thematisierte kultursoziologische Defizit der Soziologie der Industriellen Beziehungen voll durch: Am Ende werden unterschiedliche Grade des Vertrauens auf objektive Faktoren (etwa: Standortkonkurrenz) zurückgerechnet oder sie gehen in Postulaten gemeinsamer Lagen gleichsam „unter". Anstatt die kulturellen Voraussetzungen von Vertrauensbildung zu untersuchen, wird eine gemeinsame Lage als Grundlage der Kooperation der Arbeitnehmervertreter postuliert. Wir verdeutlichen diesen Punkt exemplarisch an der Studie von Hürtgen (2008), in der die Relevanz kultureller Faktoren für die Wirksamkeit von EBR zugleich bestätigt und in Frage gestellt wird. Hürtgen argumentiert, dass Handlungen, Deutungen und Strategien der Akteure in den EBR und an den jeweiligen Standorten der Unternehmen Ausdruck umfassender, alle Standorte betreffender länderübergreifender Veränderungen seien. Demzufolge existierten in der Sache bereits transnationale gemeinsame Verständnisse auf der Grundlage eines Verständnisses von „guter Arbeit" als Lohnarbeit und der damit verbundenen Forderung nach „gutem Lohn" für „gute Arbeit", der Erfahrung der Infragestellung dieser Prämisse auf der betrieblichen Ebene und der Erfahrung, dass das Standortmanagement selbst kaum mehr gestaltend agieren kann (und somit keinen geeigneten Gegenpart mehr darstellt), sondern selbst von einer fortgesetzten Vermarktlichung der Beziehungen innerhalb der großen Konzerne getrieben wird. Aus den strukturellen Veränderungen auf dem Weltmarkt einerseits und den veränderten Kräfteverhältnissen der Industriellen Beziehungen andererseits resultiere eine transnationale *kulturelle Vereinheitlichung des Selbstverständnisses* von betrieblicher Interessenvertretung. Diese Vereinheitlichung bestehe in leis-

41 Die Einführung einer „lingua franca" (in den meisten Fällen wohl Englisch) würde die Sprach- und Verständigungsprobleme nur vordergründig lösen, da Unterschiede in der Sprachkompetenz gerade dann, wenn es „darauf ankommt", wenn Interessen nicht übereinstimmen und ausgehandelt werden müssen, de facto unterschiedliche Macht bedeuten (vgl. Stirling/Tully 2004).

tungsbezogenen Co-Management-Orientierungen, verstanden als Eintreten für eine gemeinsame Durchsetzung „guter Arbeit“ von unten qua europäischer Informationspolitik und eines Anspruchs auf leistungsgerechte Beteiligung.

Dieses Modell des standort- oder unternehmensbezogenen Co-Managements ist nach Auffassung von Hürtgen nationen- und institutionenunbhängig, die Verbetrieblichung ergebe sich aus der *Erosion der nationalstaatlich verankerten und gestützten Gerechtigkeitsnormen.* Im Ergebnis zwinge die Alternativlosigkeit einer marktvermittelten Anerkennung von Lohnarbeit die betrieblichen Arbeitnehmervertreter zu einer Form des Co-Managements, welche weder ein europäisches Zivilisationsprojekt noch die Europäisierung der Arbeitnehmerinteressen zum Ziel haben könne, sondern in eine einzelbetriebliche Optimierungslogik münde, an der Belegschaftsvertreter als die *„eigentlichen Vertreter der konkreten Betriebsleitung“* beteiligt seien (Hürtgen 2008, S. 181; Hervorh. i.O.). Die „transnational geteilte Handlungsperspektive“ wäre demnach Ausdruck unausweichlicher Sachzwänge auf der betrieblichen Ebene.

Unklar muss aus dieser Perspektive allerdings bleiben, warum sich *unterschiedliche* Formen und Reichweiten der europäischen Vertretung von Arbeitnehmerinteressen ausgebildet haben oder wie es in einigen Fällen gelingt, (ansatzweise) Co-Management auf der europäischen Ebene zu installieren und in anderen Fällen nicht.[42] Gerade diese Unterschiede sind es, die in einer kultursoziologisch nicht reflektierten Perspektive verdeckt werden. Hinterher wundert man sich dann, warum trotz aller Gemeinsamkeitspostulate die Zusammenarbeit der Arbeitnehmervertreter nicht so funktioniert, wie sie es nach den Postulaten eigentlich müsste. Daraus ziehen wir die Konsequenz, die allgemein in der Forschung akzeptierte Relevanz von Vertrauen für die internationale Zusammenarbeit von Arbeitnehmervertretern ernster zu nehmen als bisher, und das heißt: nicht Postulate über Gemeinsamkeiten aufzustellen, sondern nach den kulturellen Voraussetzungen vertrauensvoller Zusammenarbeit zu fragen.

Die Probleme interkultureller Verständigung über die Sprachenvielfalt hinaus werden zwar in den EBR-Studien thematisiert, worin diese Probleme empirisch genau bestehen, bleibt aber oft unbestimmt. Wie kulturell geprägte „Denkstile“ und Kommunikationsmuster die internen Abläufe von EBR beeinflussen, ist, von wenigen Ausnahmen (z.B. Stirling/Tully 2004)[43] abgesehen, bis jetzt

---

42 Die kulturelle Dimension der internationalen Zusammenarbeit öffnet sich, wenn standortbezogene Co-Managementstrategien und unterschiedliche Verständnisse von Co-Management aufeinander treffen. Das empirische Material, das Hürtgen in ihrer Studie präsentiert, macht deutlich, was für erhebliche Unterschiede im Verständnis der Wege bestehen, auf denen mittel- oder gar langfristig der „guten Arbeit“ zur Anerkennung verholfen werden soll.

43 Sie weisen weiter daraufhin, dass nicht alleine die Nationalität der Mitglieder für das Kommunikationsverhalten und die Gruppenbildungsprozesse entscheidend ist, sondern

nicht thematisiert worden. Wenn von Kultur die Rede ist, wird meist auf die länderspezifische Ausgestaltung der Industriellen Beziehungen verwiesen, eventuell noch mit Hinweisen auf unterschiedliche Sichtweisen, Formen der Diskussionskultur oder Denkweisen.[44] Als besonders gravierender kultureller Unterschied wird der unterschiedliche Umgang der Arbeitnehmervertreter mit dem Management betrachtet. Immer wieder wird festgestellt, dass das in Deutschland etablierte Modell der Sozialpartnerschaft in vielen Ländern auf Unverständnis stößt und als vermittlungsbedürftig gilt.[45] Insbesondere entsteht auf Grund des engen Kontakts zwischen Management- und Betriebsrats-Spitze der Eindruck, die deutschen Betriebsräte seien der verlängerte Arm der Geschäftsleitungen.[46] Umgekehrt muss deutschen Betriebsräten vermittelt werden, wieso bei vielen europäischen Kollegen „Co-Management" und Sozialpartnerschaft auf Unverständnis bis offene Ablehnung stoßen (vgl. Kotthoff 2006).

Interkulturelles Verstehen und interkulturelle Kommunikation sind zentraler Bestandteil der internationalen Koordination von Arbeitnehmerinteressen *und* ein Desiderat der Forschung. Die wissenssoziologische Einsicht, dass Sichtweisen auf andere „Kulturen" bzw. die lebensweltlichen Kategorien zu ihrer „Beurteilung" nur vor dem Hintergrund der eigenen Kultur gewonnen werden können, spielt in der bisherigen Forschung eine untergeordnete Rolle. An die Stelle einer Grundeinsicht der Forschung zur Interkulturalität, dass Stereotypen eine zwingende Voraussetzung von Kommunikation überhaupt und interkultureller Kommunikation im Besonderen sind, tritt die Pathologisierung von Stereotypen.

---

ebenso Faktoren wie gewerkschaftliche Einbindung, eigene Tätigkeit im Unternehmen und Rolle im EBR. Zudem betonen sie den Zusammenhang von Sprache und internen Machtkonstellationen.

44 Gründung und Gestaltung der Arbeit eines EBR sind oft durch das System der Industriellen Beziehungen der dominanten „Landsmannschaft" geprägt. „This can led to dangerous prejudices which in turn may hinder the evolution of an EWC." (Whitall 2000, S. 79)

45 In knapper Form vergleichen Eberwein et al. (2000) hierzu Deutschland, Großbritannien, Frankreich und Italien. Dabei wird klar, wie unterschiedlich die Herangehensweisen betrieblicher Interessenvertreter an die Themen Konflikt und Kooperation im Betrieb sind. „Not just formal rules differ, so do formal and informal practices, for instance regarding meetings between managers and employee representatives (...)" (Knudsen 2004, S. 216; vgl. Müller/Hoffmann 2001, S. 67)

46 Interessanterweise kommt Kotthoff zu dem Schluss, dass dieses Problem nicht von Dauer sei, da die deutschen Eurobetriebsräte „cultural sensitive" geworden seien. „Die deutschen Vertreter haben schnell gelernt, zurückhaltender, kleinlauter, vor allem geduldiger zu sein. Sie haben gemerkt, dass sie Fremde unter Fremden sind, und sie haben gelernt, mit ihrer Vorreiterrolle, die sie häufig nach wie vor faktisch einnehmen, anders umzugehen" (Kotthoff 2006, S. 120). Die „deutsche Art" der Kooperation hat sich nach Kotthoff im EBR bewährt, vor allem der direkte persönliche Kontakt zwischen (E)BR-Vorsitzenden und zentraler Geschäftsleitung.

Es sind aber nicht die Stereotypen, die die interkulturelle Kommunikation behindern, sondern es ist die unzureichende Fähigkeit, sie in ihrer Funktion zu verstehen.

Wegen des kultursoziologischen Defizits der Forschung greifen die Erklärungen für das Misslingen internationaler Kooperationen nicht selten auf alltagsweltlich etablierte Deutungsschemata zurück. Die oft geäußerte Annahme etwa, wechselseitige „Toleranz" nehme mit der Regelmäßigkeit der interkulturellen Kontakte zu (so z.B. Kotthoff 2006, S. 114), bestätigt sich nicht immer. An unseren Fallstudien lässt sich zeigen, dass es auch negative „Kennenlern- und Begegnungsspiralen" geben kann, die das gegenseitige Misstrauen steigern. Zum Beispiel kann eine (durchaus gut gemeinte) Artikulation von Hilfsbereitschaft und Unterstützung für vermeintlich schwächere Arbeitnehmervertreter zur Abwehr führen, wenn sie etwa als Vereinnahmungs- oder Herabwürdigungsversuch aufgefasst wird. Im Ergebnis wächst dann nicht wechselseitige „Toleranz", sondern wechselseitiges Befremden. Dies liegt weniger an den Intentionen der Arbeitnehmervertreter, sondern vielmehr an den kulturellen Mustern der Deutung. Werden die Mechanismen, die bei den wechselseitigen Deutungen in interkulturellen Kommunikationen eine Rolle spielen, nicht reflektiert, kann „guter Wille" sogar „böse Folgen" haben, und zwar dann, wenn die nicht erwartete Reaktion als „böser Wille" der anderen interpretiert wird und nicht als Folge von Fallstricken der interkulturellen Kommunikation. In solchen Fällen können sich (und ergeben sich auch oft) Kommunikationsbrüche und ein längerfristig beschädigtes Vertrauensverhältnis ergeben.

Auch für die – verbreitete – Annahme, interkulturelle Kommunikation gelinge erst dann, wenn sie keine mehr ist, d.h. wenn die kulturellen Unterschiede in einer gemeinsamen Identität (des Europäers, des Arbeiters usw.) aufgehoben sind, gibt es keine wissenschaftlich abgesicherten Belege. Vielmehr kann interkulturelle Kommunikation gerade dann gelingen, wenn die kulturellen Unterschiede in der internationalen Verständigung nicht nivelliert, vereinnahmt, geleugnet und damit zum Verschwinden gebracht werden.[47]

3.3 Zusammenfassung

Der Überblick über die unterschiedlichen Systeme der Industriellen Beziehungen hat gezeigt, dass sich die Handlungsbedingungen der Arbeitnehmervertreter in Deutschland und in Mittel- und Osteuropa erheblich unterscheiden. Während

---

47 Eine „verbesserte" Kommunikation bedeutet nicht Konfliktlosigkeit. „In itself, overcoming communication barriers does not necessarily reduce intergroup conflict; indeed it might simply make such conflict clearer." (Stirling/Tully 2004, S. 87)

man in Deutschland auf eine mehr als 50jährige Erfolgsgeschichte der Arbeitnehmervertretung zurück blicken kann, wurden Arbeitnehmerinteressen in den letzten zwanzig Jahren in den ehemaligen Ostblock-Staaten vor dem Hintergrund einer tief greifenden ökonomischen Krise und einer gesellschaftlichen Transformation vertreten. Die Institutionen der Industriellen Beziehungen mussten neu aufgebaut und etabliert werden. Der Versuch, gleichzeitig die Durchsetzung der marktwirtschaftlichen Reformen zu unterstützen und die Interessen ihrer Mitglieder zu vertreten, führte zu einer Schwächung der Gewerkschaften – auch jener, die politisch nicht vorbelastet waren –, da sie infolge der ökonomischen Umwälzungen einen massiven Arbeitsplatzabbau nicht verhindern konnten. Im Gegensatz zu ihren deutschen Kollegen können osteuropäische Arbeitnehmervertreter nicht auf eine lange Geschichte von Erfolgen sowohl materieller Art als auch der institutionalisierten Absicherung ihrer Arbeit zurück blicken, sie mussten und müssen sich in gewissen Sinne erst den Rahmen erkämpfen, in dem sie überhaupt als Arbeitnehmervertreter handeln können.

Vor dem Hintergrund der skizzierten Entwicklungen mag aus deutscher Sicht die Wirksamkeit der betrieblichen Vertretung von Arbeitnehmerinteressen in Mittel- und Osteuropa gering sein, allerdings verlieren auch deutsche Betriebsräte durch die „Globalisierung" an Interessenvertretungswirksamkeit. Das selbstverständliche „Einverständnishandeln"[48] hat in Westdeutschland durch die erweiterten Optionen des Managements eine deutliche Eintrübung erfahren. Die veränderte internationale Orientierung deutscher Betriebsräte und damit einhergehend Tendenzen, die europäische Ebene der Arbeitnehmervertretung zu intensivieren oder anders zu nutzen, sind eine Folge dieser Verunsicherung: Die abnehmende Verhandlungsmacht deutscher Betriebsräte in der „heimischen Aushandlungsarena" ist eine Grundlage ihrer Internationalisierungsbestrebungen, die unter geänderten Rahmenbedingungen die in Frage gestellte Machtposition wieder festigen soll. Für die mittel- und osteuropäische Seite lässt sich schlussfolgern, dass für sie eine internationale Kooperation von betrieblichen Arbeitnehmervertretern nicht den Zweck einer Wiederherstellung einer verloren gegangenen starken Verhandlungsposition hat. Für sie geht es dabei in allererster Linie um die Stabilisierung und gegebenenfalls Erweiterung ihrer bisherigen Handlungsmöglichkeiten.

Die unterschiedlichen Rahmenbedingungen, denen Mitglieder der EBR aus unterschiedlichen Standorten in unterschiedlichen Staaten unterworfen sind, und der Einfluss dieser Unterschiede auf die Erwartungen an die EBR werden in der

48 Der Begriff des Einverständnishandelns geht auf Max Weber zurück. Einverständnishandeln betont, dass in der Regel auch extrem konfliktive Positionen und Aktionen (etwa gewerkschaftlicher Gegenmachtmobilisierung) noch Verständigung – und nicht etwa die Auflösung des Unternehmens o.ä. – zum Ziel haben (vgl. Schmidt 1986).

Forschung kaum wahrgenommen. Während Betriebsräte in Deutschland auf eine langjährige Entwicklung zurück blicken können, die auch aufgrund der starken institutionellen Absicherung der betrieblichen Mitbestimmung dazu führte, dass sich zumindest die Betriebsräte großer Unternehmen auf Augenhöhe mit dem Management sehen und von ihm respektiert werden, musste auf der anderen Seite des ehemaligen Eisernen Vorhangs unter schwierigen Bedingungen überhaupt erst eine vertretungswirksame betriebliche Interessenvertretung aufgebaut werden, die auf Distanz zum betrieblichen Machtapparat geht. Auch wenn sich in beiden Fällen inzwischen eine „Verbetrieblichung" der Industriellen Beziehungen ergeben hat, sind die Gründe für diese Entwicklung unterschiedlich: Im deutschen System ist sie eine Folge der „Globalisierung" in Verbindung mit einer in der Fläche geschwächten Arbeitnehmervertretung, in den mittel- und osteuropäischen Systemen ist sie eine Folge der Systemtransformation. Im deutschen System ist der Kampf der Arbeitnehmervertreter im Kern auf Bestandswahrung gerichtet, in den mittel- und osteuropäischen Systemen wird nicht um die Erhaltung von Beständen gekämpft, sondern um die Herstellung eines Bestands.

In der Forschung tritt an die Stelle des Verständnisses für die Differenz der Perspektiven vielfach ein „methodologischer Nationalismus": Das deutsche sozialpartnerschaftliche Modell der Industriellen Beziehungen wird als Maßstab der Untersuchung der Industriellen Beziehungen in Mittel- und Osteuropa herangezogen. Die Folge davon ist, dass die unterschiedlichen Kulturen der Arbeitnehmervertretung in einer verkürzten Weise in den Blick geraten, nämlich nicht als unterschiedliche Formen, sondern vermittelt durch ein der Analyse zu Grunde gelegtes Entwicklungsmodell, dessen höchste und von den anderen noch zu erreichende Stufe das deutsche Modell darstellt. Aus dem Blick gerät dabei, dass infolge der unterschiedlichen Kulturen der Arbeitnehmervertretung die Erwartungen an eine internationale Kooperation betrieblicher Arbeitnehmervertreter unterschiedlich sind: Was sich in unserer Untersuchung auf der deutschen Seite darstellen wird als ein Versuch der Restauration der Wirkungsmacht der betrieblichen Arbeitnehmervertretung auf internationaler Ebene, erscheint in der Perspektive eines methodologischen Nationalismus als rationale Form des Versuchs der Verallgemeinerung der am weitesten entwickelten Form der Vertretung von Arbeitnehmerinteressen.

Letztlich verschwinden in der Forschung zur internationalen Kooperation von Arbeitnehmern grundlegende wissenssoziologische Einsichten zur Erfahrung kultureller Differenz in Annahmen über Gemeinsamkeiten von Arbeitnehmern in Europa. Wo Unterschiede thematisiert werden, handelt es sich um Typologien der Institution EBR, nicht aber um Unterschiede zwischen den Akteuren in den EBR. Mit einem Wort: Alle Fragen, die die Zusammenarbeit innerhalb der Europäischen Betriebsräte betreffen, werden entweder objektiviert oder in den typologischen Unterschieden zwischen EBR zum Verschwinden gebracht. In der Folge bleiben kulturelle Unterschiede und damit einer der zentralen Gründe für Schwierigkeiten in der internationalen Kooperation von Arbeitnehmern unthematisiert.

4 Unterschiedliche Typen internationaler Zusammenarbeit von Betriebsräten

Bisher haben wir für unsere Fragestellung relevante allgemeine Rahmenbedingungen für die internationale Kooperation von Betriebsräten erörtert, die unterschiedlichen Kulturen der Arbeitnehmervertretung in den unterschiedlichen Systemen Industrieller Beziehungen und die Institution des EBR. Im Folgenden werden wir anhand von drei Fallskizzen die konkreten Handlungsbedingungen diskutieren, denen die Betriebsräte in den von uns untersuchten internationalen Kooperationen unterworfen sind. Wir beschränken uns auf die Handlungsbedingungen, die für die internationale Kooperation der Arbeitnehmervertreter aus Deutschland und Mittel- und Osteuropa entscheidend sind. Diese durch die unterschiedlichen Unternehmen bestimmten Handlungsbedingungen decken sich nicht mit denen, die sich aus der Unterschiedlichkeit der Systeme Industrieller Beziehungen ergeben. Wir werden aber zeigen, dass der allgemeine Rahmen des Systems der Industriellen Beziehungen die Ausrichtung der internationalen Zusammenarbeit in den einzelnen Fällen mitbestimmt.

Für alle drei Fälle gilt, dass gerade die Kooperation von Arbeitnehmervertretern aus Deutschland und Mittel- und Osteuropa Spannungen ausgesetzt ist, die Anlass zu der Erwartung geben, dass sonst eher unter der Oberfläche bleibende Schwierigkeiten in der Zusammenarbeit deutlich hervortreten. Im Erhebungszeitraum kamen den Beziehungen der westdeutschen Betriebsräte zu ihren Kollegen aus mittelosteuropäischen Standorten, die teils als Fabriken auf der grünen Wiese neu gebaut, teils als Übernahmen bestehender Anlagen und Firmen in die Produktionsnetzwerke der untersuchten Unternehmen integriert wurden, eine besondere Bedeutung zu. Die neuen Standorte wurden als ernste Konkurrenz betrachtet.

Die Internationalisierung bzw. „Europäisierung"[1] der betrieblichen Arbeitnehmervertretung findet in den von uns untersuchten Fällen in erster Linie, aber nicht ausschließlich im Rahmen der Institution des EBR statt: In einem Fall bildete sich unterhalb der Ebene des EBR ein Zusammenschluss von Arbeitnehmervertretern mehrerer Standorte, die in Konkurrenz zueinander stehen. In den von uns untersuchten Gremien standen – neben dem „üblichen" Zugang zu und

1 Europäisierung meint, folgt man der einschlägigen sozialwissenschaftlichen Diskussion, den durch die betroffenen Akteure gestalteten Prozess der Anpassung vormals in erster Linie national (oder einzelbetrieblich) gestalteter Handlungsarenen an deren „Penetration" durch die hinzutretende europäische Institutionenebene (vgl. exemplarisch Eberwein et al. 2000, S. 24ff.).

der Zirkulation von unternehmensbezogenen Informationen – Fragen einer abgestimmten, standortübergreifenden Interessenpolitik im Zentrum der Aufmerksamkeit. Wie schon in dem Abschnitt zum Geltungsbereich dieser Studie erwähnt (vgl. Kapitel 2.3), zeichnen sich alle untersuchten Kooperationen dadurch aus, dass die deutschen Eurobetriebsräte auch in der nationalen betrieblichen Arbeitnehmervertretung wichtige Positionen besetzen. Da die Konzernzentralen ihren Sitz in Deutschland haben, verfügen sie oft über einen privilegierten Zugang zum zentralen Management bzw. dem Aufsichtsrat. Das unterscheidet sie von den betrieblichen Arbeitnehmervertretern anderer Standorte, insbesondere von denen der oft noch recht jungen Standorte in Mittel- und Osteuropa.

Wir rekonstruieren im Folgenden Struktur, interessengeleitete Motive, Entwürfe und Formen der internationalen Kooperation. Den Einzelfalldarstellungen folgt ein Vergleich der drei Fälle.

4.1 Fall 1: Das Netzwerk als arbeitspolitische Allianz

Bei dem Endhersteller handelt es sich um einen weltweit aufgestellten Konzern mit Stammsitz in Deutschland, einer in die 1960er Jahre zurückreichenden Internationalisierungsgeschichte und einer ausgesprochen stark ausgeprägten Kultur der Mitbestimmung. In stärkerem Maße als andere Endhersteller hat das Unternehmen in den 1990er Jahren Kapazitäten in Mittelosteuropa durch den Bau neuer Werke und durch die Übernahme bestehender Unternehmen aufgebaut. Die Investitionen folgten einem strategischen Kalkül aus erwarteten Absatzchancen, Produktportfolioerweiterung und Kostengründen (Mischkalkulation). In der Folge gerieten die westeuropäischen, insbesondere die westdeutschen Standorte unter starken Kostendruck. Auf die (alle deutschen Hersteller betreffende) Absatzkrise Anfang der 1990er Jahre sowie auf Ertragskrisen (insbesondere in der Mitte der ersten Dekade des 21. Jahrhunderts) reagierte das Unternehmen nicht mit Werkschließungen und Massenentlassungen, sondern mit tarif- und arbeitspolitischen Sonderwegen. Neben Standorten in Mittelosteuropa verfügt der Konzern aufgrund früherer Expansion in West- und Südeuropa über eine Reihe weiterer Produktionsstandorte.

Trotz der weltweiten Präsenz und einer intensivierten Internationalisierung werden weiterhin die wichtigsten Entscheidungen zentral in Deutschland getroffen. Hier laufen auch die Informationskanäle zusammen. Die Einbindung der neuen Zweigwerke in zunehmend international aufgebaute und aufeinander abgestimmte Produktionsprozesse erhöht den zentralen Steuerungsbedarf.

In diesem Unternehmen wurde die internationale Zusammenarbeit von Betriebsräten einer Produktionssparte unterhalb der Ebene des Eurobetriebsrates untersucht. Die Werke, in denen diese Produktgruppe hergestellt wird, produzieren auf einem technologisch vergleichbaren Niveau, die Verschiebung von Produktionsvolumen zwischen den Standorten ist deshalb und infolge modular aufgebauter Produkte möglich. Im „Zentrum“ (Westdeutschland) befindet sich ein Produktionscluster, bestehend aus mehreren Standorten, der über einen Haustarifvertrag sowie über umfangreiche Mitbestimmungsmöglichkeiten verfügt. Daneben bestehen eine deutsche Tochter, die ebenfalls stark mitbestimmt ist und weitere Tochtergesellschaften sowohl in Ostdeutschland als auch in verschiedenen europäischen Ländern. Die Rechte der Arbeitnehmervertretungen außerhalb Deutschlands sind, im Vergleich zu den westdeutschen Standorten, weniger weitgehend.

Die westdeutschen Betriebsräte befinden sich aufgrund des deutschen Mitbestimmungs- und Arbeitsrechts, der ausgeprägten Mitbestimmungskultur und des hohen gewerkschaftlichen Organisationsgrads sowie durch die Nähe zum Machtzentrum in einer privilegierten Position. Der EBR verfügt wie andere Organe der internationalen Arbeitnehmervertretung über ein eigenes Sekretariat, das am Hauptsitz des Unternehmens angesiedelt ist. Wichtige Betriebsratsspitzen an den deutschen Standorten sind zugleich Vertreter in weiteren Mitbestimmungsgremien, unter anderem dem Konzernaufsichtsrat.

Zwei wichtige Ereignisse drückten der Wahrnehmung der internationalen Kooperation durch die Arbeitnehmervertreter im Untersuchungszeitraum ihren Stempel auf. Zum einen führte die Aushandlung eines neuen Haustarifvertrages für die westdeutschen Konzernstandorte zu einer umfangreichen Erhöhung der Arbeitszeit. Dies hatte die teilweise Verlagerung von Produktionsvolumina aus einem Standort in einem benachbarten westeuropäischen Staat zur Folge, der dadurch von Schließung bedroht war. Die Schließung konnte abgewendet werden, es kam aber zu einer erheblichen Reduktion der Belegschaft. Zum anderen ist es dem westdeutschen Standort des untersuchten Netzwerkes gelungen, sich einen prozentualen Anteil an dem Produktionsvolumen der europäischen Standorte zu sichern. Der Produktionsumfang des Standorts wächst und schrumpft nun in Abhängigkeit von der Gesamtentwicklung der Produktion. Damit hat der westdeutsche Standort nach eigener Einschätzung ein Mittel gefunden, die für die Beschäftigung am eigenen Standort nachteiligen Folgen der (kostengetriebenen) Verteilungspolitik des Konzerns für die nahe Zukunft zu begrenzen. Der westdeutsche Standort ist der einzige, der bis zum Abschluss der Untersuchung eine solche Verabredung durchsetzen konnte.

Vor allem die westdeutschen Standorte sehen sich durch den umfangreichen Aufbau von Fertigungskapazitäten in Ostdeutschland und Mittelosteuropa einem erheblichen Kosten- und konzerninternen Wettbewerbsdruck ausgesetzt. Der forcierte Wettbewerb um Produktionsvolumina findet insbesondere in einem räumlich nicht allzu weit ausgreifenden Produktionsverbund in Zentraleuropa statt, der Standorte in West- und Ostdeutschland, in Polen, Ungarn und der tschechischen Republik umfasst. In Reaktion darauf haben Arbeitnehmervertreter der Standorte ein Netzwerk zur wechselseitigen Information und Abstimmung von gemeinsamen Strategien aufgebaut. Insbesondere die deutschen Betriebsräte verbinden damit das Ziel, den internen Wettbewerb, dem die Standorte ausgesetzt sind, weitgehend „auszutrocknen". Die westdeutschen Arbeitnehmervertreter haben den Aufbau des Netzes initiiert – die Neuverteilung von Produktionsvolumina hatte einen Abbau von Volumina im Westen zugunsten Mittel- und Osteuropas zur Folge. Entsprechend ist die deutsche Sicht auf die Arbeitnehmervertreter der mittel- und osteuropäischen Standorte durch die Erfahrung der Konkurrenz geprägt:

> „*Eigentlich* (Hervorh. d.V.) sitzen wir alle im selben Boot, also die Interessenvertretung und wir müssen gucken, dass wir bei Expansion das gleichmäßig verteilen, nämlich nicht so unter dem Motto: wenn wenn es nach oben geht dann geht es in die ähm Regionen wo ++ ähm ja, die Löhne und Arbeitsbedingungen nicht so gut sind, (...) und wenn es dann runtergeht ähm Produktion dann fährt man das an den so genannten ähm teuren Standorten runter ne." (Dt. BR, Fall 1)

Diese Wahrnehmung der Ost-West-Verteilung im Sinne einer *Verteilungsschieflage und deshalb als Gerechtigkeitsproblem* spielt in allen Fällen eine wichtige Rolle und ist mit der Annahme einer europaweiten Interessenkonvergenz auf Seiten der westdeutschen Interessenvertreter eng verknüpft. Wir kommen darauf zurück (siehe unten).

Das Netz selbst ist (noch) unvollständig, d.h. nicht alle Standorte, die beteiligt sein könnten, sind auch beteiligt. Die finanzielle Ausstattung des „Netzes" ist gut. Obwohl es unterhalb der Ebene des EBR liegt, finden regelmäßige Treffen statt. Die Vertreter des westdeutschen Werks verfügen über ausgesprochen gute Kontakte in das Management hinein und sind nah an den wichtigen Informationen. Hinzu kommt die persönliche Bekanntschaft mit zentralen Akteuren der Euro- und der Weltbetriebsratsarbeit und der Spitze des Konzernbetriebsrats. Die Kenntnisse der Verhältnisse in Mittelosteuropa sind nicht intensiv, es lassen sich Unsicherheiten in der Informationsbeschaffung und der Kontaktherstellung beobachten.

Zum Zeitpunkt der Untersuchung stand das Netzwerk vor zwei großen Problemen: Erstens war das Ziel des Netzwerkes, anteilig Produktionsvolumina an der europäischen Gesamtproduktion an allen Standorten des Netzwerkes festzuschreiben, nach Auffassung der stärksten Unterstützer dieses Ziels, der westdeutschen Betriebsräte, realistisch nur zu erreichen, wenn die Produktion an einem europäischen Standort zugunsten der anderen europäischen Standorte aufgegeben wird. Bei Beibehaltung der gegenwärtigen Verteilung ist mittelfristig ein kleinerer Standort von der Schließung bedroht. Mit anderen Worten: In beiden Fällen kommt es zum Abbau von Überkapazitäten und die Frage ist: wo?

Der westdeutsche Standort sieht eine Möglichkeit, das Bedrohungsszenario zu entschärfen, indem die Verteilung des europäischen Gesamtproduktionsvolumens zu Lasten eines Produktionsstandortes in Mittelosteuropa modifiziert wird. Dies ist nach Auffassung des westdeutschen Standorts ohne große Einschnitte möglich, da dieser Standort über die Produktgruppe hinaus noch andere Produkte fertigt. Zweitens ist das Netz der Arbeitnehmervertreter unvollständig, d.h. ein Standort in Mittelosteuropa ist nicht vertreten. Dies ist der Standort, der nach Auffassung der westdeutschen Betriebsräte bei einer anteiligen Festschreibung des Produktionsvolumens die Produktion aufgeben müsste.

Die Idee einer anteiligen Festschreibung des Produktionsvolumens wird außer von dem westdeutschen Standort, der sie schon realisiert hat, von den Arbeitnehmervertretern zweier Standorte unterstützt, ohne dass diese die Regelung bei sich bisher hätten durchsetzen können. Die Werksleitungen dieser beiden Standorte, die inzwischen an den Gesprächen der Betriebsräte bzw. Betriebsgewerkschafter beteiligt sind, unterstützen das Vorhaben. Die Arbeitnehmervertreter eines weiteren Standorts des Netzes sind an einer „Quotenregelung" prinzipiell interessiert, streben aber grundsätzlich weiteres Wachstum an (das heißt eine Ausdehnung des Produktionsvolumens an diesem Standort). Dieser Standort müsste bei Inkrafttreten der Regelung den Umfang seiner Produktion wahrscheinlich reduzieren. Hinsichtlich dieser Reduktion besteht unter den Mitgliedern des Netzes kein Konsens, im Gegenteil, die Arbeitnehmervertreter des von der Reduktion betroffenen Standortes sind sich einig in der Ablehnung einer Verringerung von Produktionsvolumina an ihrem Standort. Zusätzlich spannungsgeladen wird die Sache dadurch, dass nur die Vertreter des westdeutschen Standorts (aufgrund ihrer Nähe zur Zentrale und des guten Zugangs zu Informationen aus dem zentralen Management) bisher die Konsequenzen einer anteiligen Festschreibung von Produktionsvolumen überschauen (können). Insbesondere die damit verbundene Reduktion (und mögliche Stilllegung) der Produktion an einem oder mehreren Standorten in Mittelosteuropa ist bisher unter den am Netz beteiligten Arbeitnehmervertretern nicht eingehend thematisiert worden. Da es zwischen Standorten auf der bilateralen Ebene verschiedentlich Spannungen gibt, birgt die Diskussion einigen Zündstoff.

Im Fall 1 sind die „treibenden Kräfte" hoch aktiv und motiviert, die Aktivitäten im Rahmen des Standort-Netzwerks haben bisher unabhängig von der Frage der Verteilung von Produktionsvolumina zu Verbesserungen an den beteiligten Standorten geführt. Dies betrifft insbesondere die Verbesserung des wechselseitigen Informationsaustauschs und die dadurch klareren Handlungsalternativen an den jeweiligen Standorten. Das Netz hat recht bald und erfolgreich die jeweiligen Standortleitungen eingebunden. Die (relative) Dominanz des westdeutschen Standorts wird von den Beteiligten bisher akzeptiert. Die Verständigungssprache ist deutsch und ermöglicht einen „kurzen Draht" zwischen den Belegschaftsvertretern, die überwiegend über gute Deutschkenntnisse verfügen. Unternehmensbezogene Informationen, den privilegierten Zugang zum zentralen Management und die finanziellen Ressourcen bringt hauptsächlich der westdeutsche Standort ein. Im Gegenzug fließen die Informationen offen zwischen den Standorten. Der westdeutsche Standort spricht „im Namen" der beteiligten Arbeitnehmervertreter, d.h. er verfügt über ein – von den Arbeitnehmervertretern der anderen Standorte in unterschiedlichem Maße akzeptiertes – informelles Mandat zur Vertretung ihrer Interessen, insbesondere gegenüber dem zentralen Management und Spitzenfunktionären der betrieblichen Arbeitnehmervertretung im gesamten Unternehmen. Die Kehrseite des Netzwerkes besteht darin, dass nicht alle betroffenen Standorte involviert sind, dass trotz der „Einigung" auf Deutsch als lingua franca die Sprachgrenze eine Rolle spielt, dass die unterschiedlichen Handlungsbedingungen und -ressourcen der Arbeitnehmervertreter an den einzelnen Standorten Gegenstand von Vermutungen, Dissonanzen und wechselseitigen Vorbehalten sind und dass die Beziehungen zwischen einzelnen Standorten bereits durch vergangene Ereignisse vorbelastet sind. Dabei unterscheiden sich insbesondere die Perspektiven zwischen westdeutschen und mittelosteuropäischen Arbeitnehmervertretern: Die westdeutschen Betriebsräte machen für die Produktionssteigerungen in Polen, Ungarn und Tschechien zu Lasten der deutschen Standorte teilweise direkt, teilweise indirekt die Arbeitnehmervertreter der betreffenden Standorte mit verantwortlich. Dieser Vorwurf ist jedoch aus Sicht der Arbeitnehmervertreter der mittelosteuropäischen Standorte unbegründet. Die westdeutschen Betriebsräte haben signalisiert, eine weitere Ausweitung der Produktion nur an den mittelosteuropäischen Standorten nicht mehr mitragen zu wollen.

Eine Besonderheit des Netzes besteht in der relativen Entkoppelung von den Aktivitäten im EBR. Nicht formale, sondern sachliche und auch normative Gründe waren für den Aufbau des Netzes verantwortlich: der Standortwettbewerb um das von den am Netz beteiligten Standorten produzierte Produkt sowie insbesondere am westdeutschen Standort eine längere Tradition des internationalen Engagements gegen die vom Management aufgebauten Vergleichs- und Bedrohungsszenarien. Über die Gewerkschaft und gemeinsame Arbeitskämpfe gibt es eine besonders starke Verbindung zwischen dem westdeutschen und einem ostdeutschen Produktionsstandort. Der westdeutsche Standort verfolgt auch das Ziel, über das Netzwerk diesen Standort zu schützen. Zugespitzt kann das Ziel des Netzwerks als eine Bündelung von Partikularinteressen einzelner Standorte charakterisiert werden, durch die die Verantwortlichkeit für Einzelentscheidungen nicht mehr nur auf der lokalen Ebene angesiedelt ist, sondern (zumindest zum Teil) gemeinsam von allen Betroffenen getragen wird. Dies kann auch als Versuch gesehen werden, lokale Arbeitnehmervertretungen bei unpopulären Schritten gegenüber ihren Belegschaften zu entlasten. Voraussetzung für den Erfolg dieses Modells ist, dass der westdeutsche Standort legitim für die anderen Standorte „sprechen" kann und bezüglich der Absprachen mit dem Management nicht durch gegenläufiges Handeln an einzelnen Standorten widerlegt wird.

Die Strategie der Belegschaftsvertreter des westdeutschen Standorts, eine Allianz gegen das zentrale Management zu schmieden, reicht weit über das, was typischerweise unter Co-Management verstanden wird, hinaus. Letztlich zielt sie auf die Neutralisierung des vom zentralen Management eingeführten Standortwettbewerbs durch eine transnationale Politik der Standortsicherung. Die Instrumente dieser Politik, Mandatierung und Stellvertretung, sind dem deutschen System der Industriellen Beziehungen entnommen.

4.2 Fall 2: Der EBR als Treuhänder und „Troubleshooter"

Das hier als „Fall 2" bezeichnete Unternehmen fertigt Komponenten für mehrere europäische und asiatische Endhersteller. Das als Aktiengesellschaft aufgestellte Familienunternehmen beschäftigt über 30.000 Mitarbeiter, der Firmenhauptsitz liegt in Norddeutschland. Die kundeninduzierte Internationalisierung beginnt Ende der 1980er Jahre mit der Gründung eines Werks in Südwesteuropa. Der weitere Aufbau von Standorten in Westeuropa und Nordamerika folgt dem Interesse der Endhersteller, die selbst international expandieren.

Neben der kundeninduzierten Internationalisierung folgt eine zweite Internationalisierungswelle der Investitions- und Subventionspolitik der EU. Vor allem in Mittel- und Osteuropa wurden und werden neue Standorte aufgebaut. In der Perspektive der westdeutschen Arbeitnehmervertreter sind dadurch vor allem Konkurrenzstandorte geschaffen worden, die ein starkes „Erpressungspotenzial" beinhalten. In Deutschland hat man eine Vereinbarung zur Sicherung der Beschäftigung abgeschlossen.

In diesem Unternehmen wurde die Tätigkeit des Eurobetriebsrats und dabei insbesondere des sehr aktiven geschäftsführenden Ausschusses untersucht. Der EBR verfügt über eine finanziell gute Ausstattung und pflegt eine kooperative Haltung gegenüber der Geschäftsleitung. Er wurde Anfang des Jahrhunderts gegründet und setzt sich aus einem recht jungen und dynamischen Team zusammen. Der geschäftsführende Ausschuss besteht aus spanischen und deutschen Vertretern, die Verständigungssprache ist deutsch. Seine Tätigkeit wird mitunter liebevoll mit dem Wort „Hobbykümmerer" umschrieben. Im EBR sind auch Standorte aus den anderen Produktsparten des Unternehmens vertreten. Etwa die Hälfte der Mitglieder vertritt deutsche Standorte, die andere Hälfte setzt sich aus Arbeitnehmervertretern einer Vielzahl europäischer Standorte aus Spanien, Italien, Frankreich, Belgien, Großbritannien, Niederlande, Tschechien, Ungarn und weiterer Staaten zusammen. Der Aufbau des Kontakts zu den Arbeitnehmervertretern in den Werken Mittelosteuropas gelang auch in diesem Fall nicht ohne Schwierigkeiten. Das gleiche gilt für die Aufrechterhaltung des Kontakts.

Mehrmals im Jahr trifft sich der geschäftsführende Ausschuss und reist darüber hinaus – von sich aus – zu unterschiedlichen Unternehmensstandorten, spricht mit den dortigen Arbeitnehmervertretern oder lädt diese zu Sitzungen des Ausschusses ein. Die Sitzungen des Ausschusses finden jeweils in verschiedenen Werken in Europa statt. Eine kooperative Orientierung der Eurobetriebsratsspitze und eine günstige Wirtschaftslage zeichneten den Fall im Untersuchungszeitraum aus.

Der geschäftsführende Ausschuss des EBR begreift sich als ein Vertretungsorgan auf einer eigenen Handlungsebene, das zwar im Sinne der Interessen der Arbeitnehmer (vor allem hinsichtlich Arbeitsschutz, Arbeitszeit und der Einhaltung des rechtlichen Rahmens durch das Management) an den jeweiligen Standorten, aber weitgehend unabhängig von deren Vertretungen agiert. Das Mandat dazu hat er nicht von den einzelnen Standorten erhalten, sondern sich selbst zugeschrieben. Am ehesten lässt sich dieses Selbstverständnis als selbsterklärte Mandatsträgerschaft bezeichnen. Der engere Ausschuss übernimmt – unter Berufung auf soziale Standards, aber auch auf eine gemeinsame europäische Betroffenheit – Funktionen, die aus seiner Sicht sowohl im Interesse der Belegschaften als auch der zentralen Geschäftsleitung liegen; er verfügt über eine vermittelte Durchsetzungsmacht gegenüber dem lokalem Management an peripheren Standorten. Eine Grundlage dieser Macht sind unterschiedliche Interessen von lokalem und zentralem Management. Das Engagement des engeren Ausschusses ist nicht zuletzt dem normativen Prinzip „guter Arbeit“ verpflichtet, das seine Grundlage zum Teil in der deutschen Mitbestimmungskultur, aber auch der Unternehmenskultur der Firma findet.

Das zentrale Management und die führenden Vertreter des EBR kennen sich gut aus anderen Gremien der betrieblichen Mitbestimmung. Die Bewilligung der überdurchschnittlich guten finanziellen Ausstattung des Eurobetriebsrats durch das zentrale Management war unproblematisch. Man kann mit hoher Plausibilität annehmen, dass sich das zentrale Management von der Tätigkeit des EBR nicht nur eine Unterstützung bei der Disziplinierung und Kontrolle der lokalen Standortleitungen verspricht, sondern darüber hinaus auch eine ausgleichende und kooperative Vermittlungsfunktion in Konfliktfällen. Die Erfüllung dieser Funktion schreibt sich umgekehrt der EBR als eine über die Vertretung der Arbeitnehmerinteressen hinausgehende, im allgemeinen Firmeninteresse liegende Aufgabe zu. Die Ziele des EBR liegen in der Etablierung von einheitlichen Arbeitsstandards (unter anderem durch Gründung von internationalen Arbeitskreisen), der Stärkung der regionalen Interessenvertretungsarbeit und der

Forcierung des Projekts einer europäischen Arbeitnehmervertretung. Er reagiert auf „Hilferufe aus dem Ausland“ durch ...

> „... troubleshooting ++ also immer dann, wenn Kollegen uns aus dem Gremium angerufen haben, wir haben da und da Probleme, kümmert euch mal, könnt ihr nicht mal vor Ort kommen, und meistens erkennt man schon, wenn wir auftauchen vor Ort, ++ dass dann irgendwie aha es geht was rum, da kommen irgendwelche Leute von außerhalb.“ (Dt. EBR, Fall 2)

Die Bewegungsfreiheit des engeren Ausschusses des EBR ist Teil der EBR-Vereinbarung und ermöglicht ihm, neben der kontinuierlichen Vorbereitung von EBR-Treffen auch operativ tätig zu werden: Auf Meldungen über Missstände an einzelnen Standorten reagiert er in der Regel umgehend mit Werksbesuchen. Der engere Ausschuss des EBR ist bestrebt, durch seine Aktionen seinen „Ruf“ als Treuhänder der Interessen aller Standorte zu festigen. Hauptsächlicher „Gegner“ sind dabei die „Regionalfürsten“, die Geschäftsführer der lokalen Standorte.

> „Wir machen nicht den Gang und gehen zu den Regionalfürsten, weil wir genau wissen: da stoßen wir auf taube Ohren, sondern wir gehen gleich an die hohe Stelle. Und von oben nach unten, da funktioniert es.“ (Dt. EBR, Fall 2)

Die Interventionen disziplinieren typischerweise das Lokalmanagement. Vertreter des EBR verweisen in diesem Zusammenhang auf „Erfolgsgeschichten“, in denen das Eingreifen des EBR zum Vorteil der Arbeitnehmer wie der Geschäftsleitung gewesen sei. So sei etwa die Beendigung einer „irrationalen“ Streikkultur in Frankreich, Folge einer Intervention des EBR, im Sinne der Unternehmensführung und der Belegschaft (Verbesserung der Arbeitsbedingungen) gewesen. Als Erfolgsgeschichte gilt auch die Unterstützung von Kollegen in Mittelosteuropa bei ihrem Kampf um eine Verbesserung der Arbeitsbedingungen durch Intervention beim Zentralmanagement. Der geschäftsführende Ausschuss nutzt seine Ressourcen und Kontakte auch, um Expertisen zur Unterstützung der betrieblichen Interessenvertretung in Mittelosteuropa beizusteuern.

Die EBR-Treffen selbst sind wesentlich breiter angelegt, als sie es nach der EBR-Richtlinie sein müssten. Zwei Tage der dreitägigen Treffen stehen den Belegschaftsvertretern frei zur Verfügung. Dabei dient der erste Tag der wechselseitigen Information der Belegschaftsvertreter und der Absprache von Themen, die mit dem zentralen Management diskutiert werden sollen. Der zweite Tag ist dem Treffen mit dem zentralen Management vorbehalten und am dritten Tag können Schulungen o.ä. durchgeführt werden. Eine starke europäische Orientierung drückt sich auch darin aus, durch die Bildung von Unterausschüssen internationale Netzwerke zu schaffen und wechselseitiges Vertrauen aufzubauen.

Der Eurobetriebsrat in Fall 2 entspricht nicht der gängigen Vorstellung, die Zulieferindustrie verfüge im Gegensatz zu den Endherstellern nur über schwache Eurobetriebsräte mit einer geringen finanziellen Ausstattung. Der engere Ausschuss des EBR agiert als „Treuhänder" der Interessen der Arbeitnehmer aller Standorte, d.h. als eine standortübergreifende Vertretung von Arbeitnehmerinteressen. Der Handlungsraum weist weit über die formalen EBR-Bestimmungen hinaus, Funktionsweise und Wirksamkeit basieren auf einem kooperativen Verhältnis zum Zentralmanagement einerseits und auf der Etablierung des EBR als eigenständigem Handlungsorgan andererseits.

4.3 Fall 3: Der EBR als Organ des Versuchs der Etablierung einer einheitlichen Linie

Das Unternehmen in Fall 3 stellt ebenfalls Fahrzeugkomponenten her und hat weltweit ca. 25.000 Beschäftigte, davon etwa 14.000 in Europa. Der überwiegende Teil der in Europa beschäftigten Arbeitnehmer arbeitet an mehreren Standorten in Deutschland. Das Unternehmen verfolgt bereits seit längerem (und im Unterschied zu Fall 2) eine vorsichtige Strategie der Internationalisierung. Meist kleinere Montagestandorte wurden früh etabliert, der Markteintritt erfolgt über Brückenköpfe in den jeweiligen Ländern (etwa: Indien, USA). Die letzten Jahre sind durch eine forcierte Internationalisierung gekennzeichnet, Produktionsstandorte wurden in Märkten aufgebaut, denen gegenwärtig oder zukünftig eine bedeutende Rolle zugesprochen wird. Das führte auch zur Übernahme einer Endhersteller-Fabrik auf einem als wichtig angesehenen Markt. Die beschleunigte Internationalisierung wird als markt- und kundengetrieben wahrgenommen. Das zentrale Management reagiert auf den Preisdruck der Endhersteller im Massensegment mit dem Aufbau von Standorten in Ländern mit niedrigen Lohnkosten. Zudem geht von Seiten der Endhersteller, die selbst in Regionen mit niedrigen Lohnkosten massiv Kapazitäten aufbauen, ein starker Druck aus, räumlich in der Nähe ihrer Werke Zulieferstandorte aufzubauen. Stärker als in Fall 2 wird der Kostendruck als ausgesprochen hoch beschrieben. Unter den deutschen Standorten bestehen starke Spannungen wegen des unterschiedlichen Umgangs mit diesem Kostendruck. So mussten Standortsicherungsverträge unterzeichnet werden, die nicht zu einer einheitlichen „Phalanx", sondern zu Abweichungen innerhalb Deutschlands führten.

Der EBR dieses Unternehmens wurde 1996 gegründet. Die westeuropäischen Mitglieder des EBR kennen sich überwiegend schon lange, der Kontakt wird als durchgehend gut beschrieben. Wie in den beiden anderen Fällen auch war die Kontaktaufnahme von westdeutschen Arbeitnehmervertretern zu ihren Kollegen aus Standorten in Mittelosteuropa ausgesprochen schwierig. Dies gilt insbesondere für einen tschechischen Standort, der seit 2002 Anspruch auf einen EBR-Sitz hat. Die Herstellung des Kontakts gelang nicht über die Gewerkschaften (in dem Werk in Tschechien ist nicht KOVO, sondern, ebenso wie in Fall 2, die ASO vertreten, die IG Metall pflegt aber nur Beziehungen mit KOVO), sondern, nach mehreren Anläufen, mehrere Jahre später über das eigene Management. Einmal jährlich findet ein EBR-Treffen statt, ein weiteres gemeinsames Treffen des geschäftsführenden Ausschusses wird zu Jahresbeginn durchgeführt.

Der EBR selbst befindet sich in einer Art Schwebezustand. Vor allem regionale Probleme ziehen die Aufmerksamkeit der Hauptakteure auf sich. Seine Weiterentwicklung wird als Aufgabe der nächsten Zeit betrachtet, wobei unterschiedliche Zielstellungen formuliert werden. Der EBR von Fall 3 handelt unter ungünstigen Rahmenbedingungen: Der enorme Internationalisierungsschub, der „Preisverfall" im Massensegment und der Druck des eigenen Managements haben nicht nur unter den (west-)deutschen Produktionsstandorten zu einer massiven Konkurrenz geführt. Groß ist das Misstrauen gegenüber dem Management, fast ebenso groß das gegenüber den Arbeitnehmervertretern anderer Standorte. Die Verunsicherung über die Qualität und Richtigkeit erhaltener Informationen ist erheblich. Die gegenwärtige Arbeit des EBR konzentriert sich auf die Sammlung verlässlicher Informationen über Strategien des Managements:

> „Ganz konkret äh is erstmal ausloten ++ bei der Geschäftsführung: um was geht's denn wirklich." (Dt. EBR, Fall 3)

Zwischen den Betriebsräten innerhalb Deutschlands bestehen starke Irritationen aufgrund von Betriebsvereinbarungen an einem Standort im Rahmen eines Unterbietungswettbewerbs. Um Produktionsumfänge für einen Standort zu sichern, mussten die Arbeitnehmervertreter des Standortes Konzessionen machen. Es wurde zwar versucht, Absprachen zur Einhegung des Standortwettbewerbs im EBR (allerdings ohne Beteiligung der Standorte in Mittel- und Osteuropa) zu treffen, ihr bisheriger Erfolg wird jedoch als gering eingeschätzt:

> „Da haben wir ja auch Standorte und auch die äh haben sich gegenseitig mehr oder weniger ausgespielt, weil jeder der Meinung war, er kann es besser wie der andere. Und äh letztendlich hat es ihnen aber auch nix genützt, weil von denen jetzt auch wieder Produktion weg verlagert wird in in Richtung Osteuropa." (Dt. EBR, Fall 3)

Neuverteilungen des Produktionsvolumens wurden im Massensegment zu Lasten von Produktionsstandorten in Westdeutschland vorgenommen, insbesondere im Zuge des Aufbaus von Produktionskapazitäten in Tschechien. Verteilungskonflikte finden darüber hinaus in Südwesteuropa statt. Anhand der Konfliktstruktur wird deutlich, dass eine Trennungslinie durch Europa verläuft. Zwar werden die unmittelbaren Auseinandersetzungen nach wie vor eher regional geführt, doch auch der Wettbewerbsdruck in Südwesteuropa kann als Folge der „Wanderungsbewegung“ der Autoindustrie nach Mittelosteuropa angesehen werden. Das Bewusstsein eines europäischen gemeinsamen Problembezuges ist aus der Sicht von EBR-Vertretern in den einzelnen Regionen eher gering ausgeprägt. Die an einzelnen Standorten durchgesetzten „Kostensenkungsprogramme“ im Rahmen des Standortwettbewerbs belasten die Beziehungen zwischen Arbeitnehmervertretern nicht nur auf der nationalen, sondern auch auf der internationalen Ebene. Aufschlussreich ist auch im Fall 3, dass zwar die Problembeschreibung (einzelbetriebliche Erpressung) von allen in ihren wesentlichen Grundzügen geteilt wird, von deutscher Seite vorgeschlagene standortübergreifende Lösungsansätze sich allerdings grundsätzlich dem Vorwurf ausgesetzt sehen, Versuche der Vereinnahmung der Standorte außerhalb Deutschlands durch die deutschen Arbeitnehmervertreter zur Durchsetzung der Interessen ihrer Standorte gegen die anderen zu sein.

Disziplinierende Effekte werden vor allem von der persönlichen Bekanntschaft der EBR-Mitglieder erwartet. Zumindest unterscheidet sich das Vorgehen der Arbeitnehmervertreter deutlich danach, ob sie Arbeitnehmervertreter anderer Standorte kennen oder nicht. Nähe und Bekanntschaft sollen zu einer „Beißhemmung“ führen. Das Hauptaugenmerk liegt weniger darauf, den Wettbewerb insgesamt zu vermeiden, als vielmehr darauf, die Anwendung „unlauterer“ Mittel zu verhindern:

> „Äh letztendlich wird es entscheidend sein, ob äh es gelingt, unter den einzelnen Standorten, unter den einzelnen Nationalitäten ne Vertrauensbasis aufzubauen, dass es net darum geht, äh wir versuchen euch mit einzubinden, dass es uns besser geht, sondern wir versuchen euch mit einzubinden, dass es dass wir äh dass es uns gemeinsam besser geht, dass wir einfach ne gemeinsame Position gegenüber der Geschäftsführung haben. Und da, denke ich, müssen wir noch einige Jahre dran arbeiten.“ (Dt. EBR, Fall 3)

Im Unterschied zu der Situation der Konkurrenz, in der sich die deutschen Standorte untereinander und mit den Standorten in Mittel- und Osteuropa befinden, hat die Kooperation zwischen deutschen und südwesteuropäischen Arbeitnehmervertretern vereinzelt zu Erfolgen geführt. So hat sich etwa der Betriebsrat eines deutschen Werks geweigert, mit der Zustimmung zu Überstunden zur Kompensation von Produktionsausfällen infolge eines Arbeitskampfes in einem spanischen Werk beizutragen.

Zusammenfassend lässt sich sagen, dass der EBR von Fall 3 noch auf der Suche nach einer gemeinsamen „bottom line“, nach noch genauer zu bestimmenden Regeln der Unterlassung ist, die Arbeitnehmer an einem Standort vor der mittelbaren Schädigung durch Arbeitnehmervertreter an einem anderen Standort schützen sollen.

4.4 Gemeinsamkeiten und Unterschiede in der internationalen Kooperation von Arbeitnehmervertretern

So unterschiedlich die internationale Kooperation in unseren Fällen auch ausgeprägt sein mag, überall zeigen sich vergleichbare Problemlagen beim Einstieg in die Kooperation: Wie bekommt man Zugang zu den ausländischen Kollegen, wie offen kann die Kommunikation sein und wie lassen sich die Kooperationspartner einschätzen (4.4.1)? Unterschiede weisen die Fälle im Hinblick auf die Austarierung partikularer Standortinteressen und europäischer gemeinsamer Interessen auf. Die unterschiedlichen Typen von EBR bzw. Kooperationen – Wettbewerbsregulierer, Treuhänder, Allianzenbildner – verursachen unterschiedliche Probleme in der internationalen Verständigung (4.4.2).

4.4.1 Vertrauen als Problem

In allen drei Fällen war der Aufbau von Kontakten zu Belegschaftsvertretern an Unternehmensstandorten in Mittel- und Osteuropa eine Herausforderung, die nur unter Rückgriff auf externe Unterstützungsleistungen zu bewältigen war. Die Kontaktaufnahme ging in allen Fällen von Arbeitnehmervertretern deutscher Standorte bzw. vom EBR aus. Charakteristisch für die Kontaktaufnahme ist ein Informationsdefizit, das sich zunächst auf die Frage bezieht, wie eigentlich ein Arbeitnehmervertreter eines Standorts in Mittel- und Osteuropa identifiziert werden kann und in welcher Sprache, wenn er denn identifiziert ist, er angeschrieben werden kann.

> „Also es is, äh es is sehr schwer äh erstmal weil die Gewerkschaftsstruktur da im Osten ++ äh also sehr sehr nebulös ist. Manchmal in Tschechien war das so äh war das problematisch. Man hatte uns von der IG Metall eine Gewerkschaft genannt äh als Kontaktgewerkschaft und Kontaktpersonen und wir haben auch dazu Kontakt hergestellt. Beim ersten Treffen, das war in ner Hotellobby, hatten wir schon festgestellt ah die sind ja gar nicht für uns zuständig." (Dt. EBR, Fall 2)

Natürlich sind die Verhältnisse im „Osten" nicht per se nebulös, sondern für einen Arbeitnehmervertreter aus Deutschland schwerer nachvollziehbar, da erstens der Kenntnisstand über die Verhältnisse in Mittel- und Osteuropa insgesamt eher niedrig ist und zweitens die Situation im „Osten" anders ist als die, die Betriebsräte aus Westdeutschland oder aus anderen Teilen Europas kennen. Für die Abarbeitung dieses Informationsdefizits stehen aber kaum Informationsnetze zur

Verfügung. Da die IG Metall vor allem über Informationen zu Gewerkschaften verfügt, zu denen sie selbst Kontakte unterhält, diese Kontakte aber auch aufgrund der zersplitterten Gewerkschaftslandschaft lückenhaft sind, fällt sie in vielen Fällen als Anlaufstelle aus. In einem Fall führte die Schwierigkeit herauszubekommen, wie ein Kontakt überhaupt hergestellt werden kann und zu wem er hergestellt werden muss, dazu, dass ein Sitz im EBR über einen längeren Zeitraum hinweg vakant blieb. In den anderen beiden Fällen folgten Vertrauensprobleme und selektive Vertrautheitsbeziehungen aus den langwierigen und teils erfolglosen Versuchen der Kontaktherstellung.

Auf allen Seiten wird zwar eine grundsätzliche Bereitschaft artikuliert, die jeweiligen besonderen Landesverhältnisse (und Verhältnisse in der deutschen Zentrale) zu sehen und zu berücksichtigen, in der alltäglichen Kommunikation gelingt das aber nur bedingt. Das hängt auch damit zusammen, dass die Frage, wie man die ausländischen Kollegen einschätzen kann bzw. welche Informationen man über sie (vorab) gewinnen kann, kaum zu beantworten ist. Wie politisch verlässlich sind die Personen und wie belastbar sind Informationen aus den Standorten? Eine Grundlage der Einschätzung bilden Urteile über die gewerkschaftliche Organisation, der das Gegenüber angehört. Sind diese Organisationen nicht bekannt, fällt diese Möglichkeit aus. Da wegen der weitgehenden Unvertrautheit mit den Industriellen Beziehungen in Mittel- und Osteuropa und den dortigen Lebensverhältnissen andere Kriterien nicht oder nicht ausreichend zur Verfügung stehen, bleibt das Problem der Einschätzung des Gegenübers ungelöst.

Während die Schwierigkeiten in der Kontaktanbahnung nur bei den deutschen Arbeitnehmervertretern auftreten konnten, da sie die Initiative ergriffen hatten, waren die Kenntnisse über das jeweils andere System der Industriellen Beziehungen im Besonderen und die jeweils anderen Lebensverhältnisse im Allgemeinen in allen drei Fällen in spezifischer Weise ungleich verteilt: Bei den deutschen Arbeitnehmervertretern, fast alle in der Nähe der Unternehmenszentralen, waren die Kenntnissse über die Verhältnisse an der Unternehmensperipherie in Mittel- und Osteuropa in allen Fällen ausgesprochen gering, Kenntnisse über das System der Industriellen Beziehungen fehlten fast vollständig. Bei den Arbeitnehmervertretern aus Mittel- und Osteuropa, allesamt Vertreter von Standorten in der Peripherie des Unternehmens, waren sowohl die Kenntnisse über die Lebensverhältnisse in Deutschland, die deutsche Geschichte und das System der Industriellen Beziehungen typischerweise erheblich ausgeprägter.

Trotz dieser asymmetrischen Verteilung von Wissen besteht das Einschätzungsproblem wechselseitig. Zwar verfügen die Arbeitnehmervertreter aus Mittel- und Osteuropa über ein breiteres Wissen über die Verhältnisse im Westen im Vergleich zu dem Wissen ihrer Kollegen aus dem Westen über die Verhältnisse im Osten, doch ist ihnen der Habitus der deutschen Betriebsräte fremd.

Wegen der unternehmensinternen Konkurrenz der Standorte ist die Frage nach der Verlässlichkeit des Gegenübers brennend. In allen drei Fällen ist der Umgang damit eines der beherrschenden Themen der Interviews. Alle interviewten betrieblichen Arbeitnehmervertreter hatten Erfahrungen mit Konflikten, die sich durch die Konkurrenz zwischen den unterschiedlichen Standorten ergeben. Gelegentlich weisen diese Konflikte eine Verhärtung auf, die die Interviewpartner zu drastischen Formulierungen greifen lässt:

> „Wenn, wenn wir uns einigen würden, wenn wenn die Geschäftsführung eine gemeinsame Reaktion äh entdecken würde, würde die auch ganz anders auf uns zukommen. Würde die sich nicht so traun. Aber die machen das so, dass wir schon dass wir uns eher als Feinde als als Kollegen sehn." (Spanischer EBR, Fall 3)

Eine gelingende, standortübergreifende Koordination des Handelns von Arbeitnehmervertretern setzt voraus, dass die beteiligten Betriebsräte für andere relevante Informationen auch weitergeben. Die Fragen, in welchem Umfang und wie Informationen weitergegeben werden können und sollen, stellen für viele eine Quelle erheblicher Unsicherheit dar:

> „Und ich muss auch sagen, das erste Treffen, das wir über die Standorte hatten, da ist von allen Seiten ein bisschen mit Scheu rangegangen, wie weit kann ich mich öffnen, welche Dinge kann ich diskutieren, das war eigentlich sehr oberflächlich, hat aber dazu gedient, des man erst mal schaut, also, für uns war die Erfahrung neu, über diesen Weg was zu machen. (...) Wenn ich über diesen Weg etwas für meinen Standort ausrichten kann, und das ist für mich, also, das ist so, dass es über diesen Weg eigentlich mehr Vorteile als die im Vorfeld beschriebenen Nachteile hat, ist das für mich jetzt so weit, dass ich sage, ich kann da hin gehen mit dem Vertrauen, pass auf, wir haben das und das Problem, lass uns mal darüber reden." (Dt. EBR, Fall 1)

Die Diskussion von Problemlagen ist, das wird in dieser Passage deutlich, eingebettet in eine *Unvertrautheit* mit einem offenen Umgang miteinander.[2] Dem gegenüber steht die Hoffnung und auch die rational evidente Einsicht, dass ein standortübergreifender Dialog Vorteile für den eigenen Standort verspricht: Ein Mehr an Information über relevante Handlungsbedingungen eröffnet eine größere Anzahl an Handlungsoptionen. Nichts desto trotz steht hier das Moment der Überwindung der „Scheu" im Mittelpunkt. Diese hat zwei Dimensionen: Auf der

---

2 Daraus zu schließen, dass die Unvertrautheit dieses Umgangs darauf zurückzuführen ist, dass die Arbeitnehmervertreter bisher noch nicht international gearbeitet haben, ist zwar immer richtig, greift aber zu kurz. Vielmehr lässt sich daraus schließen, dass eine „Kultur" offenen Informationsaustauschs nicht Teil des Selbstverständnisses von Betriebsratsarbeit im internationalen Kontext ist. Warum das so ist, wird im fünften und sechsten Kapitel dargelegt.

einen Seite die bekannte Frage: Wem kann ich vertrauen? Auf der anderen Seite aber eben auch die Unvertrautheit mit einem Kommunikationsstil, der vorab nicht ausschließlich strategisch angelegt ist bzw. sein darf und deshalb einen Vertrauensvorschuss verlangt. Zur Verdeutlichung dieses Punkts ein weiteres Zitat:

> „Meine Erfahrungswelt war folgende, ganz, sehr persönlich gerichtet: Man erfährt eher ne Akzeptanz, wenn man bereit ist, mit ner gewissen Offenheit unterwegs zu sein und sich nicht wie ne Glucke auf alles, was man weiß und bekommt, draufsetzt, sondern wenn man andere an dem Wissensstand teilhaben lässt. Und das ist eigentlich ne Erfahrung, die für mich sehr positiv war. Hat mich auch viel Überwindung gekostet, am Anfang offen mit Information umzugehen, also jemand anderem zu zeigen, ich kenne das und nicht gleich ne potentielle Gefahr oder wie auch immer darin zu sehen." (Dt. BR, Standort B, Fall 1)

Hier wird die Schwierigkeit, Informationen weiter zu geben, von denen man selbst nicht weiß, wie sie der andere verwendet, ganz deutlich. Diese Ungewissheit über das Handeln der anderen kann durch einen Vorschuss an Vertrauen zwar nicht beseitigt werden, aber, und auch das wird in dieser Passage deutlich, der Vertrauensvorschuss eröffnet ein Spektrum neuer Erfahrungsmöglichkeiten, etwa der Anerkennung und „Akzeptanz". Von dieser wechselseitigen Offenheit profitieren nicht nur alle Beteiligten, sie ist auch eine Bedingung der Aufrechterhaltung der Kooperation über einen längeren Zeitraum.

Eine herausgehobene Bedeutung im Aufbau von Vertrauensbeziehungen kommt neben der Offenheit im Umgang mit Information der informellen Gesprächsebene zu. Die Herstellung dieser informellen Ebene, auf der sich die Akteure nicht als Funktionsträger, sondern als Alltagsmenschen mit Alltagssorgen begegnen, stellt eine zweite Bedingung der Aufrechterhaltung von Kooperationsbeziehungen über einen längeren Zeitraum dar. Vertrauen, das auf dieser informellen Ebene hergestellt wird, bezieht sich nicht auf die Funktionsweise der Institution EBR, nicht auf den anderen als Funktionsträger, dem man selbst als Funktionsträger gegenübertritt, sondern auf den anderen als Person. Gerade die Rahmenaktivitäten, die sich nicht auf „harte" Verhandlungssituationen beziehen, spielen eine wichtige Rolle:

> „(...) also, ich will mal sagen, wenn man dann am Nachmittag oder am späten Abend sich nachm Abendessen noch mal zusammengesetzt hat und mal 'n Bierchen getrunken und – ich will jetzt nicht sagen, dass ich einschätzen kann für mich: er trinkt mit mir 'n Bier und damit is es mein Kumpel oder mein Freund, aber ich denke schon, dass es über diesen Weg zu 'ner offeneren Kommunikation auch mal über privates Umfeld kommt und man hat dann gemerkt auch am nächsten Tag, dass die Atmosphäre nicht mehr so angespannt war, sondern doch ein bisschen lockerer, und für Treffen eigentlich sind die Inhalte tiefer geworden, man hat sich weiter geöffnet." (Dt. BR, Fall 1)

Hervorhebenswert scheint uns an dieser – im Prinzip ja bekannten – Form der „Vergemeinschaftung" zweierlei: Erstens reicht der interessengeleitete Austausch von Informationen nicht zur Herstellung einer Verständigung über gemeinsame Interessen aus. Zweitens kann Fremdheit bzw. Unvertrautheit in einer sehr grundlegenden Weise durch den Bezug auf den Menschen wie du und ich (mit privaten Sorgen und einem privaten Leben) und durch das gemeinsame Ritual (Biertrinken) eingeklammert werden. Man stellt dann fest, dass die Polen „gar nicht so sind" und die Deutschen auch nicht. Wir nennen dies *Sinnklammern der Kommunikation.* Solche Sinnklammern ermöglichen den Fortgang der Kommunikation.

Ohne Einbindung in eine Sinnklammer (Menschen wie du und ich) speisen sich die Beschreibungen der jeweils anderen vollständig aus den punktuellen Kontakten mit ihnen und aus eigenen „Erklärungen" ihres Verhaltens. In einem besonders krassen Beispiel sind die Vertreter zweier Standorte in Fall 1 der Meinung, der jeweils andere Standort habe sich unsolidarisch verhalten. Dabei wird der einen Seite falsches Spiel aus Gier nach Produktionsvolumina vorgeworfen, der anderen Seite eine Art Verwestlichung und Managerialisierung.

Auf personale Vergemeinschaftung bezogene Sinnklammern haben, wie alle auf Vergemeinschaftung bezogenen Sinnklammern, die Tendenz, sich gegen andere abzuschließen. „Andere" sind in unserem Fall: Die nicht im Gremium vertretenen Standorte. Gegenüber diesen wird dann das Gremium – zumindest auf der Ebene der Semantik – strategisch eingesetzt.

> „... die Tschechen, die hätten ihn [einen Auftrag; d. V.] bekommen, also es war sicher: die hätten ihn bekommen. Da hab ich gsagt, des is jetzt für mich kein Problem, ich weiß aber net, wenn jetzt en tschechischer Betriebsrat da wäre, im EBR und der würde nächst Mal mitfahren und würde sagen zu mir also des war aber net fair von dir, mir haben's schon gsagt ghabt ich krieg den Auftrag und jetzt hast du dir den kauft (...) was ich dann dann sagen würde." (Dt. EBR, Fall 3)

Hier ist es einem deutschen Standort gelungen, einem mittelosteuropäischen Standort einen Auftrag „wegzuschnappen" – was in allen von uns untersuchten Fällen von den Vertretern deutscher Standorte als ein „Zurückholen" von Produktion verstanden wird. Der betroffene mittelosteuropäische Standort war bis dahin nicht im EBR vertreten. Auch bei anderen Interviewpartnern lässt sich eindeutig erkennen, dass eine „Beißhemmung" aufgrund von Vergemeinschaftung für die Aushandlung von unterschiedlichen Interessen eine wichtige Rolle spielt. Die Einigung auf eine gemeinsame Vorgehensweise bei Entscheidungen über Standortauslastungen ist bei Abwesenheit und Unbekanntheit der Vertreter der davon betroffenen Standorte leichter.

Stimmt die „Chemie" auf der persönlichen Ebene zwischen den Beteiligten nicht, sind Kontakte grundsätzlich schwierig. In solchen Fällen stellt die Person des EBR-Vorsitzenden oder, wie im Fall unseres Netzwerks, die zentrale Figur, *die* „Versicherung“ und Vertrauensgrundlage internationaler Kooperation dar. Auch in den unkomplizierten Fällen kommt den EBR-Vorsitzenden eine herausgehobene Bedeutung beim Aufbau von Vertrauen zu.

Im Bedarf an mehr oder minder charismatischer Stützung der europäischen Verständigung dokumentiert sich die Schwäche der institutionellen Verbindung der Arbeitnehmervertreter. Weil das Vertrauen in die noch jungen Institutionen gering ist, gewinnt das Vertrauen in Personen an Gewicht. Entsprechend abhängig ist das Funktionieren der Kooperation von den handelnden Personen und der Kontinuität ihres Engagements.

Zum Schluss sei noch eine Gemeinsamkeit in unseren drei Fällen erwähnt, die die westdeutschen Akteure in der internationalen Kooperation betrifft. In allen drei Fällen wird von den befragten westdeutschen Arbeitnehmervertretern ein Vorbehalt ihrer ausländischen Kollegen ihnen gegenüber formuliert:

> „Aber es ist halt bei der Diskussion geblieben, weil äh wir es immer noch nicht geschafft haben, von der einzelbetrieblichen Denkweise weg zu kommen in in ne gesamte Denkweise, weil halt auch da wieder die Problematik auftritt, aha der deutsche Gewerkschaftsvertreter will uns sagen was wir was wir zu tun und zu lassen haben.“ (Dt. EBR, Fall 3)

Zwar akzeptieren die nicht-deutschen Arbeitnehmervertreter einen gewissen Vorrang der deutschen Seite – aufgrund der Ressourcenausstattung und des besseren Zugangs zu den Konzernzentralen und damit zu unternehmensrelevanten Informationen –, gleichzeitig befürchten sie eine Bevormundung, was von den deutschen Arbeitnehmervertretern nur schwer nachvollzogen werden kann. In der Perspektive der westdeutschen Arbeitnehmervertreter handelt es sich nicht um Bevormundung, sondern um die Artikulation verallgemeinerbarer Interessen. Die Zurückweisung dieses allgemeinen Interesses durch die nichtdeutschen Arbeitnehmervertreter wird von ihren deutschen Kollegen als Bedrohung des eigenen Handlungsraums erfahren. Die Reaktionen sind entsprechend, was die kritische Distanz seitens der Vertreter von Belegschaften aus Mittel- und Osteuropa vergrößert.

4.4.2 Unterschiedliche Intensität und Reichweite der Kooperationen

Die deutschen Betriebsräte in der internationalen Zusammenarbeit kannten sich in der Regel persönlich schon vor dem Zusammentreffen im EBR bzw. im Netzwerk infolge ihrer Tätigkeit in Gesamt- oder Konzernbetriebsräten, aus der IG Metall oder aus anderen Zusammenhängen der nationalen betrieblichen Arbeitnehmervertretung. In Fall 1 bestimmt ein Kern von etwa sechs Personen, der sich inzwischen seit mehreren Jahren kennt, die Politik des Netzwerks. Um diesen Kern herum gruppieren sich wechselnde Personen aus den Standorten, die themenabhängig als Spezialisten für das jeweilige Thema teilnehmen. In der Kerngruppe laufen die Absprachen ohne Übersetzer, die Kerngruppe ist auch die Gruppe, in der Informationen am dichtesten fließen. Auch in Fall 2 wird die Kerngruppe des Eurobetriebsrats von Personen getragen, die seit Jahren zusammenarbeiten, sich gut kennen und dadurch wechselseitig Vertrauen aufbauen konnten. Für Fall 3 gilt dies nicht in diesem Ausmaß, hier funktioniert die Zusammenarbeit aber auch bei weitem noch nicht so gut. Die Unterschiede in unseren Fällen hängen neben der Frage nach der persönlichen Bekanntschaft bzw. der personellen Kontinuität eng mit der Reichweite der Zusammenarbeit zusammen. Intensivierung der Kooperation und gesteigerte Reichweiten der Kooperation sind jedoch kein Ausdruck eines höheren Problemdrucks und führen auch nicht zu einer partiellen Angleichung der Perspektiven.[3] Mit der Intensivierung der Zusammenarbeit treten vielmehr weitere Problematiken hinzu.

Wie schon weiter oben beschrieben, wird in Fall 1 versucht, über den Aufbau einer Art arbeitspolitischer Allianz die Konkurrenz unter den einzelnen Standorten „einzuhegen", indem jedem Standort eine feste prozentuale Quote an dem Produktionsvolumen zugesichert werden soll. Die Treuhänderfunktion im Fall 2 schließt Wettbewerbsfragen zwischen den Standorten weitestgehend aus dem Abstimmungsbereich innerhalb des Eurobetriebsrates aus. Sie stützt ihr Potenzial im Wesentlichen auf ein kooperatives Verhältnis zum Zentralmanagement. In Fall 3 wird versucht, Wettbewerb durch Etablierung von Unterlassungsregeln zu regulieren, ohne allerdings über harte Sanktionsmöglichkeiten zu verfügen. Die internationale Arbeit konzentriert sich auf Fragen des Informationsaustauschs.

Für Fall 1 gilt, dass die Durchsetzung einer geregelten Verteilung von Produktionsvolumina an allen Standorten perspektivisch nur realisierbar ist, wenn auch das Zentralmanagement mitzieht. Das gelingt konzernweit nur durch ein geschlossenes Auftreten der Arbeitnehmervertretungen an den jeweiligen Standorten. Dies erfordert sowohl die Akzeptanz des Verfahrens wie eine Festlegung (bzw. teilweise Neuverteilung) der prozentualen Anteile der Standorte am Gesamtproduktionsvolumen, auf die sich die am Netzwerk beteiligten Arbeitnehmervertreter verständigen müssen. Der westdeutsche Standort hat aus seiner Sicht die Rolle der legitimen Vertretung der Interessen der am Netzwerk beteiligten Standorte inne. Für die westdeutschen Betriebsräte ist dieser Vertretungsanspruch unproblematisch und liegt zudem in der Natur der Sache: Ein Arbeitnehmervertreter dieses Standorts sitzt in relevanten Gremien der Mitbestimmung

3 Vgl. exemplarisch für viele, die diese Annahme vertreten: „Only the type of contact that leads people to *do* things together is likely to result in changed attitudes. (...) It is the cooperative striving for the goal that engenders solidarity." (Allport 1958, S. 264; Herv. i. O.)

und ist mit der Betriebsratsspitze des Konzerns exzellent vernetzt und mit einigen hochrangigen Managern bekannt. Dies ist bei keinem der anderen am Netzwerk beteiligten Arbeitnehmervertreter der Fall. Für Arbeitnehmervertreter aus den Werken in Mittel- und Osteuropa ist dieser Anspruch jedoch nicht ohne weiteres nachvollziehbar, ihnen ist schon die bisherige Machtkonzentration beim Betriebsrat des westdeutschen Standorts suspekt. Darüber hinaus sind nicht alle betroffenen Produktionsstandorte Bestandteil des Netzes Versuche der Verständigung mit den Belegschaftsvertretern des im Netz nicht vertretenen Standorts waren gescheitert, wobei die auf beiden Seiten kursierenden Gründe des Abbruchs der Kommunikation sich jeweils auf Erfahrungen unsolidarischen Verhaltens beziehen und kaum mehr entwirrbar sind.

Die Treuhänderfunktion des EBR in Fall 2 birgt auch Risiken für die europäische Zusammenarbeit. Versuche, sich in die lokale Interessenvertretung „einzumischen", werden teilweise als Bevormundung auf Seiten lokaler Arbeitnehmervertretungen registriert – etwa wenn die schlechten Arbeitsbedingungen an einem Standort „skandalisiert" und zum Gegenstand der Intervention des engeren Ausschusses gemacht werden. Diese Problematik wird zwar dadurch abgeschwächt, dass die Person des Vorsitzenden des EBR aufgrund ihrer transnationalen Biografie Verbindungen zu der Mehrzahl der Standorte aufrecht erhalten kann. Trotzdem bilden sich tendenziell asymmetrische Beziehungen aus, die von den Betroffenen gespürt und zurückgewiesen werden – etwa im Kontext des jährlichen Treffens des EBR (vgl. Kapitel 6).

Die in Fall 1 und 2 auf unterschiedlichen Niveaus auftretenden Probleme, wer legitimer Weise für wen sprechen darf, treten in Fall 3 nicht auf, da es noch nicht gelungen ist, ein Kooperationsniveau zu etablieren, auf dem sich diese Probleme stellen. Das wechselseitige Misstrauen der unter massivem Konkurrenzdruck handelnden Betriebsräte und die weiter oben beschriebenen ungünstigen Rahmenbedingungen machen ein gemeinsames Handeln im EBR bisher kaum möglich. Deutlich wird am Beispiel von Fall 3, dass die Ausklammerung von Themen direkte Konflikte zu vermeiden hilft.

> „Weil wenn ich nur berichten muss, wie die Zahlen am Standort aussehen und was ich so für Probleme hab und damit dann letztendlich äh das Thema der Informationsgestaltung erledigt ist und ich net mit meinem Gegenüber drum streiten muss, wie denn unsere gemeinsame Position aussieht, dann ist das doch sehr bequem." (Dt. Gewerkschaftsvertreter, Fall 3)

Dieses Nichtausschöpfen der Kooperationspotenziale hat aber zur Folge, dass für die Beteiligten deutlich sichtbare Möglichkeiten der gemeinsamen Strategieentwicklung von vorneherein begrenzt sind.

In allen drei Fällen, vor allem in den Fällen 1 und 3, werden von den Unternehmensleitungen induzierte Standortkonkurrenzen gesehen, die Reaktion darauf ist aber nicht einheitlich. Die befragten Vertreter von verschiedenen Standorten im Fall 3 geben unisono an, dass eine verstärkte internationale Koordination in ihrem Interesse, aber nicht realisierbar sei. Der wahrgenommene Kooperationsdruck ist hier umgekehrt proportional zur tatsächlichen Kooperationsintensität.

4.5 Zusammenfassung und Folgerungen für die weitere Untersuchung

Unterschiedliche Ausgangslagen und Entwicklungen führen in den einzelnen Fällen zwar zu unterschiedlichen Kooperationsformen, in denen die Akteure jedoch auf vergleichbare Schwierigkeiten treffen. Diese Schwierigkeiten betreffen nicht alleine die „hard facts", die Unterschiedlichkeit der Systeme der Industriellen Beziehungen, die asymmetrisch verteilte Macht, unterschiedliche Ressourcenausstattung oder Unterschiede der Unternehmen, sondern die kulturelle Praxis des Umgangs mit ihnen. Die „üblichen" Praktiken der lebensweltlichen Überwindung von Distanz sind in ihrer Wirkung im internationalen Maßstab durch Sprachenvielfalt, unterschiedliche Lebensniveaus und die Punktualität der Kontakte erheblich eingeschränkt. Diese Beobachtung steht empirisch gegen zwei in der wissenschaftlichen Debatte zum Thema häufig vertretene Annahmen, die eine Konvergenz der Sichtweisen im Zuge der Europäisierung der Industriellen Beziehungen behaupten: Offenbar führen weder externe Zwänge und eine durch sie erzeugte utilitaristische Handlungslogik (Hürtgen 2008) zu einer Konvergenz der Perspektiven, noch führen häufigere Kontakte und wechselseitige Gewöhnung quasi automatisch zu einer Annäherung.

Die Reziprozitätsunterstellungen der Akteure bewegen sich in einem Feld weitgehender Unvertrautheit mit den Vertretungspraktiken an anderen Standorten. Sie basieren bei allen Akteuren auf Wissensvorräten, die aus dem eigenen kulturellen Kontext mitgebracht wurden. Vor diesem Hintergrund wird die in mehreren Studien artikulierte Beobachtung verständlich, dass internationale Gremien der Arbeitnehmervertretung im Zuge intensivierter Kommunikation die Ausbildung nationaler Fraktionen mit unterschiedlichen Interessen zur Folge haben (Tholen 2007; Durand 2007). Diese Profilierung nationaler Standpunkte ist nicht nur Ausgangspunkt, sondern auch Folge der internationalen Kooperation.

Wir können also weder von einer vorgängigen Interessenhomogenität noch von einer zunehmenden Perspektivenkonvergenz in der internationalen Kooperation betrieblicher Arbeitnehmervertreter ausgehen. Vielmehr werden *unterschiedliche Motive* als Antrieb transnationaler Zusammenarbeit erst sukzessive thematisch. *Unterschiedliche Wahrnehmungsweisen* reproduzieren sich, weil die Motive, Sichtweisen und Handlungsstile der Beteiligten wechselseitig nicht direkt zugänglich sind. Weder der gemeinsame Status des Lohnarbeiters noch die Zugehörigkeit zu einem Unternehmen reichen hin, um gemeinsame Motive oder gemeinsam geteilte Sichtweisen zu entwickeln.[4]

Die nationalen und betrieblichen Strukturveränderungen stellen einen zentralen Antrieb für die Intensivierung der internationalen Kooperation und eine Interpretationsfolie für die Positionen anderer Arbeitnehmervertreter dar. Die in den jeweiligen nationalen Systemen Industrieller Beziehungen ausgebildeten Selbstverständlichkeiten und Handlungsorientierungen stellen jenen Fundus des Wissens und der Praktiken des Handelns sowie der Fremd- und Selbsteinschätzung bereit, der die internationale Zusammenarbeit perspektivisch einfärbt.

Ausgangspunkt einer weitergehenden Kooperation zur Entwicklung strategischer Gegenpositionen gegen wettbewerbsorientierte Managementstrategien im Allgemeinen und Standortkonkurrenz im Besonderen ist in unseren Fällen eine verbreitete Verunsicherung und Gefährdung der vormals eingespielten nationalen bzw. betrieblichen Handlungsarena der deutschen Arbeitnehmervertreter. Das Handeln an anderen Standorten wird in diesem Falle vollumfänglich und in einem positiven Sinne wichtig: Um den EBR als Machtressource gegenüber dem zentralen Management nutzen zu können, ist es unabdingbar, dass einzelne Arbeitnehmervertreter im Namen der übrigen Standorte aufgrund einer gemeinsam vereinbarten „Mandatierung" auftreten können. Die Repräsentation von Gemein- und Einzelstandortinteressen so zu bündeln, beinhaltet notwendig einen Vertrauensvorschuss gegenüber demjenigen, der für die anderen spricht. Eine Bedingung für diesen Vorschuss sind gemeinsame Sinnklammern der Kommunikation, die nicht nur wegen der Punktualität der Kontakte, sondern vor allem wegen der wechselseitig unterschiedlichen Erwartungen kaum entwickelt werden können.

Zweifellos lassen sich unterschiedliche Aspekte unserer Fälle ohne Rekurs auf kultursoziologische Überlegungen beschreiben, aber eben nur unvollständig: Die markt- und managementinduzierte Wettbewerbsintensität (nicht aber: Wahrnehmung der Legitimität von Wettbewerb versus Delegitimierung), die Unternehmensstrategien (nicht aber: Akzeptanz und Unterstützung der Strategien versus kollektivem Widerstand), das Primat der Standortinteressenvertretung (nicht aber: die Mittelwahl dabei), die Geschichte und wirtschaftliche Entwicklung des Unternehmens und teils die Vorbelastung der Arbeitnehmerkooperation (nicht aber: deren aktuelle Interpretation durch die Beteiligten als Hindernis oder als Begründung für Anstrengungen in der Kooperation), die Ausstattung des EBR (nicht aber: die Zwecke, für die sie verwendet wird) und die Lohnkonkurrenz in Mittelosteuropa (nicht aber: wie sie von den Beteiligten konkret wahrgenommen

4 Vgl. auch Silver (2005, S. 222), die darauf hinweist, „dass die Arbeiter und Arbeiterinnen sich nicht schon deshalb gegenseitig als gleiche akzeptieren, weil das Kapital sie aus Profitgründen als beliebig austauschbar behandelt."

wird) sind allesamt Faktoren, die die Reichweite europäischer Kooperation in unseren Fällen beeinflussen, aber eben nicht determinieren, wie die Kooperation faktisch verläuft – und genau hier wird die Frage nach der interkulturellen Kommunikation aufgeworfen. Denn interkulturelle Kommunikation bezeichnet eine Situation der Begegnung und der Zusammenarbeit, in der die Beteiligten nicht auf gemeinsam geteilte Wissensvorräte, Verhaltensstandards und auf die Tragfähigkeit der wechselseitigen Unterstellung dieser Gemeinsamkeiten zurückgreifen können.

5 Selbst- und Fremdbilder in der internationalen Kooperation deutscher und mittelosteuropäischer Arbeitnehmervertreter

„Meiner Meinung nach möchte jeder das Selbe, (vor) allem das Beste.“
(Ung. Betriebsgewerkschafter)

Interkulturelle Kommunikation und intrakulturelle Kommunikation unterscheiden sich dadurch, dass intrakulturelle Kommunikation in wesentlich gleichen, interkulturelle Kommunikation auf der Grundlage wesentlich ungleicher Erfahrungsräume (zum Begriff des Erfahrungsraums vgl. Koselleck 2000, S. 331ff.) stattfindet. Unter einem wesentlich gleichen Erfahrungsraum verstehen wir die Grenzen einer politischen und kulturellen Öffentlichkeit, deren Geschichte und Tradition in einer Sprache thematisiert wird und die von Generation zu Generation vor allem familiär und durch Bildungssysteme tradiert wird. Determinanten von wesentlich gleichen Erfahrungsräumen sind erstens Staatsgrenzen (und damit Grenzen von Rechts- und politischen Systemen), zweitens Grenzen von Öffentlichkeiten, drittens Grenzen von Bildungssystemen, viertens, wenn auch nicht in gleichem Maße wie die ersten drei, Grenzen von Milieus (vgl. dazu Renn 2006). Für die Kommunikation bedeuten wesentlich gleiche Erfahrungsräume vor allem Reduktion von Kontingenz durch Erfahrungssättigung: Mir und meinem Gegenüber sind die Bedeutung typischer Gesten und Mimiken gleichermaßen vertraut, wir wissen beide, was die Worte bedeuten, die wir verwenden, was sie für übertragene Bedeutungen haben, wir verfügen über ein in seinen Kernpunkten vergleichbares historisches, politisches und kulturelles Wissen, auf dessen Grundlage wir Bedeutungen einschätzen können (vgl. Schütz 1945). Bilden soziale Kreise eigene Formen des Umgangs aus, wird uns dies etwa dadurch bewusst, wenn die uns vertrauten Alltagshandlungen z.B. Zeichen des Missfallens auslösen. Man verfügt dann nicht über die milieuspezifischen Umgangsformen, die milieuspezifischen Ausdrucksweisen usw. Die Fremdheitserfahrung kann in der intrakulturellen Kommunikation größer sein als in der interkulturellen Kommunikation. Doch sind die Schnittmengen gemeinsamen Wissens in der intrakulturellen Kommunikation andere als in der interkulturellen Kommunikation: Wir benötigen eine gemeinsame Sprache, die wir in dem einen Fall schon haben, und müssen uns über Selbstverständlichkeiten im anderen Fall (gemeinsame topographische Kenntnisse, von beiden besuchte Orte, gemeinsame politische Traditionen, gemeinsame politische Ereignisse usw.) erst verständigen. In der interkulturellen Kommunikation ist mir der andere in dem Sinne fremd, als ich über keine Erfahrung verfüge, ob meine Erwartungen an sein Handeln realistisch sind.

Eine Basis von Kommunikation im Allgemeinen und interkultureller Kommunikation im Besonderen sind Typisierungen des Anderen und des Selbst (vgl. dazu Schütz 1944, 1945). Solche Typisierungen, Fremdbilder und Selbstbilder, dienen der Einschätzung des Anderen; sie helfen, zentrale Fragen zu beantworten, etwa die Frage nach der Glaubwürdigkeit einer Aussage des Gegenübers, die Frage nach ihrer Sachhaltigkeit, nach dem Grad der Über- oder Untertreibung usw.

Grundsätzlich sind zwei unterschiedliche Typisierungen möglich: Man kann erstens annehmen, dass die „dort" so handeln und denken wie wir „hier". Diese Form der Typisierung herrscht in unseren Fällen vor. Nach dieser Annahme verstehen beide, „die" und „wir", den jeweils anderen nach einem gemeinsamen, für beide gültigen Modell des Verstehens und des Handelns. Dieses Modell ist in unseren Fällen das der „interessenrationalen Akteure". Es geht davon aus, dass (a) unterschiedliche Akteure mit vergleichbaren Zielen in vergleichbaren Situationen gleiche Entscheidungen treffen und (b) diese Entscheidungen kalkuliert auf der Grundlage der Abwägung der Chancen der Durchsetzung der eigenen Interessen in einer gegebenen Situation erfolgen. Nach dieser Auffassung handeln „wir" und „die" als lohnabhängig Beschäftigte in gleicher Weise interessenrational in einer vergleichbaren Situation. Die tatsächlichen Unterschiede in den Handlungen von Akteuren werden aus den Rahmenbedingungen des Handelns (ungleichen Rechts- und Verhandlungssystemen usw.) erklärt, die grundlegende Gleichheitsannahme wird von diesen Unterschieden nicht berührt.

Zweitens kann man annehmen, dass „die dort" anders denken und handeln als „wir hier". Nach dieser Form der Typisierung des Anderen handeln unterschiedliche Akteure in vergleichbaren Positionen in vergleichbaren Situationen nicht oder nur zufälligerweise gleich, und zwar genau dann, wenn die Situationen von beiden gleich interpretiert wird. Auch in diesem Fall der Unterstellung einer Differenz von Erwartungen und Deutungen basieren die Fremdbilder anfangs nicht auf der Erfahrung des Fremden, sondern auf dem in der eigenen Kultur erworbenen Wissen über den Fremden. Aus diesem Grund führt die Differenzunterstellung – wie die Identitätsannahme – anfangs zu Erwartungsenttäuschungen, weil das tatsächliche Handeln der Fremden oft nicht der aus der eigenen Kultur mitgebrachten Erwartung entspricht. Während aber die Differenzunterstellung eine Modifikation der eigenen Erwartung durch den Fortgang der Interaktion mit dem Fremden strukturell zulässt, ist die Identitätsannahme strukturell „immun" gegen eine solche Modifikation.

Da die Interpretation der Situation auch von der Sozialisation der Akteure abhängt, die sich in unseren Fällen in unterschiedlichen Bildungssystemen, in unterschiedlichen Systemen Industrieller Beziehungen, in unterschiedlichen Öffentlichkeiten usw. vollzieht, kann man erwarten, dass die Situationsdeutungen und die Handlungsentscheidungen unterschiedlich sind. Diese Auffassung basiert auf der Annahme einer Ungleichheit der Rahmenbedingungen des Handelns, die nicht als externe Faktoren dem Handeln einfach gegenüberstehen, sondern vielmehr seine Grundlage sind. Diese Form der Typisierung haben wir bei den Betriebsräten aus Deutschland vor allem bei einem EBR-Vorsitzenden mit einer interkulturellen Biografie beobachtet. Weil die erste Form der Typisierung vorherrscht, werden „die anderen" auf der Basis eigener Vorstellungen (und Stereotypisierungen) eingeschätzt, die man auf der Basis der oben genannten fundamentalen Gleichheitsannahme für verallgemeinerbar hält. Dass „die anderen" nicht in der erwarteten Weise agieren, ist dann nicht mehr mit der Annahme zu beantworten, „die anderen" seien eben „anders". Wenn das Handlungsmodell „interessenrationaler Akteure" als allgemeine Grundlage des Handelns angenommen wird und das eigene Handeln darin verortet wird, ist die von der eigenen Erwartung abweichende Handlung oder Interpretation zugleich eine, die vom „Normalmodell" des Handelns abweicht. Das Handeln der anderen ist dann nicht einfach anders, sondern nicht „normal".

Personales Vertrauen ist auch für eine interkulturelle Kommunikation die Grundvoraussetzung. Wenn die „andere Seite" Zugehörigkeit zur eigenen Sache oder Seite glaubwürdig signalisiert, kann sich Vertrauen entwickeln. Die Herstellung von Vertrauen auf diese Art ist im Rahmen interkultureller Settings deutlich schwieriger als im nationalen Kontext, da gemeinsam geteilte Erfahrungsräume erst geschaffen werden müssen – hierbei treten dann Sprach- und Verständigungsprobleme auf, die kulturellen Codes der anderen Seite sind unbekannt, im Rahmen der europäischen betrieblichen Interessenvertretung kommen noch Ressourcen- und Zeitknappheit hinzu, oft beschränken sich die Kontakte auf ein Treffen pro Jahr. Ohne Einbindung in eine Sinnklammer (Menschen wie du und ich) und ohne direktes Korrektiv (interkulturelle Kommunikation) speisen sich die Beschreibungen der jeweils anderen vollständig aus den punktuellen Kontakten mit ihnen und aus dem aus der eigenen Kultur mitgebrachten „Wissen" über deren Verhalten.

Im Folgenden zeichnen wir die Selbst- und Fremdbilder deutscher und mittelosteuropäischer Betriebsräte und ihren Einfluss auf ihre Kooperation nach. Auf Selbst- und Fremdbildern basieren die wechselseitigen Erwartungen, vom Umgang mit diesen Erwartungen hängt Gelingen oder Misslingen der Kooperation entscheidend ab. Die Selbst- und Fremdbilder der deutschen Betriebsräte unterscheiden sich von denen ihrer mittelosteuropäischen Kollegen. Weil diese Selbst- und Fremdbilder die Grundlage der Kommunikation zwischen beiden Seiten bilden, ist ihre Kenntnis eine Voraussetzung zum Verständnis und damit auch zur Verbesserung der Kommunikation.

Eine Untersuchung allerdings, die bloß auf der Ebene der Deutungsmuster verbliebe, griffe zu kurz: Sie könnte zwar Aussagen über die Art und Weise der wechselseitigen Wahrnehmungs- und Erwartungsmuster treffen, aber keine Aussagen zur Relevanz dieser Muster für die Handlungspraxis der Akteure. Um das Zusammenspiel von Deutungs- und Handlungsmustern empirisch in den Blick zu bekommen, haben wir über die Deutungsmuster hinaus die Handlungsmuster der Akteure auf internationalen Treffen untersucht. Diese werden in Kapitel 6 thematisch.

5.1 Die Perspektive deutscher Belegschaftsvertreter

5.1.1 Selbstbilder

Arbeitnehmervertreter aus Westdeutschland agieren auf der (mittel- und groß) betrieblichen Ebene aus ihrer Sicht in einem anerkannten und durch Professionalisierung gekennzeichneten Handlungsraum (siehe Kapitel 3.1.1). Der betriebsverfassungsrechtlich verankerte Spagat zwischen Arbeitnehmerinteressen und betrieblichem Gesamtinteresse muss kontinuierlich ausbalanciert werden – eine Leistung, die mit zunehmenden Belastungen, Professionalisierungszwängen und Zugeständnissen einhergeht – und praktisch wie auch wissenschaftlich eine entsprechende Anerkennung erfährt (vgl. exemplarisch die illustrative Studie von Tietel 2006).

Die zumeist langjährigen Erfahrungen in der Auseinandersetzung mit dem Management beinhalten ein breites Spektrum von Konflikten, die auf hohem Niveau ausgefochten wurden und werden. Der „typische" Betriebsrat – insbesondere in herausgehobenen Positionen – verfügt über eine breite Palette an Verhaltensregistern, die die Vielfalt der Handlungsarenen abbilden und zwischen denen „geswitcht" werden kann. Im Selbstbild handeln die Betriebsräte hochgradig rational, indem objektive Zwänge akzeptiert und in Verhandlungsgegenstände transformiert werden. Trotz aller Enttäuschungen und Belastungen, dem Verlust an Wirksamkeit im Zuge der Globalisierung der Unternehmen: Man kämpft für die „richtige Sache" und ist stolz auf das erreichte Niveau der Auseinandersetzung in den Industriellen Beziehungen (vgl. auch Artus et al. 2001). Die relative Machtfülle der westdeutschen Betriebsräte geht einher mit einem selbstbewussten, kooperativen Verhältnis zum Management „auf Augenhöhe" – ein respektvoller Umgang, der sich aus den vergangenen Auseinandersetzungen heraus entwickelt hat. Dies manifestiert sich etwa im Auftreten gegenüber dem Management oder dem Anspruch, auch an ausländischen Standorten entsprechend empfangen zu werden. Kaum ein deutscher Betriebsrat würde in dieser Form der „Nähe" zum Management ein Problem sehen. Die „Nähe" ist vielmehr Folge wie Grundlage des Erreichten. Die Vertretungsstärke materialisiert sich – sichtbar auch für Besucher aus Werken aus anderen Ländern – in der apparativen Ausstattung der Büros der Betriebsräte (Computer, Mobiltelefone, Sekretariate) und bei allen möglichen Gelegenheiten: Mietwagen, Hotels, Kleidungsstücke etc.

Die Verständigung zwischen deutschen Betriebsräten und Gewerkschaftern ruht auch bei Interessenunterschieden – in unseren Fällen – auf der gemeinsamen Mitgliedschaft in der IG Metall, auf der Bekanntheit der Personen und der Verlässlichkeit spezifischer Handlungs- und Darstellungspraktiken sowie einem klaren organisatorischen Rahmen. Divergierende Interessen sind eingebettet in ein gemeinsam geteiltes Spektrum legitimer politischer Positionen. Es existieren in nationalen und betrieblichen Kontexten selbstredend Konfliktlinien, auch solche ganz erheblicher Art. Man teilt jedoch einige grundlegende Lageeinschätzungen (und hebt sich damit ab von z.B. der Tätigkeit „gelber Gewerkschaften" und arbeitgeberfinanzierter Betriebsratsvertretungen wie etwa der AUB bei Siemens). Eine politische Ausrichtung der Akteure ist *durchweg positiv konnotiert* und wird erwartet. Ein Beispiel:

> „Die [Standortname] Kollegen, so is es jedenfalls in meiner Erfahrung und Feststellung, sind sehr politische Menschen, die sich also nicht nur, die machen nicht nur nen Job mit dem se des Geld verdienen, da is Überzeugung dabei. (...) Müsste man andere fragen, ob die des so sehen oder nicht, weiß aber, dass nicht alle Mitstreiter bei mir am Standort politische Menschen sind, sondern dass sie eher Betriebsrat geworden sind, weil das vielleicht nen kleinen Vorsprung darstellt vor anderen. Ums mal ganz diplomatisch zu beantworten. (Lacht) Deshalb is des manchmal etwas schwierig, hier bei uns, mit politischen Schrägstrich gesellschaftspolitischen Dingen grundsätzlich zu debattiern und hinzugehn und auch ne Aktion hinzukriegen, des sind zwar alles IG Metall-Betriebsräte, aber die sag ma mal + herzliche Bezogenheit zu Forderungen der IG Metall is natürlich von Persönlichkeit zu Persönlichkeit mehr oder weniger stark ausgeprägt und ähm (lacht) ++ ich bin n überzeugter Metaller." (Dt. BR, Fall 3)

„Politischer Mensch" und „überzeugter Metaller" sind – abseits formaler Hierarchien – selbstverständlicher Teil des Selbstbildes und Erkennungszeichen. Sie verorten das Gegenüber in einem gemeinsam geteilten Wertehorizont und ermöglichen den Beteiligten, sich klar zu positionieren, ohne dabei allzu viele Worte verlieren zu müssen.

Mit der Expansion nach Mittel- und Osteuropa hat das Management in allen drei Fällen einen Hebel entwickelt, mit dem in Verhandlungen erheblich Druck aufgebaut werden kann. Dadurch verändert sich tendenziell auch die eingespielte Machtverteilung zwischen Betriebsratsspitze und Management zugunsten des letzteren. Verlagerungsszenarien werden nun durch (vermeintlich) reale Zahlen unterlegt. Die Erfahrung, vom eigenen Management im Rahmen standortbezogener Verhandlungen taktisch gezielt falsch über die Situation an anderen Standorten informiert worden zu sein, bildet ein zentrales Motiv für das Engagement in der internationalen Kooperation von Arbeitnehmervertretern. Diese Erfahrung reflektiert die Erosion einer vertrauten (Ver-)Handlungssphäre mit dem eigenen Management. Die starke rechtliche Position der deutschen Vertretung und die immer wieder hervorgehobene wechselseitige Kooperationsbereitschaft ermöglich(t)en Absprachen im Sinne von „gentlemen's agreements". Es scheint gerade dieser Spielraum zu sein, der mit einer neuen Managergeneration ebenso wie im Zuge real erweiterter Möglichkeiten zur Verlagerung von Produktionsbereichen seine Grundlagen verliert bzw. sie in den Augen der westdeutschen Betriebsräte zu verlieren droht. Diese Erosion des „Einverständnishandelns" – ein zentrales Fundament „sozialpartnerschaftlicher" Konflikteinhegung – führt zur Suche nach Wegen, die Exit-Option des Managements wieder zu verbauen. Damit rückt die Frage nach Gründen, Formen und Zielen des Handelns von Arbeitnehmervertretern in Mittel- und Osteuropa und die Kooperation mit ihnen in den Mittelpunkt des Interesses. Wurden solche Kooperationen bislang – aus der Sicht des Westens – vor allem als Aufbauhilfen verstanden, so werden sie nun dringlich. Das Motiv zur Kooperation hat sich verschoben: von der Unterstützungsleistung, die durch solidarische Hilfe getragen wurde, hin zur Angewiesenheit auf Informationen auch von den Kollegen aus Mittel- und Osteuropa. Diese Einschätzung führt dazu, vergangene Zurückhaltung in „Aufbaufragen" als eine Art Solidaritätsvorschuss zu betrachten. Aus diesem Vorschuss wird nun der Anspruch abgeleitet, auch auf die eigenen Interessen hinzuweisen und hierfür in der Gegenwart Unterstützung einfordern zu können:

> „Ja wir haben uns einmal daraus versprochen dass die Kollegen in [MOE-Land] verstehen + dass das Werk, das da aufgebaut wurde von der Kapazität her eigentlich gar nicht ge.. ähm gebraucht gewesen wäre sondern dass der Großteil der Stückzahlen eigentlich aus dem Werk [Westeurop. Standort] abgezogen ähm wurde, und dass wir ein Interesse daran haben, dass auch wir (mit Nachdruck) unsere Kolleginnen und Kollegen auslasten und sie verstehen müssten, dass sie nicht ins Unendliche wachsen können Und wenn es um weiteres Wachstum geht und um Belegung geht, dass man das möglichst gemeinsam machen und auch für uns im Vorfeld abstimmen." (Dt. EBR, Fall 1)

Das Kooperationsangebot basiert auf der Annahme eines verallgemeinerbaren Interesses: Eine *gemeinsame* Lösung der Standortkonkurrenz gilt als die beste Option unter mehreren. Man kann nämlich auch anders. Die bereits erreichte Lohnsteigerung insbesondere in den direkten Nachbarländern, das Zurückfahren – in den Augen westdeutscher Betriebsräte oft zu Unrecht – genutzter EU-Fördermittel für den Aufbau von Kapazitäten in Mittel- und Osteuropa, die hohe Qualität und schließlich genauere Kalkulation und Rationalisierungsmöglichkeiten eröffnen den deutschen Betriebsräten die Alternative, Aufträge zurück nach Deutschland zu holen. Dies sind zwei Alternativen, die der selbsterklärten Kooperationsbereitschaft und -aufforderung in der Regel sichtbar zur Seite gestellt werden. In dieser Konstellation wird das Handlungsfeld der Interessenvertretung in Mittel- und Osteuropa sozusagen als eigener „membership space" definiert.

Im konkreten Umgang mit den Kollegen aus Mittel- und Osteuropa folgt man in der Selbsteinschätzung den eingespielten Mustern des Umgangs mit deutschen Kollegen. Dabei versucht man insbesondere bei EBR-Treffen, ihnen durch die eigene Zurückhaltung die Möglichkeit einzuräumen, Kontakt zu Konzernleitung aufzunehmen. Im Selbstbild zeigt man sich also offen und generös:

> „Das ähm habe ich noch nicht feststellen können, + dass da irgendeiner, was weiß ich, weil er aus ähm der Slowakei kommt, weniger wert ist als als einer aus Deutschland oder so ne + das ist zum Teil, kommen die natürlich mit einem anderen Selbstbewusstsein nämlich mit einem sehr niedrigen und aus ihrer Sicht wird das vielleicht eine Rolle spielen + dass die nicht uns so einschätzen können was sind denn das für Typen, insbesondere auch in der Zeit wo wenig diskutiert wurde. Und wir hatten also, wir als Deutsche hatten auch den ähm Auftrag wenn man so will ihr habt den Vorstand alle paar Wochen, + wir diskutieren die Themen alle paar Wochen haltet euch mal ein bisschen zurück." (Dt. EBR, Fall 1)

5.1.2 Fremdbilder

Die Sicht auf die mittelosteuropäische Gewerkschafts- und Betriebsratsarbeit wird gerahmt durch die Wahrnehmung eines unterschiedlichen Standes der Entwicklung, auf den auch das eben zitierte „andere Selbstbewusstsein" zurückgeführt wird. Einerseits haben die ostmitteleuropäischen Arbeitnehmervertreter das „hässliche Gesicht" des gegenwärtigen Kapitalismus *noch nicht* kennen gelernt. Sie profitierten in der Vergangenheit ja durchgängig vom Aufbau (gestützt durch den „good will" der deutschen Arbeitnehmervertreter) von Kapazitäten im Osten: Wachstum statt Rationalisierungs- und Verlagerungsdruck. Andererseits werden besorgniserregende Zustände wahrgenommen: „Rohrstockkapitalismus", Arbeitsstandards wie zu Zeiten des Manchesterkapitalismus etc. Die Themen, die Gegenstand von Konflikten in den Industriellen Beziehungen im Osten sind, scheinen Themen aus einer im Westen vergangenen Phase der Auseinandersetzung zu sein: fehlende Sozialräume, der Streit um eine Internetverbindung für eine Belegschaftsvertretung, der Umgang mit Überauslastung etc. Die Kollegen aus Mittel- und Osteuropa scheinen auf deutsche Unterstützung angewiesen zu sein, da sie scheinbar vieles, wenn nicht sogar alles, mit sich machen lassen. Ein politisches Bewusstsein für die Notwendigkeit der Organisation von Gegenmacht ist aus deutscher Sicht nicht recht entwickelt oder von Dankbarkeit gegenüber Investoren zumindest überdeckt:

> „Des war so'n kleiner Kulturschock für mich, äh wie wir das erste Mal in [MOE-Land] waren und dann auch mit Kollegen diskutiert haben + und wie wir da auch nur über einige Standards diskutiert haben was da eigentlich fehlte. So'n Umklei-

deraum, ja das ist nicht ganz so wichtig, denn wir sind hier dem Herr X [Firmenname] sehr dankbar dass er hier en Werk gebaut hat und wir hier (...) arbeiten dürfen. Also diese Mentalität war da." (Dt. EBR, Fall 2)

Dass Streitigkeiten über Duschräume und Warmwasser aus deutscher Sicht eher „zaghaft" geführt werden, eröffnet die Möglichkeit, Unterstützung anzubieten oder Ratschläge zu erteilen:

„(...) haut mal auf'n Tisch hier, wir brauchen jetzt hier en paar Duschen und brauchen ne Heizung und brauchen ne Klimaanlage, + weil man so nich vernünftig arbeiten kann und weil das einfach Standard is." (Dt. EBR, Fall 2)

Die „Passivität" der Kollegen aus Mittel- und Osteuropa wird auf eine Art sozialistisches Sozialisationsdefizit zurückgeführt:

„Die haben auch die Streitkultur über die Jahrzehnte verlernt. Die Streitkultur innerhalb des Betriebes war einfach nicht da." (Dt. EBR, Fall 2)

Nach dem Fremdbild der deutschen Betriebsräte machen ihre Kollegen aus dem Osten eine frühere Phase der Entwicklung der Industriellen Beziehungen durch – wobei, wie noch zu zeigen ist, diese einer Phaseneinteilung im Prinzip zustimmen, sie aber mit anderen Implikationen versehen – und verharren dabei in einem Zustand einer nur durch die sozialistische Vergangenheit erklärbaren Desorganisation:

„Es gibt zwei Alternativen in in Deutschland: Du bist a große Firma, es gibt en Chef, des is ein Gewerkschaftsfresser, der lässt kei Gewerkschaft rein, da gibt's in Deutschland ach genügend Beispiele. Der versucht jeden jede Gründung von nem Betriebsrat zu verhindern, weil er weiß, wenn der Betriebsrat drin is, dann kommt die Gewerkschaft auch rein, des konn er gar net verhindern also des is der eine Weg und des andere is halt in Tschechien des is unverständlich warum eigentlich in Tschechien die Leute sich da drin net organisiern, also es ist nicht so nachvollziehbar, warum sie sich nicht organisieren, also des kann aber auch zusammenhängen mit äh ++ ich würd einmal sagen vierzig Jahre äh Sozialismus also äh da weiß mer ja net, was da in den Köpfen der Leuten (...)" (Dt. EBR, Fall 3)

Der typische Arbeitnehmervertreter aus Deutschland tritt dem aus dem Osten mit einem „überlegenen" Wissen gegenüber, das sich aus der Auffassung speist, die Kämpfe, die im Osten gegenwärtig geführt werden, im Westen früher schon geführt zu haben. In dieser Perspektive sind dann die im Westen aktuell geführten Kämpfe um Rationalisierung Kämpfe, die den Kollegen in Mittel- und Osteuropa erst noch bevorstehen. Entsprechend tendiert man zu einer *niedrigen Kontextsensitivität,* man muss keine Details über die dortigen Verhältnisse wissen, denn man kennt Entwicklung und Fortgang der Konflikte aus der eigenen Vergangenheit. Wesentliche Schwachstellen erklären sich praktisch von selbst, die geringe Organisationsbereitschaft und die gering ausgeprägte „Streikkultur" z.B. als mentale Nachwirkungen des Sozialismus. Anstelle des Wissens über die Situation tritt die Erklärung, der zufolge das „sozialistische Erbe“ bei mittelosteuropäischen Gewerkschafts- und Belegschaftsvertretern in einen profunden Mangel an Konfliktkultur münde.

Vor diesem Hintergrund ist es plausibel, eine steigende Konfliktintensität in Mittel- und Osteuropa zu prognostizieren. Ein absehbares Ende des Wachstums in den dortigen Standorten werde zu Rationalisierungswellen führen, diese zu Gegenwehr, effektiverer Wahrnehmung der Arbeitnehmerinteressen und schließlich auch die internationale Kooperationsbereitschaft der Arbeitnehmervertreter aus Mittel- und Osteuropa erhöhen.

> „Ja vielleicht ergänzend zu [MOE Standort] jetzt, ne könnte jetzt ein neuer Auftakt sein, der Betriebsratsvorsitzende von [MOE Standort] hat uns neulich besucht von sich aus eigentlich, oder mehr + indirekt durch eine Einladung ähm und war mal hier ne Stunde + und + da hast du auch gemerkt: Jetzt beginnt's bei ihm, die haben wahnsinnige Optimierungsziele auch ähm Vorgaben ne und was erstmalig (mit Nachdruck) ist für dieses Werk ähm haben Tarifverhandlungen, wo sie plötzlich gemerkt haben hoppla hoppla, das geht, wir wissen auch gar nicht ob die Belegschaft hinter uns steht ne ist da zum Beispiel herausgekommen ne also wo wir dann noch einmal ein bissel vertieft eingestiegen sind und wo du gemerkt hast da sitzt, auch ein Betriebsratvorsitzender, der erstmalig jetzt auch merkt ne er hat ein völliges Interesse wie läuft's jetzt auch mal in anderen Standorten, weil sie selber da jetzt ne unter Druck geraten und das könnte jetzt ein neuer Auftakt sein ne.“ (Dt. BR, Fall 1)

Der sich abzeichnende Verlagerungsdruck werde die Kollegen in Mittel- und Osteuropa zum Einschwenken auf die Perspektive der Deutschen bringen. Die westdeutschen Betriebsräte verkünden ihren Kollegen also, dass deren Schonzeit zu Ende ist – und es deshalb allen Grund gibt, die eigenen Interessen in Kooperation mit und stellvertretend durch die dem Zentralmanagement nahe stehenden deutschen Betriebsräte zu artikulieren.

Die Kooperationen mit mittelosteuropäischen Arbeitnehmervertretern unterscheiden sich in einer weiteren Hinsicht deutlich von solchen im nationalen Rahmen. Die Einschätzung der Gesprächspartner ist ungleich schwieriger als die deutscher Kolleginnen und Kollegen, wie es überhaupt schwierig ist, Informationen über die dortigen Arbeitsbedingungen zu bekommen. In Kapitel 4 haben wir die Schwierigkeiten im Aufbau von Vertrauen ausführlich erörtert. Eine Folge dieser Schwierigkeiten ist Skepsis der deutschen Betriebsräte gegenüber ihren Kollegen aus Mittel- und Osteuropa und umgekehrt. Den westdeutschen Betriebsräten fehlen Ankerpunkte für die ihnen vertrauten Muster der Einschätzung von Personen. So führt die Mitgliedschaft in einer mittelosteuropäischen Gewerkschaft, anders als die Mitgliedschaft etwa in der IG Metall, kaum zur Stabilisierung der eigenen Erwartungen. Da man mit der Mitgliedschaft in einer nicht-westeuropäischen Gewerkschaft keine politische Haltung verbinden kann, hat die Zugehörigkeit zu einer solchen in der deutschen Wahrnehmung keinen Informationswert. Auch die Positionsbeschreibung – Vorsitzender eines Betriebsrats, einer Betriebsgewerkschaft, Delegierter im EBR etc. – verbürgt kaum Information, weil man nicht weiß, wie die Positionen besetzt werden. Die Nutzung der Person selbst als Informationsquelle läuft jenseits der Beobachtung des manifesten Verhaltens ins Leere, da eine gemeinsame Sprache fehlt und die Personen oft nicht Teil des eigenen Netzwerks oder der Netzwerke von Vertrauten sind.

> „Wir haben in unserer Vereinbarung drinstehen, dass es nach den jeweiligen gesetzlichen Bestimmungen des Entsendelandes passiert, äh wie diese Kollegen zustand gekommen sind, ++++ is uns ham wer kein Bezug, zu könn wer Ihnen nich mitteilen, wissen mer einfach nicht. Sie sind einfach da und Tschechien hat entsandt. Groß hinterher zu fragen is wahrscheinlich auch nich der gute Ton, wir als Deutsche jedenfalls zumindest noch wir haben hier Jahrzehnte lang Einmischung betrieben + sollte man das mal lassen." (Dt. EBR, Fall 2)

Diese Distanz führt in Verbindung mit einer fundamentalen Verunsicherung über die tatsächliche Funktion des anderen dazu, nach Informationen – und das heißt: nach *Informanten* – zu suchen, die anstelle der Personen stellvertretend (und zuverlässig) Auskunft geben können. Das sind typischerweise deutsche Kollegen oder aber Dolmetscher.

> „Also wir sind ein Anlagenbauer und liefern auch Anlagen für die ganze restliche X-welt [Firmenname], das heißt Tschechien, Ungarn, Ungarn weniger, aber Tschechien, und da aus dem Grunde kommen auch einige von den tschechischen Kollegen in diesem Fall zu uns ins Werk, sehen sich die Maschinen an und werden darauf eingearbeitet und eine unter anderm gibt's auch en paar Kollegen, die en bisschen Deutsch sprechen oder was jetzt auch vermehrt bei Tschechen aufkommt auch Englisch. Denn frag ich auch mal nach äh was sie denn so wissen über die europäischen Betriebsräte, wie das denn so vermittelt wird, und ich stelle immer wieder fest dass speziell in Tschechien + überhaupt keine Kommunikation von Seiten zu unseren EBR-Mitgliedern passiert, liegt auch da ++ wir haben da die wenn wir nach Tschechien fahren (...). Wir haben immer en komisches Gefühl, ob das nu wirklich ne Arbeitnehmervertretung richtig is." (Dt. EBR, Fall 2)

Jenseits der Einschätzung des Verhaltens und der Person erscheint das Verhältnis der Arbeitnehmervertreter aus Mittel- und Osteuropa zum lokalen Management bzw. zum Management überhaupt häufig „nebulös". Das Unwissen über die Strukturen der Interessenvertretung in Mittel- und Osteuropa ist *eine* Ursache des Misstrauens, das die Deutschen ihren östlichen Kollegen entgegen bringen. Das Misstrauen liegt auch einer gängigen Erklärung und Entschuldigung für die Schwierigkeiten in der Zusammenarbeit zu Grunde: Es handelt sich womöglich gar nicht um einen (richtigen) Gewerkschafter.

Weiter löst Irritationen aus, dass die Kollegen aus Mittel- und Osteuropa nicht dem Angebot nachkommen, sich stärker bei internationalen Treffen einzubringen:

> „Sie waren sehr zurückhaltend (...), da sie halt erstmal völlig neu in dieser Geschichte waren, vorher überhaupt nichts mit so einer Geschichte zu tun hatten und äh da auch ne gewisse Hemmschwelle hatten." (Dt. EBR, Fall 2)

Die Zurückhaltung, die „Hemmschwelle", unterminiert wiederum die so wichtige „Einschätzungsarbeit" bezüglich der Frage, auf welcher Seite die Kollegen aus Mittel- und Osteuropa stehen. Vor diesem Hintergrund wird der Verdacht genährt, die mittelosteuropäischen Arbeitnehmervertreter segelten mit ihren Interessen im Windschatten des Managements.

5.2 Die Perspektive der Belegschaftsvertreter aus Mittel- und Osteuropa

5.2.1 Selbstbilder

Was sich in der Perspektive der deutschen Arbeitnehmervertreter wie ein Blick in die eigene Vergangenheit, auf eine frühe Entwicklungsstufe des Systems Industrieller Beziehungen darstellt, ist für Gewerkschaftsvertreter in Mittel- und Osteuropa ein Resultat harter Kämpfe, Frucht der Leistung der letzten Jahre. Viele verstehen sich als ehemalige Dissidenten, die das realsozialistische Regime ablehnten und daher umso mehr nach anderen und eigenständigen Wegen der Artikulation von Arbeitnehmerinteressen suchten – jenseits ritualisierten Einverständnishandelns und des „Trauma[s] politisch vereinnahmter Interessenvertretung" (Lukács 1990, S. 300), das die Gewerkschaftsarbeit im Sozialismus prägte (vgl. exemplarisch Segert 2002).[1] Die betriebliche Interessenvertretung musste grundsätzlich – zivilgesellschaftlich – neu aufgebaut werden. Der Neuaufbau fand unter Transformationsbedingungen statt. Das bedeutete gerade für die Dissidenten, das Organisationshandeln an der Wahrung des sozialen Frie-

---

1 Die von uns interviewten Arbeitnehmervertreter, die die sozialistischen Zeiten noch erlebt haben, haben durchweg einen kritischen Blick auf den Sozialismus, der auf der betrieblichen Ebene geprägt war von persönlichen Abhängigkeiten, Willkür und Bevormundung. Für viele Belegschaftsvertreter war es positiv und absolut notwendig, dass ausländische Investoren in ihre Betriebe kamen, da ansonsten die Schließung des ganzen Unternehmens gedroht hätte. Die „Modernisierung" wurde prinzipiell unterstützt, auch wenn dabei Arbeitsplätze abgebaut wurden, was anfangs auch von den Arbeitnehmervertretern für notwendig gehalten wurde. Umso größer war dann die Enttäuschung darüber, dass die neuen ausländischen „Herren" sich teilweise wie die alten Kader verhalten.

dens im Lande zu orientieren. Die bestehenden betrieblichen Interessenvertretungen sahen sich durch die ökonomische Entwicklung massiv in die Defensive gedrängt, konnten einen massiven Arbeitsplatzabbau (vor allem in den Anfangsjahren) nicht verhindern und Lohnsteigerungen nur begrenzt durchsetzen (vgl. Kapitel 3.1.2).

Der Systemumbruch und seine Folgen sind ein wesentlicher Grund für die Auffassung der mittelosteuropäischen Arbeitnehmervertreter, dass die Bedingungen ihres Handelns denen im Westen nicht vergleichbar sind. Vielmehr handelten sie unter deutlich erschwerten Umständen. Offensichtlich ist für sie, dass sie nach 1989 bei Null anfangen mussten, im Gegensatz zu ihren Kollegen in Westeuropa.

> „Das Umfeld ist bei ihnen völlig anders als bei uns, wir müssen uns wirklich alles erst aufbauen, das mussten sie vielleicht auch, ich weiß nicht, irgendwann nach 1945." (Tsch. Betriebsgewerkschafter, Fall 1)

> „Wir sollten bei Null anfangen, wir wussten nicht, was Betriebsrat bedeutet. Die westeuropäischen Kollegen haben Erfahrungen schon vor zwei Generationen gemacht, die sind bereits in eine funktionierende Sache hineingeboren." (Ung. EBR, Fall 1)

Für den Neuanfang wird der Erfahrungsaustausch mit dem Westen als bedeutend angesehen,[2] allerdings wird auch darauf hingewiesen, dass die deutschen Kollegen bei ihrer Beurteilung der Lage im Osten „gerne" vergessen, was sie für einen Ressourcen- und Machtvorsprung besitzen. In den multinationalen Konzernen ist durch die Einbindung (z.B. durch den EBR) in die konzernweite betriebliche Arbeitnehmervertretung das Wissen über die starke Position der Arbeitnehmervertretung in Deutschland vorhanden und man registriert erstaunt, was in Deutschland möglich ist, aber nicht vor Ort.

> „Wo die deutschen Kollegen auf einer Arbeiterversammlung demonstrieren konnten, dass sie Kräfte haben, dass sie alles tun können, dass sie auf den Tisch schlagen, und neben ihrer 99-prozentigen Organisiertheit haben die Arbeitgebervertreter ihre (Ohren und Schwänze) Köpfe eingezogen, und schauten vernünftig, und als Werner Neugebauer, der Präsident der bayerischen IG Metall sprach,

2 Alle interviewten Arbeitnehmervertreter aus Mittel- und Osteuropa betonten die Notwendigkeit des Blicks über die nationalen Grenzen. Die internationale Anbindung geht einher mit einer ausgeprägten Orientierung auf Vergleichsfälle und Lernfelder, man will aus den dortigen Erfahrungen zu lernen. „Ja, ich bin Freund diesen Gedankens, (...) in manchen Sachen versuche ich meine Gedanken aus den Erfahrungen der anderen Länder zu schöpfen, die schon durchgemacht haben + und diese Phase sehe ich gerade nach dem Krieg, sie haben genau solche Entwicklung durchgemacht, die wir jetzt durchmachen, und es wäre schade, solche Informationen aus diesen Organisationen nicht zu haben" (tsch. Gewerkschaftsvertreter, Dachverband II).

drückte es ihnen die Luft ab und sie blieben still. Sie können sie schon zusammendrücken, wir können in Ungarn die Arbeitgeber leider noch nicht zusammendrücken, (klopft ein paar Mal auf den Tisch) wir sind dabei, sie zusammendrücken werden zu können! Als wir mit den Organisieren der Gewerkschaft angefangen haben /B2: In wie vielen Jahren Nachteil befinden wir uns, 70?/ (B1 und B2 lachen) – aber das kann man noch einholen.“ (Ung. BR, Fall 1)

Die Hilfe aus dem Westen beim Aufbau der neuen Strukturen wird dankbar gewürdigt. Die westlichen Strukturen der betrieblichen und gewerkschaftlichen Arbeitnehmervertretung will man etablieren, sofern sie in das eigene System der Industriellen Beziehungen passen.

„Das Wichtigste ist, dass wir Informationen darüber bekommen, wie es in den westeuropäischen Ländern funktioniert. Also sie haben viel mehr Erfahrung, größere Tradition, und wir probieren das, was da ist, mit den Möglichkeiten des Arbeitsgesetzbuchs zu vergleichen, was möglich ist zu übernehmen, wenn es mit den gesetzlichen Vorschriften hier in diesem Land vereinbar ist.“ (Ung. BR, Fall 1)

Neben der Problematik, die betriebliche und gewerkschaftliche Arbeitnehmervertretung und deren Strukturen neu aufbauen zu müssen, stellt die Verlässlichkeit der Verhandlungspartner für die Arbeitnehmervertreter aus Mittel- und Osteuropa ein Problem dar. Sie ist eine Bedingung der Möglichkeit von Vereinbarungen, die keinen unmittelbaren rechtlichen Status haben.

„Wir wissen, dass es Gewerkschaftsverbände und einige Zentralen gibt, die bestimmte Vertragsabschlüsse durchsetzen, die ich gentlemen's agreement nenne, d.h. dass es eine Absprache ist, ich komme noch mal auf die rechtliche Einforderungsmöglichkeit zurück, die nicht einzufordern ist. Es kommt eher auf die Partner an, wie sie die Absprachen einhalten und das ist immer kompliziert. Es gibt Kulturen, wo dies funktionieren könnte. (...) Aber es funktioniert deswegen, weil beide Seiten soweit kultiviert sind, dass sie alles, was sie vereinbaren, auch einhalten.“ (Tsch. Gewerkschaftsvertreter, Dachverband II)

Die Auseinandersetzungen mit dem Management vollziehen sich unter erschwerten Bedingungen, weil Absprachen, auch wenn sie schriftlich fixiert sind und etwa das Siegel des EBR tragen,

„in keiner Weise verbindlich [sind], es ist einfach ein gentlemen's agreement eines größeren Gremiums, wo daran erinnert wird, dass es eingehalten werden sollte und ich muss auch sagen, dass es verletzt wird.“ (Tsch. EBR, Fall 1)

Hieraus resultiert nicht nur ein anderes Selbstbild, sondern auch eine spezifische Wahrnehmung der Grenzen der Übertragung westdeutscher Kooperationsmodelle:

„Aber hier kommen wir in eine Situation, wo Traditionen aufeinanderprallen, weil die österreichisch-ungarische Tradition und unsere daraus resultierende Mentalität zusammen bewirken, dass wir dem nicht trauen, was nicht im Gesetz steht.“ (Ung. Gewerkschafter, Fall 1).

Der Hinweis auf die fehlende „Kultur“ einer vertrauensvollen Zusammenarbeit zwischen Management und Arbeitnehmervertretung verweist auf Grenzen der Übertragbarkeit von in Deutschland üblichen Vorstellungen und Institutionen. Thematisiert wird immer wieder, welchen Zumutungen man ausgesetzt war und ist und dass im Westen so etwas nicht vorkommen könne.

„Ja, wir müssen ehrlich sagen, es wurden an unseren Nationalfeiertagen auf gewissen Gebieten Kollegen beschäftigt, was (+mit Nachdruck+) gesetzwidrig ist! (...) Man muss es in Ordnung bringen, (...) dafür kämpfen wir, dass wir diese akzeptieren lassen, dass die Arbeitgeber der multinationalen Unternehmen die nationalen Besonderheiten berücksichtigen sollen. Das ist der minimale Standard! (...) Wenn Sie in Deutschland verpflichtet wären an ihren Nationalfeiertagen beziehungsweise an mehreren ihrer religiösen Feiertage zu arbeiten, ich kann mir vorstellen, was es für eine Reaktion da gäbe.“ (Ung. BR, Fall 1)

Ganz allgemein wird ein respektvoller Umgang mit den Beschäftigten eingefordert. Der Kampf um Anerkennung, als betriebliche Interessenvertreter ernst genommen und respektiert zu werden, prägt die alltägliche Arbeit.

„Ich habe den Kollektivvertrag hervorgenommen (...) und ich habe den verehrten deutschen Kollegen gefragt (schlägt auf den Tisch), ob er weiß, was dieses Dokument ist. Er sagte: nein. Nun dann, es ist der Kollektivvertrag. Er ist hier das Gesetz. Und wenn ich aufblättere, und ich habe ohne Großtuerei aufgeschlagen, ich habe ihn angeschaut, und habe gesagt, meine Unterschrift, und die Unterschrift von XX steht darin. Ihre nicht! Also ich habe kein Rechtsverhältnis mit Ihnen. Sie haben keine Berechtigung dieses Gesetz zu revidieren. Falls Sie Fragen haben, Management, dann können wir das besprechen. Also das ist kein Ghana, keine Elfenbeinküste (...)“ (Ung. BR, Fall 1)

„In Deutschland wird heute die Gewerkschaft sehr ernst genommen. Leider ist es bei uns nicht so, also ich weiß jetzt nicht, wie ich es ausdrücken soll, die Gewerkschaft wird hier für die letzte Sache gehalten, für eine schlimme Sache, aber es sollte nicht sein, weil sie könnte in vielen Sachen dem Management helfen. (...) Die Menschen haben Angst, und ich denke, sie denken so: Wenn sie sowieso nichts erreichen können, wozu dann Mitglied werden?“ (Ung. BR, Fall 1)

Im Selbstbild ist der Antrieb, sich für die Interessen der Arbeitnehmer einzusetzen, die Erfahrung von Ungerechtigkeit.

„Hier ist es harter Kampf, ist es ein raues kapitalistisches System. (...) Die Produktion ist keine Demokratie. Die Produktion ist kein Wunschkonzert, aber die Produktion ist keine Sklaverei! Diese drei Grundprinzipien haben wir.“ (Ung. BR, Fall 1)

Das Management gesteht der betrieblichen Arbeitnehmervertretung nicht mehr zu, als gesetzlich vorgeschrieben ist (und auch das nicht immer), was es neben anderen Faktoren zusätzlich erschwert, eine Belegschaft zu erreichen, die auch so schon schwer zu erreichen ist. Jede Kleinigkeit muss einem Management abgetrotzt werden, das auf der Klaviatur der Macht zu spielen weiß.

> „Das Problem ist nicht nur die Fluktuation, es ist auch etwas anderes. Also die Einstellung der Leute auch. Es sollte größere Propaganda geben, wir sollten es mit größeren Intensität ausschreiben, wir sollten uns mehr mit den Leuten treffen; ich bekomme sehr schwer vom Management, dass – ich habe schon darum gebeten, es gab ein Beispiel dafür –, dass ich zehn oder 15 Minuten bekomme, es wurde einfach abgelehnt, dass ich zu den Mitarbeitern spreche, ich wurde zurückgewiesen; jetzt das letzte Mal haben sie mir die Möglichkeit gegeben, aber es gab kein Mikrofon, jetzt stellen Sie sich vor, als aberhunderte von Menschen zusammengekommen sind, und dann die Dame erzählt mit ihrer dünnen Stimme, was sie erzählen möchte, also ich habe es lieber in einem Brief niedergeschrieben, und ich habe ihn aufgehängt (...). Wir haben viele Probleme damit gehabt. Es sieht jetzt so aus, dass es sich mit dem Management einrenken wird, wir hoffen darauf, dass es auch so bleibt, dass wir die gemeinsame Sprache finden werden. Es ist sehr schwierig." (Ung. BR, Fall 1)

Der Kampf gegen – zum Teil massive – Zumutungen des Managements und die Verteidigung der Würde der Arbeitnehmer durchzieht als Motiv weite Strecken der Interviews. Immer wieder wird deutlich, dass das Gerechtigkeitsempfinden durch die Zugeständnisse, die die Vertretungen der Arbeitnehmer machen müssen, erheblich verletzt wird. Aus der Selbstbehauptung dagegen speist sich das Selbstbewusstsein, für eine gerechte Sache einzutreten. Die Vertretung von Arbeitnehmerinteressen wird durch die gesetzlichen Bestimmungen zusätzlich erschwert. So schildert ein ungarischer Betriebsgewerkschafter in drastischen Worten seine Wahrnehmung der Einführung der Institution des Betriebsrats in Ungarn.

> „Indem sie die Betriebsräte eingerichtet haben, haben die Politiker nach meiner Auffassung zwei Fliegen auf einmal geschlagen, sie haben die Gewerkschaften geschwächt, sie konnten den Konflikt um die Arbeitsplätze unter den Arbeitnehmern schüren, und das alles hat dem Zweck gedient, was auch der Meilenstein der gegenwärtigen ungarischen Politik ist, die Interessen der ungarischen Arbeitnehmer dem internationalen Multikapital völlig auszuliefern. Das ist auch die gegenwärtige Politik, das war in den 17 Jahren sehr einheitlich unabhängig von der Parteizugehörigkeit." (Ung. EBR, Fall 2)

Die rechtlichen Rahmen der betrieblichen Interessenvertretungen sind eng, gesetzlich festgelegte Ressourcen, wie z.B. Freistellungen von Betriebsräten, knapp bemessen.

„Also die Arbeitszeit-Ermäßigung ist sehr gering, was wir zwecks dieser Sache verwenden dürfen. Jetzt machen wir öfters so, wir machen diese Arbeit auch zu Hause, also im Zusammenhang der Gewerkschaft, des Betriebsrats (...)“ (Ung. EBR, Fall 2)

Ein Rahmen der Betriebsratsarbeit ist die Angst vor Arbeitslosigkeit und der Ersetzung von Stammmitarbeitern durch prekär Beschäftigte. Auch die dauernden Restrukturierungen (etwa aufgrund von Eigentumswechseln) stellen ein erhebliches Problem dar. Der Kampf um den Erhalt von Arbeitsplätzen, um akzeptable Arbeitsbedingungen, um die Akzeptanz als Verhandlungspartner durch das Management und um die Aufrechterhaltung der eigenen organisatorischen Basis sowie der eigenen Aktionsfähigkeit aufgrund der ständigen Reorganisationen bestimmt den Alltag der betrieblichen Arbeitnehmervertreter. Sie bewegen sich in einem äußerst turbulenten Umfeld, in dem die Betriebsräte nicht auf etablierte und tradierte Muster des Umgangs zwischen Arbeit und Kapital, die sich noch nicht ausgebildet haben, zurückgreifen können. Die Arbeit der Betriebsräte gleicht im Selbstbild vielmehr einem Einziehen von Spuren im „jungfräulichen Schnee“ (ungarischer Betriebsrat). Im Selbstbild, so lässt sich das Vorstehende zusammenfassen, kämpfen Arbeitnehmervertreter aus Mittel- und Osteuropa einen harten Kampf an vielen Fronten, in dem sie sich kaum auf eingespielte Traditionen stützen können.

„Aber wir müssen dazu sagen, dass neben der Oberfläche, neben dem Anschein unter der Oberfläche ernste Kämpfe geführt werden. (...) Es werden ständig Kämpfe geführt, nicht so spektakulär, wie bei dem Budapester Verkehrsunternehmen, dass wir mit Streik drohen würden, aber wir wenden uns auch in sämtlichen Fällen an das Arbeitsgericht, beziehungsweise nutzen die Möglichkeiten verschiedener Rechtsmittel. Dies sind Quellen ernster Spannungen, weil hier unterschiedliche, einander gegenüberstehende Interessen aneinander stoßen.“ (Ung. BR, Fall 1)

Dieses Selbstbild, das kaum auf etabliertes Verbandshandeln oder auf Absprachen rekurriert, sondern auf äußere Mächte, d.h. auf staatlich garantiertes Recht, das die Grundlage für die Auseinandersetzung mit dem Management bildet, speist sich auch aus der Erfahrung der Flüchtigkeit von Verabredungen – auch in diesem Punkt eine fundamental andere Erfahrung, als sie typischerweise im Westen gemacht wurde und in der Regel noch gemacht wird, jedenfalls in den multinationalen Unternehmen.

Die von uns befragten Betriebsrats- und Gewerkschaftsvertreter aus Mittel- und Osteuropa beziehen sich trotz – oder gerade wegen – der geschilderten „Schwierigkeiten“ selbstbewusst auf das von ihnen in den zurückliegenden Jahren Erreichte – gerade im Hinblick auf die in jedem Falle „widrigen“ bzw. fehlenden rechtlichen Rahmen, eigene Aufbauleistungen unabhängig von und gegen die früheren sozialistischen Arbeitnehmervertretungen und ihre Nachfolgeorganisationen und den gelegentlich raschen Wechsel der politischen Rahmenbedingungen in den Transformationsländern. Sie haben unter schwierigen Bedingungen aktiv daran gearbeitet, „ihren" Betrieb zu retten und zu modernisieren, ohne dabei das volkswirtschaftliche „Ganze" aus den Augen zu verlieren. Sie sehen sich als Motor und Mitinitiator betrieblicher Modernisierungen, sie sind „stolz" darauf, mit zum Erfolg, d.h. dem Überleben des Unternehmens und seiner Wettbewerbsfähigkeit, beigetragen zu haben. Sie können auf Erfolge ihrer Arbeit als Arbeitnehmervertreter verweisen.

Unter expliziter Anerkennung externer Hilfestellungen (von Stiftungen, Gewerkschaften, Betriebsratskollegen aus dem Westen)[3] beim Aufbau der betrieblichen und verbandlichen Arbeitnehmervertretungen wird doch hervorgehoben, dass der Aufbau der entsprechenden Institutionen keinem allgemeinen Modell folgt, sondern spezifisch für das jeweilige System der Industriellen Beziehungen ist. Daraus resultiert die Einschätzung, dass Institutionen, auch wenn sie denselben Namen wie etwa in Westdeutschland tragen mögen, in anderen nationalen Kontexten anderen Zielsetzungen zugeordnet sein können. Im Kern steht also die Einsicht, dass „hier" andere Verhältnisse herrschen als etwa in Westdeutschland. Hinzu gesellt sich die Wahrnehmung, als ein „Labor" herhalten zu müssen, in dem mit neuen Typen von Arbeitsbeziehungen experimentiert wird. Man wächst gewissermaßen nicht aus einer Tradition heraus, die – noch – Schutz bietet, sondern muss sich – von Anfang an – mit einem extremen Durchschlagen liberaler Wirtschaftsorientierungen auseinander setzen.

Die Betonung der Unterschiedlichkeit der Situationen, in denen sich Arbeitnehmervertreter aus Deutschland und aus Mittelosteuropa befinden, unterscheidet sich von der von Betriebsräten aus Westdeutschland artikulierten Auffassung, der Osten durchlaufe ein Entwicklungsstadium der Industriellen Beziehungen, das der Westen schon hinter sich gelassen habe.[4] Während in der westdeutschen Perspektive Institutionen und Begriffe in Arbeitskämpfen im Westen wie im Osten wesentlich die gleiche Funktion haben, nur eben unterschiedlich

---

3 Manche der von uns befragten tschechischen Gewerkschafter sehen sich aufgrund dieser Hilfe in einer Brückenfunktion, sie versuchen ihrerseits, Aufbauhilfe etwa in Rumänien oder Bulgarien zu leisten. Damit wird auch das Ziel verbunden, Gemeinsamkeiten in den Positionen der Gewerkschaften in Mittel- und Osteuropa zu entwickeln. „Wir übernehmen das, weil wir Westeuropa auf bestimmte Art und Weise etwas schulden, so nehmen wir das wahr, aber es ist eine riesige finanzielle, zeitliche und organisatorische Belastung." (Tsch. Gewerkschaftsvertreter, Dachverband I)

4 Nicht alle interviewten Arbeitnehmervertreter aus Mittelosteuropa vertreten die Position gleichermaßen, es werden auch Positionen vertreten, die der deutschen Sicht nahe kommen und die Entwicklung bei ihnen als nachholende Entwicklung begreifen (siehe unten).

weit entwickelt sind, haben in einer mittelosteuropäischen Perspektive Institutionen und Begriffe unterschiedliche Funktionen. Das wird ganz deutlich, wenn etwa ein tschechischer Gewerkschafter über die Unterschiede in der Bedeutung des für die Gewerkschaften so zentralen Begriffs der Solidarität reflektiert:

> „Bei uns ist das Wort Solidarität abgewertet und Solidarität wird von niemandem unterstützt." (Tsch. Gewerkschaftsvertreter II, Dachverband I)

Für die tschechischen Gewerkschaftsvertreter ist klar, dass Werte wie „Solidarität" durch Sozialismus und Transformation in der tschechischen Arbeitnehmerschaft nachhaltig beschädigt wurden.

5.2.2 Fremdbilder

Die Sicht auf die westlichen Arbeitnehmervertreter, vor allem auf die deutschen Betriebsräte, kann als ambivalent bezeichnet werden. Hervorgehoben werden einhellig die positiven Erfahrungen mit der Hilfsbereitschaft westlicher Kolleginnen und Kollegen sowohl auf Verbands- als auch auf Betriebsebene.

Die deutsche Praxis betrieblicher Interessenaushandlung erscheint den Arbeitnehmervertretern aus Mittelosteuropa als recht reibungslos, gekennzeichnet durch die Einhaltung von Verabredungen und ein etabliertes und schon lange funktionierendes Aushandlungssystem, in dem Betriebsräte (und Gewerkschafter) mit „geerbter" Macht selbstbewusst gegenüber dem Management auftreten (können). Das deutsche System Industrieller Beziehungen gilt trotzdem nicht automatisch als anzustrebender Schlusspunkt der Entwicklung der Industriellen Beziehungen im eigenen Land. Zwar wird die Machtfülle der deutschen Arbeitnehmervertretung gesehen, etwa im Zuge von Besuchen in Deutschland. Da die Situation in Mittel- und Osteuropa anders ist, gilt eine Übertragung „eins zu eins" weder als möglich noch wird sie gewünscht.

Die Kontextsensitivität ist bei den Vertretern aus dem Osten ausnahmslos hoch, sie registrieren durch die Bank genau, was die Vertreter aus dem Westen tun und was sie sagen. Verbunden mit der hohen Kontextsensitivität ist eine recht gute Kenntnis der Industriellen Beziehungen und der politischen und sozialen Verhältnisse im Westen.

In einem gewissen Sinne wird das von den Betriebsräten aus Deutschland zugeschriebene Phasenmodell der Entwicklung der Industriellen Beziehungen von einigen mittelosteuropäischen Arbeitnehmervertretern akzeptiert: Man selbst muss(te) von Neuem beginnen, während die westdeutschen Betriebsräte in ein System Industrieller Beziehungen „hineingeboren" werden, in dem vorherige Generationen in Kämpfen viel erreicht hatten. Das oben zitierte, von dem tschechischen Kollegen gewählte Vergleichsdatum 1945 macht das Ausmaß der Aufgabe deutlich, vor die sich die mittelosteuropäischen Betriebsräte und Gewerkschafter gestellt sahen und sehen. Aber es wird auch deutlich artikuliert, dass die heutigen deutschen Arbeitnehmervertreter quasi „Verwalter“ von Schutzrechten sind, die sie nicht selbst erkämpfen mussten, sondern von ihren Vorgängern erkämpft wurde. Dem im Vergleich gut ausgestatteten deutschen Betriebsrat wird daher die Kompetenz, über die Leistungen der östlichen Arbeitnehmervertreter zu urteilen, abgesprochen bzw. sie wird in Frage gestellt, weil er die Maßstäbe dafür gar nicht haben kann.

Zudem wird das deutsche System der Industriellen Beziehungen in Kombination mit dem manifesten Verhalten der deutschen Betriebsräte gegenüber dem Management von vielen kritisch gesehen: Handelt es sich nicht (auch) um ein System der Korrumpierung von Arbeitnehmerinteressen? Als Indiz dafür gilt die Beobachtung der Kommunikation zwischen Management und Betriebsräten etwa auf den EBR-Sitzungen, die aus der Perspektive des Ostens nicht selten als „aufgesetzt“ und „gespielt“ wahrgenommen wird – in dem Sinne, dass den östlichen Vertretern ein Interessengegensatz vorgespielt wird, der in Wirklichkeit gar nicht existiert.

Gedeckt wird diese Auffassung dadurch, dass zentrale Managemententscheidungen nicht im Osten, sondern im Westen (und dort in einem mitbestimmten System, also unter Beteiligung der Arbeitnehmervertretung) gefällt werden. Auch gegen den – von deutschen Arbeitnehmervertretern nicht selten geäußerten – Vorwurf, die Vertreter der Arbeitnehmer im Osten seien an Entscheidungen zur Verlagerung von Produktionsstätten irgendwie beteiligt, argumentieren Arbeitnehmervertreter aus dem Osten:

> „Bei der Verlagerung der Firmen ist das kompliziert, (...) ich habe mal in Deutschland bei einem Kongress gesagt, bei dem man uns ziemlich massiv in die Position gedrängt hat, dass wir ihnen die Arbeit wegnehmen wollen, also habe ich damals gesagt, zeigen Sie mir einen solchen Gewerkschaftler, der verhindern kann, dass das Kapital verlagert wird, ich kenne solche Gewerkschaftler nicht. Also wir können es nicht verhindern, das sage ich Ihnen ganz offen, und wenn Sie meinen, dass wir es schaffen können, dann irren Sie. Wir können nur verlangen, dass die Beschäftigten der Firma ordentliches Geld bekommen, das ist unsere Politik, das ist unsere Arbeit. Aber die Kapitalverlagerung können wir nicht verhindern, das ist eine naive Vorstellung, das funktioniert nicht.“ (Tsch. Gewerkschaftsvertreter, Dachverband II)

Für Standortentscheidungen der Konzernzentralen sei man nicht verantwortlich, zudem sei man auch nur „Transitland“:

> „Diese teile und herrsche (B2: divide et impera!) funktioniert sehr gut (...). Ständige Drohung, also wir könnten schöne Wörter über die Europäischen Union sagen, wie Integration, und und einheitlich, und Aufschließung und so weiter, wo die ungarischen, polnischen, slowakischen, tschechischen oder sogar auch die deutschen Kollegen damit permanent bedroht werden, dass sie die Produktion weiter

nach Osten bringen, nach der Ukraine in die ehemaligen Parteienstaaten, oder nach China, oder nach Indien." (Ung. BR, Fall I)

Der Vorwurf der deutschen Arbeitnehmervertreter, dass ihre Kollegen aus dem Osten unsolidarisch seien, indem sie nicht einfach am Wachstum partizipierten, sondern dies auf Kosten der deutschen Arbeitnehmer täten, wird umgekehrt auch den deutschen Arbeitnehmervertretern entgegengehalten: Das Interesse der deutschen Arbeitnehmervertreter nach langen Jahren der „Mildtätigkeit" gilt nicht als Ausdruck einer Einsicht in eine wechselseitige Abhängigkeit, die bedeuten würde, dass man „im Osten" etwas für die deutschen Kollegen tun könnte.[5] Es geht nicht, wie im Selbstbild der Vertreter aus Westdeutschland, um wechselseitige Unterstützung, sondern um „ungleichen Tausch" (d.h. den Retransfer von Arbeitsplätzen).

„Mein Gefühl dabei war immer, dass sie uns zwar vor Jahren sozusagen respektiert haben, aber wollten nicht mit uns viel kommunizieren, aber jetzt, nachdem sich das Kapital immer mehr Richtung Osten verschiebt, da empfinden sie uns logischerweise als riesige Bedrohung, und heute legen sie eigentlich großen Wert auf Kommunikation, jetzt sind sie sehr an Informationen interessiert, die wir ihnen geben können. Und wir empfinden das selbstverständlich so, dass wir früher ihnen nicht gut genug waren, um mit uns zu kommunizieren, und jetzt merken wir selbstverständlich (...), so dass wir einige kleine Geheimnisse in dieser Beziehung hüten, weil sie es früher genauso gemacht haben, wir hätten früher Hilfe gebrauchen können und wir haben sie wirklich nicht gespürt." (Tsch. Betriebsgewerkschafter, Fall 1)

Im Selbstverständnis der Arbeitnehmervertreter aus Mittelosteuropa folgt der Wandel von den mildtätig bedachten „Unterentwickelten" hin zu Arbeitsplätze im Westen bedrohenden „Bütteln des Kapitals" durchweg der Logik der Kapitalverwertung und der Entscheidung an den Firmensitzen im Westen und ist eben *nicht*, wie von den betrieblichen und gewerkschaftlichen Arbeitnehmervertretern aus dem Westen oft behauptet, Ausdruck einer Kollaboration mit dem Kapital. Aber es gibt kein Einpendeln auf Augenhöhe, auch nicht die Konstruktion einer gemeinsamen Problemlage, vielmehr ein Übergang von „Mildtätigkeit" zu Misstrauen:

5 Die außerordentliche Bedeutung, die in der Kooperation das Prinzip der Reziprozität einnimmt, also das Vermögen, nicht nur etwas zu bekommen, sondern durch eine Gegengabe auszugleichen, gehört zu den durch ökonomistisch und rationalistisch reduzierte Theoriemodelle tendenziell verschütteten Einsichten der klassischen Anthropologie und Soziologie (vgl. grundlegend: Mauss 1990; Polanyi 2010). Für empirische Belege in der internationalen Wirtschaftskooperation anhand eines Vergleichs zwischen Szenarien, in denen ein Re-Transfer von Leistungen möglich war und in denen er nicht möglich war vgl. Klemm/Mense-Petermann 2009 sowie Klemm/Popp 2008.

> „Da sagte ich, ich möchte bitte eine Frage stellen, wozu braucht Ihr uns. Danach folgte eine verlegene Stille und dann hat mir ein Engländer eindeutig zu verstehen gegeben, dass uns niemand braucht. Aber warum fragen Sie, und ich habe geantwortet, weil wir über die Zusammenarbeit reden und ich verstehe unter Zusammenarbeit, dass man sich gegenseitig braucht, und Ihr betreibt Mildtätigkeit statt Solidarität." (Tsch. EBR, Fall 1)

Dieses zweifache Missverstandenwerden wird durch die Erfahrung einer niedrigen Kontextsensitivität der westeuropäischen Kollegen verstärkt. Sie manifestiert sich in den Augen der mittelosteuropäischen Arbeitnehmervertreter in einem begrenzten Interesse, die Handlungszwänge und Beschränkungen, denen sie unterliegen, kennen zu lernen. Man versucht zu vermitteln, welche Instrumente und Ideen bei ihnen nicht umsetzbar sind – meist jedoch vergeblich. Unter Absehung von den historischen und kulturellen Traditionen der Länder nehmen in den Augen der mittelosteuropäischen Arbeitnehmervertreter die westeuropäischen Arbeitnehmervertreter die Region als rechts- und ordnungsfreies El Dorado für Gangster wahr:

> „Da habe ich das Gremium aufgefordert, mir zu sagen, wer von ihnen schon in Mittel- und Osteuropa war, weil für sie manche Sachen schwer zu vermitteln sind, nicht wahr. Sie hatten das Gefühl, dass hier Chaos vorherrscht, dass hier die Mafia regiert, (...) jemand sagte zu uns, dass die Berliner Mauer über Nacht gefallen ist und in Folge dessen wir ihnen aufgezwungen wurden usw. (...). Nicht immer gelingt es, dass sie in Mittel- und Osteuropa gute Erfahrungen machen, besonders Anfang der Neunziger Jahre war es so, also es hat sich immer wieder gelohnt, ein Buch über die Geschichte des YY-Staates [MOE-Land] zu kaufen, damit sie einen Einblick in die Dynastien und das Geschehen bekommen, damit sie nicht denken, dass man uns das Lesen und Schreiben und auch noch das Rechnen beibringen muss." (Tsch. Gewerkschafter, Fall 1)

Es hat sich vieles getan in Mittel- und Osteuropa – so die Botschaft. Nur haben diese Veränderungen wenig an dem Bild des mafiösen, gesetzlosen Ostens geändert. Durch die Brille der anderen Seite sieht man sich einem Rechtfertigungsdruck ausgesetzt, gegen den man sich als eigenständiger, sichtbarer Akteur profilieren muss. Das Handeln der deutschen Betriebsrats- und Gewerkschaftsvertreter wird nicht als Annäherung, sondern als Verlängerung und Verteidigung einer Asymmetrie erlebt, in der sich Machtansprüche des Westens artikulieren. Die Erfahrungen sind entsprechend: Man dringt nicht zu den deutschen Kollegen durch und diese wissen im Grund gar nicht genau, wie die Verhältnisse „hier" sind. Trotzdem versucht der Westen, „in unserem Namen" zu sprechen. Man sieht sich also mehr mit dem Ansinnen (und Andienen) einer Schutzmacht denn mit dem Angebot der Kooperation auf Augenhöhe konfrontiert. Dagegen, und das ist für unseren Zusammenhang eines der wichtigen Ergebnisse, muss ein eigener Standpunkt entwickelt und vertreten werden. Dieser Standpunkt zeichnet sich zuvörderst durch Abgrenzung von der Position der deutschen Arbeitnehmervertreter aus.

5.3 Zusammenfassung

In Kapitel 3.1 haben wir die aufeinander bezogene, aber auseinander weisende Entwicklung der Systeme der Industriellen Beziehungen in Deutschland und Mittel- und Osteuropa dargestellt. Die Grenzen dieser Systeme sind die Grenzen der europäischen Staaten, in denen sich in den jeweils nationalen Öffentlichkeiten, Bildungssystemen usw. unterschiedliche kulturelle Muster der Selbstdeutung, der Fremddeutung und des Handelns herausgebildet haben. Die Erfahrung des Anderen in der internationalen Kooperation von Arbeitnehmervertretern wird durch diese kulturellen Muster geprägt. Zwei charakteristische Beispiele dafür sind, dass erstens Arbeitnehmervertreter aus Mittel- und Osteuropa den Stand der Industriellen Beziehungen als durch den eigenen Kampf wesentlich beeinflusst wahrnehmen, während das Selbstbild im Westen sich in einen Abwehrkampf gegen Zumutungen des Managements verstrickt sieht, die auch durch Kollaboration der Arbeitnehmervertreter aus Mittel- und Osteuropa zustande kommen. Zweitens ist, was für die einen ein legitimes und alltägliches Mittel des Kampfes ist, der enge Kontakt zwischen Arbeitnehmervertretung und Management, den die deutschen Arbeitnehmervertreter pflegen, für die anderen eine Koalition, die die Grenze zwischen Lohnarbeit und Kapitel verwischt.

Die Fremdbilder der deutschen Arbeitnehmervertreter und die Selbstbilder der Arbeitnehmervertreter aus Mittel- und Osteuropa sowie die Selbstbilder der deutschen Arbeitnehmervertreter und die Fremdbilder ihrer Kollegen aus Mittel- und Osteuropa entsprechen einander nur begrenzt. Was für die einen legitim ist, ist für die anderen fragwürdig, wo deutsche Betriebsräte stolz auf das Erreichte sind, sehen die mittelosteuropäischen Betriebsräte die Folgen der Kämpfe früherer Generationen, wo die mittelosteuropäischen Betriebsräte stolz auf das Erreichte sind, sehen die deutschen vor allem Defizite, die sie sich aufgrund ihrer geringen Kenntnisse der dortigen Handlungsbedingungen am ehesten mit „sozialisatorischen“ individuellen Defiziten der mittelosteuropäischen Arbeitnehmervertreter erklären können.

Unsere Ausführungen zu den Selbst- und Fremdbildern der Eurobetriebräte zeigen weiter, dass man nicht ohne weiteres von einer Interessenhomogenität der beteiligten Akteure ausgehen kann. Zwar eint die Beteiligten der Wunsch nach besserer Information und Absprache gegen das jeweilige Zentralmanagement. Doch schon die Motive der Zusammenarbeit, die Vorstellungen über ihre Ziele und die „Herangehensweisen“ an sie unterscheiden sich deutlich. Mit Sicherheit basieren diese Unterschiede auch auf unterschiedlichen Interessen der einzelnen Standortvertreter, aber die unterschiedlichen Umgangsweisen lassen sich nicht auf unterschiedliche Interessen reduzieren. Die, um nur das prägnanteste Beispiel zu nennen, bei den betrieblichen Interessenvertretern in Mittelosteuropa zu beobachtende Wahrnehmung einer bedenklichen Nähe zwischen Management und Betriebsräten in Deutschland und die bei deutschen Betriebsräten zu beobachtende Wahrnehmung einer Unterstürzung des Aufbaus von internationaler Standortkonkurrenz durch mittelosteuropäischen Betriebsräte sind kaum auf unterschiedliche Interessen zurückzuführen. Vielmehr sind es *kulturelle Muster* der Wahrnehmung und des Handelns, die den Aufbau einer vertrauensvollen internationalen Kooperation zur Sicherung von Arbeitnehmerinteressen hemmen. Erhebt die deutsche Seite, die sich in der Standortkonkurrenz benachteiligt sieht, einen – aus der eigenen Tradition völlig legitimen – Anspruch auf Leadership im Gremium, führt dies zu Irritationen und eventuell auch zu Misstrauen auf der anderen Seite, was wiederum auf der deutschen Seite zu Misstrauen und Irritationen führt. Auf dieser „Eskalationsstufe" spielen nicht abstrakte Interessen die entscheidende Rolle, sondern kulturell gerahmte Sichtweisen von Interessen. Eine Verständigung auf gemeinsame Ziele und, als Voraussetzung dafür, eine gelingende interkulturelle Kommunikation bedarf der Bearbeitung des Problems der divergierenden Selbst- und Fremdbilder als Hindernis für den Aufbau von Vertrauensbeziehungen.

Am Beginn jeder interkulturellen Kommunikation steht die Wahrnehmung des Anderen durch die Brille von mitgebrachten Vorurteilen bzw. Stereotypen. Gelungen ist eine interkulturelle Kommunikation dann, wenn diese Stereotypen reflexiv eingeholt werden können oder wenn die Beteiligten eine andere Form der Bearbeitung finden, etwa in Form von Witzen o.ä. In unseren Fällen ist dies nicht der Fall, hier bestehen die Stereotypen nicht nur trotz Kommunikation, sondern sie verfestigen sich in der Kommunikation.

Eine auch kultursoziologische Perspektive auf die internationale Kooperation von Arbeitnehmervertretern macht also sichtbar, was der Kurzschluss von Wahrnehmungsweisen und sozialen Lagen nicht sehen kann: Kulturelle, direkt für das Handeln der Akteure in Form von Wissensvorräten relevante Gründe, warum sich trotz einer allgemeinen Ebene gleicher Interessen in dem Gegensatz von Arbeit und Kapital Verständigung nicht einstellt.

6 Kulturspezifische Handlungsmuster bei internationalen Treffen

Im letzten Kapitel haben wir die kulturell geprägten Selbst- und Fremdbilder deutscher und mittelosteuropäischer Arbeitnehmervertreter diskutiert, die in den von uns untersuchten Firmen international kooperieren. Es deutete sich schon an, dass die wechselseitigen Stereotypisierungen trotz der Möglichkeit zu Face-to-face-Kommunikationen auf gemeinsamen Treffen nicht automatisch abgeschwächt werden, sondern vielfach verstärkt bzw. bestätigt werden. Wir werden im Folgenden anhand einer Analyse von informellen und formellen Bestandteilen internationaler Treffen Gründe benennen, warum diese Treffen nicht automatisch zu einer Modifikation von Selbst- und Fremdbildern führen und Gefahr laufen, die gegenseitigen Vorbehalte zu bestätigen.

Während wir in Kapitel 5 im Wesentlichen Deutungsmuster untersucht haben, haben wir es nun mit Handlungsmustern zu tun. Die Untersuchung der Handlungsmuster in diesem Kapitel ist ein Prüfstein für die Produktivität einer kultursoziologischen Öffnung der Soziologie der Industriellen Beziehungen: Erst wenn wir zeigen können, dass und wie Selbst- und Fremdbilder das aufeinander bezogene Handeln der Akteure strukturieren, haben wir gezeigt, warum und in welcher Weise eine kultursoziologisch reflektierte Soziologie der Industriellen Beziehungen, die zwischen Handeln, gesellschaftlichen Rahmenbedingungen des Handelns und Semantiken unterscheidet, Aspekte der internationalen Zusammenarbeit von Arbeitnehmervertretern ans Licht bringen kann, die durch den gängigen Kurzschluss von Semantik und gesellschaftlichen Handlungsbedingungen (vgl. hierzu die Einleitung und Kapitel 2) verdeckt werden.

Wir beginnen mit der Darstellung eines Vorbereitungstreffens für eine EBR-Sitzung (6.1), dem wir die Bedeutung der Treffen aus wissenschaftlicher Perspektive zur Seite stellen (6.2). Wir analysieren dann ein EBR-Treffen und seine Rahmenbedingungen (6.3) und gehen ausführlicher auf die informelle Seite der Treffen (6.4) und auf Gründe für eine gelungene interkulturelle Zusammenarbeit ein (6.5).

6.1 Fallbeispiel: Wechselseitige Sprachlosigkeit und unaufgeklärte Irritationen

In Fall 2 soll die Jahrestagung des Eurobetriebsrats in einer tschechischen Stadt stattfinden, in der sich eine Niederlassung des Unternehmens befindet. Um sich mit den dortigen Kollegen des Europäischen Betriebsrats und der Personalleitung des Werks zu treffen und sich über die Wahl des Tagungsorts, den Ablauf und die Organisation der Jahressitzung zu verständigen, wird eine Sitzung des engeren Ausschusses des Eurobetriebsrats an diesem Standort angesetzt. Das Treffen beginnt mit einem informellen Essen in einem Restaurant, an dem auch die tschechischen Eurobetriebsräte und eine Dolmetscherin teilnehmen. Die hauptsächlich (aber nicht ausschließlich) aus Deutschland angereisten Arbeitnehmervertreter stammen aus unterschiedlichen Werken, haben sich selbst teils längere Zeit nicht gesehen und nutzen den Abend, um sich über aktuelle Entwicklungen in ihren Werken und über vergangene Eurobetriebsratstreffen auszutauschen. Sie kennen einander gut und pflegen einen heiteren, vertrauten und vertraulichen Umgang. Von diesem Universum sind die tschechischen Teilnehmer sprachlich isoliert, auch kennen sie und die deutschen EBR sich nicht in dem Maße, dass ein „ungezwungenes" Gespräch über den Dolmetscher entstehen könnte. In der folgenden grafischen Darstellung werden Sitzordnung und die über den Abend (etwa zwei Stunden gemeinsames Essen und Unterhaltung) stattfindenden Interaktionen (Pfeile) abgebildet (vgl. Abb. 1).

Die optische Darstellung der Gesprächsbeziehungen verdeutlicht, dass die Gespräche entlang der sprachlichen Barriere verlaufen, die zur Bildung und weitgehenden Schließung eines deutschen und eines tschechischen Gesprächskreises führt.[1] Ein Gespräch über die Sprachgrenze hinweg findet, mit Ausnahme des Austauschs von Höflichkeitsfloskeln und technischer Kommunikation, etwa die Bezahlung des Essens betreffend, so gut wie nicht statt. Die angereisten Teilnehmer sind des Tschechischen nicht mächtig, die ortsansässigen nicht des Deutschen. Über eine gemeinsame dritte Sprache verfügen die Beteiligten nicht. Der Dolmetscher gehört gewissermaßen zum deutschsprachigen Team – er ist in deren Augen ebenfalls Vertrauter, der zu verschiedenen Anlässen immer wieder angefragt wurde und dabei war.

Das für den nächsten Morgen angesetzte offizielle Treffen beginnt mit einer ernsthaften Irritation. Nachdem der Dolmetscher die Delegation an der Pforte des Werks angemeldet hat, muss diese zu ihrer Überraschung erfahren, dass der Geschäftsleitung keine Information über ihr Kommen vorliegen soll und es daher weder eine offizielle Begrüßung durch die Geschäftsleitung geben soll noch eine zeitweise Teilnahme eines Vertreters an der Sitzung geplant ist. Dies ist in den Augen der Mitglieder des geschäftsführenden Ausschusses des EBR ein Affront und wird darüber hinaus als Versuch der ortsansässigen Geschäftsleitung interpretiert, die Arbeit des Eurobetriebsrates zu behindern. Besucht der ge-

1 Neben dem Dolmetscher sprach eine Forscherin beide Sprachen. Die Anwesenden waren natürlich vorab über Anwesenheit und Funktion der Forscher informiert worden. Die tschechischen Arbeitnehmervertreter erhielten darüber hinaus eine Projektbeschreibung auf Tschechisch (vgl. Kapitel 2.2).

schäftsführende Ausschuss ein Werk des Unternehmens, wird er in aller Regel von einem Vertreter der Geschäftsleitung offiziell begrüßt. In den Augen der Mitglieder des geschäftsführenden Ausschusses drückt diese Begrüßung symbolisch sein Gewicht aus. Entsprechend stellt das Unterlassen der Begrüßung eine Missachtung seiner Bedeutung dar. In diesem Fall kommt hinzu, dass der Ausschuss mit der Geschäftsleitung auch über das bevorstehende Eurobetriebsratstreffen sprechen wollte. Nach dem Eintreffen der beiden tschechischen Betriebsgewerkschafter wird kurzfristig eine Begrüßung durch den Personalleiter des Werks organisiert. Im Anschluss an diese Begrüßung, während der der Personalleiter sich für die weitere Sitzung entschuldigt und erklärt, von dem Treffen nichts gewusst zu haben, begeben sich die Eurobetriebsräte auf die Suche nach den Gründen für die Panne. Diese können aber über die Sprachgrenze hinweg nicht aufgeklärt werden.

Abb. 1: Die Sitzungsordnung und Interaktionen des Abendessens in Tschechien

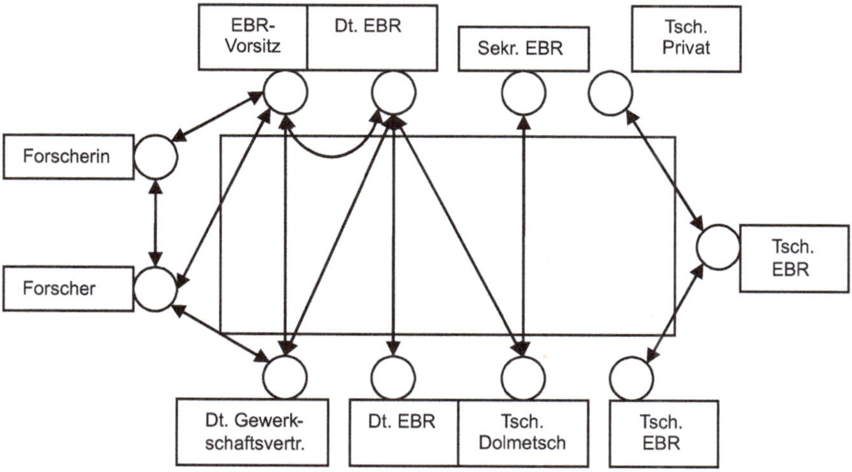

In der Folge führt die Delegation eine Rumpfsitzung durch. Die tschechischen Betriebsgewerkschafter werden de facto nicht eingebunden. Nach Abschluss der Rumpfsitzung reist die Delegation ab. Die Verwirrung bleibt nicht nur unaufgeklärt, sie „gärt" weiter. Für die angereisten Betriebsräte bestätigt sich das Bild, dass das Verhältnis von Betriebsgewerkschaftern und Geschäftsleitung nebulös ist. Umgekehrt sind sich die tschechischen Betriebsgewerkschafter keiner Schuld bewusst, es war schließlich ein eurobetriebsratsinternes Treffen anberaumt worden, eine Teilnahme der Geschäftsleitung ist aus dieser Sicht weder nötig noch in irgendeiner Weise gewöhnlich. Aus der Sicht aller Beteiligten ist der Verlauf des Treffens unbefriedigend. Die Folge ist, dass die Selbst- und Fremdbilder auf beiden Seiten durch den Kontakt nicht infragegestellt, sondern bestätigt werden. Die Konsequenz dieses Beispiels, die wechselseitige Bestätigung der Stereotype, ist typisch für die von uns beobachteten internationalen Treffen.

6.2 Bedeutung und Herausforderungen internationaler Treffen

Auf der Grundlage der eigenen Wissensvorräte über sich und andere, den im letzten Kapitel beschriebenen Selbst- und Fremddeutungen, nehmen die Akteure einander wahr und beziehen sich aufeinander. In diesem Kapitel diskutieren wir das Geschehen auf den internationalen Treffen selbst. Diese Treffen dienen nicht nur der Verständigung in der Sache, sie sind für die beteiligten Akteure auch eine Möglichkeit, die Perspektivität ihres eigenen Blicks auf die Sache und die Unterschiede zwischen ihrer Perspektive und anderen Perspektiven in den Blick zu bekommen, d.h. die im letzten Kapitel beschriebenen Unterschiede in der wechselseitigen Wahrnehmung als Unterschiede kultureller Wahrnehmungsmuster zu begreifen. Erst wenn Personen sich tatsächlich begegnen, besteht die Chance eines gehaltvollen Austauschs von Perspektiven, denn man spricht (gezwungenermaßen) miteinander, nicht übereinander. Da Fremdbilder über andere Kulturen und Menschen das Verhalten der Akteure orientieren, werden sie in der Erfahrung der eigenwilligen Reaktion des Anderen der Bearbeitung und Modifikation zugänglich. Gelingt dies, kann man von einer angemessenen interkulturellen Verständigung sprechen.

Unsere Untersuchung deutet jedoch nicht auf eine reflexive Bearbeitung oder Veränderung der Selbst- und der Fremdbeschreibungen auf internationalen Treffen oder im Anschluss an sie hin, sondern auf ein Verfestigung der Selbst- und Fremdbeschreibungen, mit denen die Akteure in die Treffen gegangen sind: Die Beteiligten sehen sich in ihrer Wahrnehmung der Kollegen aus anderen Ländern im Wesentlichen bestätigt. Dieser Befund ist in der praktischen Perspektive einer Verbesserung der Verständigung ein Anlass zur Besorgnis. Denn die Treffen stellen ja eine herausgehobene Möglichkeit dar, die Stereotype der Selbst- und Fremddeutung zu modifizieren.

Dabei ist erstens strikt zwischen der gewerkschaftsverbandlichen und der betrieblichen Ebene zu unterscheiden. Im ersten Fall besteht – wenigstens auf der Ebene höherer Funktionsträger – eine gute Kenntnis von Personen, ein etablierter Austausch über Problemlagen und eine hohe Dichte des internationalen Austauschs. Das ist auf der betrieblichen Ebene noch nicht in dem Maße erreicht bzw. von Fall zu Fall sehr unterschiedlich ausgeprägt.

Zweitens ist zu berücksichtigen, dass die internationale Kooperation von Arbeitnehmern von vorneherein unter – im Vergleich zum Management – erschwerten Bedingungen stattfindet. Zu solchen erschwerenden Faktoren gehören, wie in dem eben beschriebenen Beispiel, insbesondere Sprachbarrieren und die Punktualität der in aller Regel auf das Treffen beschränkten Kontakte, die wechselnde Zusammensetzung von Gremien sowie Informationsasymmetrien und die geringe Kenntnis der politischen und kulturellen Begebenheiten in den beteiligten Ländern (vgl. Knudsen 2004; Eurofound 2004). Hinzu kommt, dass internationale Treffen, wie in dem skizzierten Beispiel deutlich geworden ist, in Ablauf und Bewertung davon abhängen, was vor und nach den Treffen in den „nationalen" Arenen vermittelt und besprochen wird.

Als Mittel, um zumindest einige dieser Hindernisse zu überwinden, sehen Betriebsräte und Forscher vor allem zwei Wege: erstens die Verstetigung und Intensivierung internationaler Treffen und ihre Anreicherung mit Bildungselementen (z.B. Landeskunde) und zweitens die Nutzung der Begegnungen an den Abenden oder in den Pausen für informelle Kontaktpflege. Die empirischen Abläufe der Kommunikation auf der internationalen Ebene rücken damit in den Mittelpunkt der Betrachtung. Sowohl die formalen als auch die eher informellen Begegnungsarenen und die dort eingesetzten Mittel zur Überwindung sozialer und kultureller Distanz werden im Folgenden untersucht.

6.3 Rahmung, Ablauf und Kommunikationsdynamik im formalen Teil internationaler Treffen

Wir betrachten zunächst den Einfluss der allgemeinen Rahmenbedingungen auf die Kommunikation bei internationalen Treffen und rekonstruieren im Anschluss typische Kommunikationsverläufe im Hinblick auf die Frage, wie sich die Deutungsmuster der Beteiligten dabei zur Geltung bringen und wie sie modifiziert werden. Grundlage bilden teilnehmende Beobachtungen bei „informellen" internationalen Treffen, bei Ausschusssitzungen und bei Eurobetriebsratssitzungen.

6.3.1 Ablauforganisation, Gleichheitsunterstellung und Erwartungen

Internationale Treffen, etwa EBR-Treffen, aber auch Netzwerktreffen, weisen eine ähnliche Struktur auf. Die Ähnlichkeit bezieht sich auf die Orte der Veranstaltung (zumeist ein Hotel der höheren Preisklasse mit Tagungsräumlichkeiten), Gesamtgestaltung, Sitzordnung, das Dolmetschen und die Organisation der Redebeiträge. Dabei fällt ins Auge, dass nicht die unterschiedlichen Standorte, sondern die unterschiedlichen nationalen Herkünfte – auch im formalen Teil der internationalen Treffen – deutlich betont werden: Dies geschieht auf den Treffen durch Symbolisierung (etwa in Form von Nationalflaggen auf den Tischen) und die Sitzordnung (Vertreter unterschiedlicher Standorte aus einer Nation sitzen in aller Regel nebeneinander). Auch in den vorabendlichen oder einleitenden informellen Gesprächen wird die Sprachen- und Nationenvielfalt sicht- und erfahrbar: Pausengespräche und beinahe jede informelle Kommunikation wird in der Regel rasch eingeholt von der Existenz oder dem Fehlen einer gemeinsamen Verständigungssprache. Exemplarisch lässt sich die Strukturierung entlang nationaler Grenzen an einer Sitzordnung einer Eurobetriebsratssitzung darstellen.[2]

Abb. 2: Sitzordnung Eurobetriebsratssitzung[a]

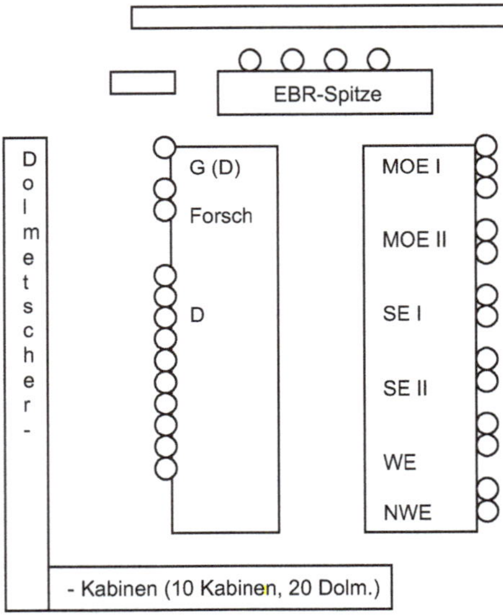

a – Aus Darstellungsgründen um einige Teilnehmer und Länder reduziert
MOE: Mittel- und Osteuropa; SE: Südeuropa; WE: Westeuropa; NWE: Nordwesteuropa; D: Deutschland; G: Gewerkschaftsvertreter.

In Kontrast zu den „ausgeflaggten“ nationalen Zugehörigkeiten spielen sie in der Wahrnehmung der Beteiligten keine oder eine untergeordnete Rolle.

> *I1:* „Also außerdem in dem Alltag über die nationale Kulturen, über die wir sprechen, halt dort in Wirklichkeit auf so einer internationalen Veranstaltung sieht man es nicht so, man sieht es nur, wenn man eventuell in ein bestimmtes Land zu Besuch hinfährt.“

2 Neben der an Nationen orientierten Anordnung werden hier auch die zentralen Position der EBR-Spitze und das Gewicht der deutschen Standorte deutlich.

> *I2:* „Dort sieht man es nicht, also diejenigen, die sind auf einem Niveau, dort auf so einer Veranstaltung kann jeder sich so verhalten, oder auf einer Abendbesprechung, dass man es dort eigentlich jemandem nicht ansieht, ob man jetzt Russe, oder Pole, oder Portugiese ist.“ (Tandeminterview, ungar. EBR und Gewerkschafter)

Die Ansicht, man sehe den Teilnehmern die Herkunft nicht an und die Ansicht, sie würden aufgrund ihrer jeweiligen Funktion in der Vertretung von Arbeitnehmerinteressen ähnliche Sichtweisen mit einbringen, wird von fast allen Beteiligten geteilt. Ebenso wird einmütig festgestellt, dass sich Gleiche unter Gleichen treffen.

Die Einschätzung der Rolle nationaler Unterschiede auf internationalen Treffen und die Praxis des Umgangs mit diesen Unterschieden fallen also auseinander: Während auf der Ebene der Einschätzung nationale Unterschiede hinter Gleichheitsannahmen, vor allem der Gleichheit als Arbeitnehmervertreter im Unterschied zum Management, zurücktreten, treten sie auf der Ebene der Praxis hervor – formell wie informell z.B. bei der „Sortierung“ abendlicher Gesprächsrunden nach Staatsbürgerschaft und Sprachkompetenz. Insbesondere bei den Arbeitnehmervertretern aus Mittel- und Osteuropa ist der Rekurs auf Gleichheitsannahmen auffallend, da ihre Selbst- und Fremdbilder wesentlich durch eine Differenzannahme gekennzeichnet sind, während bei den Arbeitnehmervertretern aus Deutschland sich das Gleichheitspostulat auf der Ebene der Selbst- und Fremdbilder mit dem Gleichheitspostulat auf der Ebene der Einschätzung internationaler Treffen deckt.

Die Differenz zwischen der Selbst- und Fremdwahrnehmung als kulturneutrale Vertreter von Arbeitnehmerinteressen und der Praxis eines kulturgebundenen Umgangs mit den Anforderungen des Treffens bezeichnet eine der wichtigsten Beobachtungen unserer Untersuchung. Wir sehen darin einen Grund für das Phänomen, dass die wechselseitigen Fremdbilder im Zuge der Treffen nicht aufgebrochen, sondern verfestigt werden.

Das Auseinanderfallen von Einschätzung und Handlungspraxis lässt sich auch für den Ablauf der Treffen selbst beobachten. Formal folgt der inhaltliche Teil internationaler Treffen in den von uns beobachteten Fällen einem verbreiteten Schema: Der Ablauf wird von der EBR-Spitze moderiert, folgt einer Agenda und beginnt – nach Grußworten – mit dem Arbeitsbericht des EBR, gefolgt von Länder- und Standortberichten. Hinzu kommen in unserem Fall Berichte aus Arbeitskreisen und Statements anwesender Gewerkschaftsvertreter. Das Wort geht reihum. Im Anschluss an die Berichte findet eine Stoffsammlung für Aktionen, Forderungen oder ähnliches statt (etwa mit Blick auf die Teilnahme der Geschäftsleitung an der EBR-Tagung), die in eine Diskussion und eine Aufgabenverteilung einmündet. Die Sitzung wird mit einer Zusammenfassung seitens der Spitze des EBR abgeschlossen.

Im Ablauf führt insbesondere die reihum gehende Abfrage der Standortsituationen vordergründig zur Bestätigung der wechselseitig „kulturneutralen“ Wahrnehmung der Teilnehmer: Die Berichte der Vertreter werden durch das Dolmetschen in ein von Sprachunterschieden und Nuancierungen in den Aussagen gereinigtes Format gebracht und unterscheiden sich lediglich nach Länge, inhaltlicher Dichte und der Form der körperlichen Aufführung (dies allerdings mit Konsequenzen, siehe unten). Nachfragen und Antworten im Rahmen der Berichtsrunde beziehen sich auf lokale oder regionale Besonderheiten („wie ist das bei euch“; „bei uns ist es ...“, „der italienische Standort ...“, „das deutsche Bildungswesen ...“), das gesamte Arrangement bietet jedoch keine Gelegenheiten für die Thematisierung nationaler oder kultureller Besonderheiten. Das Vorbild solcher Treffen sind Treffen im nationalen Rahmen, mit deren Ablauf alle Teilnehmer bestens vertraut sind.[3] Ein international erfahrener Vertreter bringt diesen Sachverhalt in folgender Weise auf den Punkt:

> „Wir treffen uns meistens in irgendeinem Hotel, das vom XY [Unternehmensname] bestellt wurde, das ist sozusagen so ein goldener Käfig, es ist ein teureres Hotel, dann werden wir zum Abendessen gefahren, wir verhandeln, sehen einen Teil der Fabrik, die Fabriken sehen heutzutage alle gleich aus, da können Sie nicht mal unterscheiden, ich mache das doch schon dreißig Jahre in dieser Fabrik /I: klar/, was besser und was schlechter ist, so dass, na ja und dann ist dort selbstverständlich die Kommunikation schwierig.“ (Tsch. Betriebsgewerkschafter und EBR)

Die Aussage beschreibt gewissermaßen die Kehrseite einer durchstrukturierten, auf Formalität und Gleichheit abstellenden hoch artifiziellen Veranstaltungsgestaltung. Der Interviewte führt weiter aus:

> „(...) ob man in der kurzen Zeit bei diesen Treffen die Mentalität einzelner Menschen, Nationen erkennt, ich bemühe mich wirklich, dies zu studieren, wenn ich die Länder sehe, mache ich mich kundig, ich würde mich schämen, wenn ich nicht wüsste, wer der Präsident, Premier ist, was es dort für ein politisches System gibt, was sie dort für Bräuche haben, was sie essen, das mache ich wirklich, aber es ist wirklich am schwierigsten, in die Industrie- und Gewerkschaftsbeziehungen durchzudringen, dort ist es leider so, dass jeder Gewerkschaftler denkt, dass er die Problematik kennt, und er hält sie in seinem Kopf für eine Tatsache,

3 Der Unterschied zu dem in der Einleitung zu diesem Kapitel beschriebenen Treffen besteht folglich vor allem in der besseren Vorbereitung der Eurobetriebsratssitzungen anhand eines einheitlichen Ablaufprogramms. Unsere Gespräche mit Experten aus dem europäischen gewerkschaftlichen Bildungs- und Schulungswesen weisen darauf hin, dass die Vermittlung dieses Standardprogramms einschließlich des erwartungskonformen Verhaltens bei internationalen Treffen zu den wichtigen Bildungsaufgaben der Anbieter von Schulungen gehört.

> und gibt sie möglicherweise als Wahrheit aus, und plötzlich stelle ich fest, dass dem nicht so ist und das irritiert mich ziemlich, deswegen sehe ich zu, dass ich vorher die Übersetzungen von Dokumenten und Verträgen habe."

Die auf internationalen Treffen ausgetauschten Standpunkte und Informationen erscheinen aus dieser Sicht gerade nicht zuverlässig. Der Interviewte geht davon aus, dass ohne Vorkenntnisse keine soliden Informationen gewonnen werden können. Besteht die Künstlichkeit internationaler Treffen aus den Ingredienzien der formalen Gleichheit, der formalen Etikette und, wie im letzten Zitat deutlich wurde, der Undurchdringlichkeit der tatsächlichen Verhältnisse, so fehlen zu deren „Erdung" die notwendigen Hintergrundkenntnisse über

a) die nationalen Handlungsbedingungen,
b) die teilnehmenden Personen,
c) deren (im weitesten Sinne: politische) Position und
d) eine Einschätzung der Bedeutung der Gewerkschaftszugehörigkeit.

Die über die Redebeiträge vermittelten Informationen bleiben so notwendig abstrakt – und deshalb häufig verdächtig. Beispielsweise führten in einem Fall Erfolgsberichte eines tschechischen Vertreters auf einer Eurobetriebsratssitzung hinterher (zurück in Deutschland) zu Kopfschütteln seitens der deutschen Eurobetriebsräte, weil sie anhand der Informationen nicht nachvollziehen konnten, wie die von den Betriebsgewerkschaftern geschilderten hohen Lohnabschlüsse zustande gebracht worden waren.

Die Struktur der Sitzung und des Sitzungsablaufs führen also dazu, dass die beteiligten Arbeitnehmervertreter im direkten Kontakt sich einander nicht besser verstehen, sondern vielmehr die schon mitgebrachten Stereotype bestätigen. Ungarische Arbeitnehmervertreter halten die Reden ihrer deutschen Kollegen über internationale Solidarität für das, was sie vorher erwartet haben, nämlich für „Dampfgeplauder", das ihnen als Theater vorgespielt wird, während jene bei sich „zu Hause" in Deutschland dem Management „auf dem Schoß sitzen".

Diese Schwierigkeit, „hinter" die präsentierten Informationen zu blicken, sie einordnen zu können, ihren Sinn zu verstehen, führt dazu, dass viele Beteiligte den Ertrag internationaler Treffen für unbefriedigend halten. Nicht wenige Arbeitnehmervertreter verbindet in der Folge die Ansicht, man sei darin gleich, dass man mit allen Mitteln für den eigenen Standort eintrete, deshalb mit verdeckten Karten spiele und ernsthafte Auseinandersetzungen vermeide.

6.3.2 Präsentationen und Zuschreibung kultureller Differenz

Eingangsstatements und Präsentationen der Gesamtsituation werden typischerweise von den EBR-Spitzen oder von herausgehobenen Personen in Netzwerken, die über den größten Informationsvorrat verfügen, übernommen. In der Regel sind diese Personen zugleich Arbeitnehmervertreter, die qua Mitgliedschaft in wichtigen Konzerngremien eine Nähe zu den Unternehmenszentralen und entsprechend einen Informationsvorsprung gegenüber anderen Teilnehmern haben, in unserer Untersuchung ausnahmslos Vertreter aus Deutschland. Deren Präsentationen nehmen einen breite(re)n Raum ein als die nachfolgenden Statements von Standortvertretern.[4]

Verteilung, Frequenz und Inhalt der Redebeiträge sind aber nicht nur Folge der Organisation, sondern auch Folge kulturspezifischer Muster des Sprechens. Diese Muster werden teils reflexiv ironisiert oder kritisiert (6.3.2.1), teils nicht als kulturspezifische Muster wahrgenommen, sondern im Licht der eigenen Situationsdeutung interpretiert (6.3.2.2). Diese „versteckten" Formen kultureller Prägung von Handlungsstilen weisen ein hohes Missverstehenspotenzial auf, weil sie zur Bewertung von Aussage*inhalten* herangezogen werden.

6.3.2.1 Kulturalisierungsform: Ironisierung von Differenz

Die meisten der typischerweise stereotypen, durchaus ironischen Zuschreibungen kultureller Andersartigkeit beziehen sich auf im Ablauf von Diskussionen als mehr oder minder störend (und auch: belustigend) empfundene Besonderheiten im Vortrags- bzw. Präsentationsstil der Belegschafts- und Gewerkschaftsvertreter aus den verschiedenen Ländern. So wird den spanischen und italienischen Vertretern eine übermäßig blumige Länge ihrer Vorträge attestiert und auch, in Diskussionen nicht auf den Punkt zu kommen. Der südeuropäischen „Mentalität" wird neben einem chronisch überbordenden Redebedürfnis ein Hang zur Missachtung von Zeitplänen und eine gewisse Beliebigkeit bezüglich der inhaltlichen Solidität von Aussagen nachgesagt. Ein tschechischer Eurobetriebsrat hat dies in der Formulierung ausgedrückt, deren Kommunikation verlaufe „in Spiralen". Spanier neigten dazu, sich in regionalen Besonderheiten (etwa dem Streit zwischen Richtungsgewerkschaften und Standorten innerhalb Spaniens) zu verzetteln; die Vertreter aus Polen, Tschechien oder Ungarn gelten als kurz angebunden, teilweise schroff, kaum initiativ und passiv. Ihre Darstellungen lieferten kaum Anhaltspunkte für ihre politische Positionierung und blieben auf der Ebene

---

4 Bei näherer Betrachtung der Redeinhalte fällt auf, dass sowohl Spannweite als auch Gegenstand der Präsentationen ausgesprochen unterschiedlich sind. Berichten die einen von der faktischen Lage (Anzahl an Arbeitnehmern, Produkte, Investitionen, Anlagen etc.), berichten andere von der Lage der Beschäftigten (Arbeitsbedingungen, Beschäftigungsverhältnisse, Managementstrategien etc.) und wieder andere vor allem von den Aktivitäten der lokalen Arbeitnehmervertretung (Haustarifverträge, erkämpfte Arbeitsschutzmaßnahmen etc.). Berichten die einen vom Ist-Zustand, berichten die anderen von Zielen, Strategien, Absichten. Ein einheitliches Berichtsformat existierte in den von uns untersuchten Fällen nur bei einem Netzwerktreffen.

der Fakten dürr. Deutsche Arbeitnehmervertreter gelten als Selbstdarsteller und Taktierer, die dazu tendieren, ohne Mandat für alle zu sprechen und die Initiative ungefragt an sich zu ziehen. Plakative Aufrufe zur konzertierten Aktion seien so schnell bei der Hand, wie sich deren konkrete Umsetzung im Dickicht des Alltagsgeschäfts verliere.

Die Wahrnehmung unterschiedlicher Inszenierungsformen ist zwar für die Teilnehmer Anlass zur „Kulturalisierung" (also der Zuschreibung kultureller Unterschiede), sie führen teilweise auch zu Irritationen, aber kaum zu ernsthaften Auseinandersetzungen. Vielmehr werden sie ironisiert und oft gestisch nachgestellt, wenn man zu Hause oder gegenüber Dritten von Besonderheiten („Skurrilitäten") internationaler Begegnungen berichtet. Die hier verwendeten stereotypen Formen der Beschreibung von Besonderheiten sind nicht (nur) Ausdruck der konkreten Erfahrung. Sie sind auch Teil eines ganzen Ensembles von öffentlich in Europa verfügbaren Beschreibungen nationaler Besonderheiten (unpünktliche „Südländer", akkurate, etwas „steife" Nordeuropäer usw.). In der Regel werden sie von den so Bezeichneten auch akzeptiert, zumal sie in der Form der Ironisierung kultureller Differenz in aller Regel nicht exkludierend verwendet werden (viele Deutsche nehmen die Assoziation mit Sauerkraut hin, auch wenn sie selber kein Sauerkraut essen).

Neben dieser harmlosen Variante der Kulturalisierung durch Ironisierung kann das Verhalten der anderen auch als kontraproduktiv aufgefasst werden. Beispielsweise führen Auseinandersetzungen mit spanischen Kollegen auf einem internationalen Treffen zu „gemeinsamen" Formulierungen, die sich – aus der Sicht eines tschechischen Vertreters – aufgrund ihrer Unverbindlichkeit nicht in der tschechischen Gewerkschaftslandschaft vermitteln lassen und schon gar nicht dazu eignen, eine verbesserte Verhandlungsposition gegenüber dem eigenen Management aufzubauen. Der deutsche Hang zu Absichtserklärungen und zu Formen des Einverständnisses, die im nationalen Recht nicht verankert sind, sind aus derselben Sicht Worthülsen, die in der tschechischen betrieblichen Realität nicht ankommen und die deshalb den Status eines tschechischen Arbeitnehmervertreters, würde er einer solchen Vereinbarung zustimmen, unterminieren würden. Ungarische Teilnehmer merken an, dass die westliche Tendenz, im Namen aller zu sprechen, nur deren Eigeninteresse kaschiere. Deutsche Arbeitnehmervertreter bemängeln an ihren spanischen und italienischen Kollegen, dass deren Abschweifungen einerseits den Betrieb aufhielten und andererseits faktische Ohnmacht und innere Zerstrittenheit kaschierten. Im Resultat stellt sich die Erfahrung eines Stillstands ein:

> „Weil es wäre gut, wenn mir jemand sagen würde, dass sagen wir an einem Standort eines bestimmten Landes ein Betriebsratsvorsitzender auf der Europäischen Betriebsratssitzung ein Problem aufwirft, wie es gelöst wird. Weil meiner Meinung nach wird es nicht gelöst. Also jetzt dass er sein Problem gesagt hat, mit

demselben Effekt könnte er hier zum X-Ufer [Flussname] gehen, und könnte es auf der Insel sagen." (Ungarischer EBR, Fall 1)

6.3.2.2 Kulturalisierungsform: Ungleichheit der Perspektiven

Innerhalb des vereinheitlichenden Rahmens der Ablauforganisation internationaler Treffen treten die Repräsentanten der im EBR vertretenen Belegschaften, Sparten und Länder[5] vor allem mit Rede-, Diskussions- und Präsentationsbeiträgen in Erscheinung. Das beobachtete Verhalten dient den anderen als Grundlage der Bewertung. Das Verhalten umfasst insbesondere Präsentations-, Rede- und Selbstdarstellungs*stile*, die die Akteure auf internationalen Treffen einsetzen, um ihre Positionen zu erläutern. Wir bezeichnen die Verhaltens- und Ausdrucksformen als Stile, weil sie sich in der Folge bewusster (z.B. Schulungen, Selbstaneignung etc.) und latenter (z.B. Bewährung bestimmter Verhaltensmuster) Sozialisationserfahrungen im betrieblichen und nationalen Kontext bilden und deshalb zumindest teilweise der kognitiven Kontrolle durch die Akteure unterliegen. Nirgends wird dies so deutlich wie an der Fähigkeit erfahrener Arbeitnehmervertreter, zwischen dem Stil (oder Kode) der mobilisierenden Ansprache vor Belegschaften (Betonung von Unterschieden, Skandalisierung, Appelle etc.) und dem Stil der gremienorientierten Verhandlung (Betonung von Verständigungsmöglichkeiten, Problemlösungsorientierung etc.) hin- und her zu switchen. Diese Stile sind Ausdruck ihrer Entwicklung in der „heimischen" Kultur der Industriellen Beziehungen, in der sie sich bewährt haben. Sie entwickeln sich entlang der Aufschichtung von „Karriere"-Schritten des „typischen" erfolgreichen Belegschaftsvertreters. Die Folge dieser Sozialisation ist, dass sich auf der einen Seite typische Handlungsmuster etablieren und auf der anderen Seite Wahrnehmungs- und Deutungsweisen von Verhalten, die auf diese Handlungsmuster abgestimmt sind. Sowohl Handlungs- wie Wahrnehmungsmuster entstammen aber der jeweiligen Kultur der Industriellen Beziehungen, in der sie etabliert sind. In der internationalen Kooperation fällt gerade diese Entsprechung weg. Weder die aus dem jeweiligen heimischen Kontext stammenden Handlungsmuster noch die Wahrnehmungsmuster sind erprobt und etabliert. Das Gegenteil ist der Fall: Handlungsmuster, die für die einen alltäglich sind, sind für die anderen außeralltäglich, und alltägliche Wahrnehmungsmuster treffen auf in diesen Mustern außeralltägliche Stile.

Einerseits bestimmt daher die Form der Präsentation von Informationen die Bewertung der Inhalte mit. Andererseits wählen Teilnehmer Präsentationsformen, die sich in ihren nationalen Handlungskontexten bewähren oder bewährt haben. *Dieser* Kontext fehlt jedoch den „Beobachtern" aus anderen Ländern.

---

5 Die unklare Zuordnung, ob ein EBR-Mitglied einen Standort, eine Sparte oder ein Land vertritt, ist ein weiteres Spezifikum der Institution des EBR.

Anstelle des Kontextes der Genese und Bewährung der Stile muss der eigene Kontext herangezogen werden: eigenes Wissen, eigene Deutungsschemata angemessenen Verhaltens bei Betriebsratssitzungen, Versammlungen etc., die in der gleichen Weise einem nationalen Kontext entstammen und in ihm passend und angemessen sind (weil alle Teilnehmer mehr oder weniger dieselben Kriterien der Bewertung von Stilen anwenden).

Auf einer internationalen Bühne müssen diese national bewährten Mittel betrieblicher Interessenvertretung aber nicht in gleichem Maße angemessen sein und sind es oft auch nicht. Dies betrifft z.B. Fragen des *Detaillierungsgrades:* Man präsentiert sich auf der Basis der Unterstellung, der andere kenne die Situation am eigenen Standort oder doch wenigstens die Rahmenbedingungen so wie man selbst auch. In der Folge berichten die Vertreter der Standorte z.B. von Tarifabschlüssen in einem Detaillierungsgrad, der es denen, die *nicht* mit den Rahmenbedingungen des Standorts vertraut sind (also alle oder fast alle anderen), kaum möglich macht, den Ausführungen inhaltlich zu folgen. Das gilt auch für die im Vergleich zu den westdeutschen Beiträgen oft knappen Beiträge aus Mittel- und Osteuropa, deren Länge in der Perspektive der westdeutschen Vertreter nicht als spezifischer kultureller Stil der Präsentation, sondern als Ausdruck mangelnden Selbstbewusstseins oder der Rückständigkeit gilt.

> „Da beschränkte sich die Mitarbeit in der Jahreskonferenz auf die Vorstellung ich bin der und der, heiße sowieso mache des und des in Tschechien und äh freue mich dass ich hier bin. Äh das waren dann so die ganzen äh Kommentare, die da von diesen Kollegen kamen." (Dt. EBR, Fall 2)

Die Linie, entlang der sich Stil und *Auftreten* von Belegschaftsvertretern einzelner Standorte massiv unterscheiden, entspricht ziemlich exakt dem ehemaligen „Eisernen Vorhang". Die Spitze des Eurobetriebsrates, vor allem deutsche, aber auch nordeuropäische und westeuropäische Vertreter demonstrieren mit der eigenen Präsentation auch einen „überlegenen" Zugang zu Insider-Informationen und bestätigen so ihre Position. In dieser Präsentation kommt das deutsche, betriebsverfassungsgesetzlich verankerte Selbstverständnis der deutschen Betriebsräte einmal mehr zum Ausdruck. Mit dem Spannungsfeld zwischen Arbeitgeber- und Arbeitnehmerperspektive (Wohl der Belegschaft, Wohl des Betriebes) kommen die im deutschen System Agierenden gut zurecht – das gehört zu ihrem selbstverständlichen Wissensvorrat. Für einen in der „Ko-Determination" eingeübten Betriebsrat können solche Präsentationen hilfreich sein, weil sie wichtige Informationen zu den Rahmenbedingungen und Einschätzungen der zukünftigen Entwicklungen von Seiten der Geschäftsleitung aus der Perspektive anderer Standorte enthalten, die in Beziehung zu den eigenen Informationen gesetzt werden können. In allen uns bekannten Zusammenhängen spielt die Einschätzung von Personen aus dem Management für die deutschen Vertreter eine wichtige

Rolle. Das Sprechen über Personen aus der Managementspitze, ihre Charakterisierung und Einschätzung, ist mehr als die Weitergabe von Information. Sie ist ein Zeichen der erkämpften Position des Betriebsrats im Unternehmen und wird auch so präsentiert. Gerade weil das deutsche Recht im Bereich der Betriebsverfassung weitgehend kodifiziert ist, können mündliche Absprachen getroffen werden, die beide Seiten binden. Hier kommt zum Ausdruck, welche Bedeutung das „gesprochene Wort" für deutsche Betriebsräte hat. Der Wortbruch ist ein Vertrauensbruch, der nicht nur die Person, die ihn begeht, sondern das System wechselseitigen Einverständnisses, der Gemeinwohlverpflichtung und des Expertenstatus beschädigt.[6]

Diese Einschätzung wird von den Kollegen aus Mittel- und Osteuropa aus nahe liegenden Gründen nicht oder nur mit erheblichen Einschränkungen geteilt – weder sind sie in der gleichen Weise nah am Management, noch haben Absprachen denselben Status. Mündliche, aber auch schriftliche Vereinbarungen, so die Erfahrung dort, werden sowohl vom einheimischen als auch vom deutschen Management gebrochen. Das gesprochene Wort hat daher einen gänzlich anderen Stellenwert: Der Wortbruch ist nicht die Ausnahme, sondern die Regel. Die Kontakte zum Management sind weniger häufig, oft formaler Natur und konzentrieren sich auf die schriftliche Fixierung und rechtliche Absicherung von Absprachen. Im unmittelbaren Kontakt zum Management können die Arbeitnehmer nicht auf eine langjährige „Konfliktpartnerschaft" zurückblicken, wohl aber auf langjährige Konflikte.

Schematisch lassen sich der Ablauf einer Sitzung und die mit ihm verbundenen Erwartungsenttäuschungen bei den Beteiligten so darstellen: Die Teilnehmer aus Mittel- und Osteuropa erwarten einen soliden Informationsaustausch und führen die Enttäuschung dieser Erwartung auf die Inszenierung der deutschen Betriebsräte und deren mangelnde Kenntnis der Industriellen Beziehungen in den Staaten Mittel- und Osteuropas zurück. Die Grundlage der Erwartungsenttäuschung ist die Annahme, ein solider Informationsaustausch basiere nicht inhaltlich, aber im Stil auf den aus dem eigenen System der Industriellen Beziehungen bekannten Stilen. Entsprechend vereinnahmt von und für Interessen der westdeutschen Vertreter, mit denen sie selbst nichts zu tun haben, erfahren sie sich. Die westdeutschen Vertreter erwarten die Erörterung strategischer und politischer Ziele. Darunter verstehen sie eine Erörterung in dem Stil, der ihnen aus ihrem System der Industriellen Beziehungen vertraut ist. Auf die Enttäuschung dieser Erwartung reagieren sie mit der Annahme, die mittel- und osteuropäischen Vertreter hätten es sich in einer momentan komfortablen Position bequem

6 Folgt man der Argumentation des Kulturanthropologen Werner Schiffauer, so ist der Rekurs auf Expertenstatus und das wechselseitige Einverständnis ein „typisch deutsches" Muster vorgängiger Konflikteinhegung (vgl. Schiffauer 1997, S. 46).

gemacht und würden deshalb kein Interesse an Abstimmungen haben. Nicht nur die Erwartungen, auch die Reaktionen auf die Erwartungsenttäuschungen sind jeweils Interpretationen der Stile des Auftretens der anderen durch die Brille der eigenen Erfahrungen.

6.3.3 Wechselseitige Erwartungsenttäuschung

Auf eine einfache Formel gebracht, verfügen die Akteure kaum über Wissen über Arbeitnehmervertretungen und deren landesspezifischen Funktionsweisen außerhalb der eigenen Handlungsarenen und können deshalb Informationen nicht direkt bewerten. Was sie zur Bewertung haben, sind die Präsentationen und das Auftreten ihrer Kollegen. Diese Präsentationen und das Auftreten folgen den jeweiligen national eingeschliffenen Handlungsrepertoires. Von den anderen werden sie aber nicht anhand dieser, sondern anhand ihrer eigenen Repertoires bewertet. Die Folge sind zuerst wechselseitige Erwartungsenttäuschungen, die, da sie wiederum im Lichte der eigenen Repertoires interpretiert werden, zur Stabilisierung der aus der eigenen Kultur der Industriellen Beziehungen mitgebrachten Stereotype über die anderen beitragen können.

Es fehlt also die Möglichkeit, kulturspezifische Handlungsbedingungen selbst zum Ausdruck bringen zu können. Dies zeigt sich insbesondere dann, wenn ein engerer Ausschuss eines Europäischen Betriebsrats „auf eigene Faust" Missstände an Standorten anprangert, ohne die lokalen Interessenvertreter vorab einzubeziehen. So schreibt sich etwa der geschäftsführende Ausschuss in Fall 2 in seinem Tätigkeitsbereicht auf einer Sitzung des Eurobetriebsrates eine erfolgreiche Intervention zur Verbesserung des Arbeitsschutzes in einem südeuropäischen Werk zu. Der anwesende Belegschaftsvertreter des Standortes weist das entschieden zurück. In seiner Perspektive handelt es sich bei der Darstellung um eine illegitime Vorführung der Machtlosigkeit der lokalen Belegschaftsvertretung und eine Instrumentalisierung des tatsächlichen Geschehens für die Selbstdarstellung der EBR-Spitze.

Wir können in Analogie zur sprachlichen Übersetzungsproblematik auch von einer kulturellen Übersetzungsproblematik sprechen. Im Sprachlichen fehlt eine lingua franca – und im kulturellen Bereich auch. Der Unterschied besteht darin, dass das Dolmetschen das Fehlen einer fehlenden Verständigungssprache sichtbar macht, die im kulturellen Bereich durch den Rekurs auf allgemeine Gemeinsamkeiten der Arbeitnehmervertretung unsichtbar wird. Diese Gemeinsamkeiten sind zu abstrakt (und zu wenig kodifiziert), um ein übergreifendes Bewertungs- und Einordnungsschema von Aussagen und Verhaltensweisen abgeben zu können.

6.4 Mechanismen zur Reduktion sozialer Distanz – die informelle Seite internationaler Treffen

Wie schon erwähnt, betrachten nicht wenige Wissenschaftler und Praktiker gerade die Zeiten zwischen den formalen Sitzungen als Gelegenheiten, kulturelle und soziale Distanzen zu überbrücken, also einen gemeinsamen Hintergrundkonsens herzustellen. Bei solchen Gelegenheiten sollen Andere nicht nur als „Rollenträger“, sondern auch als Menschen kennengelernt und Gemeinsamkeiten entdeckt, aufgebaut und gepflegt werden können. Nun sind gerade die informellen Begegnungen in besonderem Maße auf eine gemeinsame Sprache oder einen gemeinsamen Wissensvorrat angewiesen. Deshalb ist es nicht selbstverständlich, dass sich die im nationalen Kontext üblichen und oft gut funktionierenden Praktiken informeller Kontaktpflege auf den internationalen Kontext übertragen lassen.

Die Erwartung, in informellen Runden um die Sitzungen herum einen besseren Zugang zu ihren Kolleginnen und Kollegen zu gewinnen, wird von den von uns befragten Betriebsräten durch die Bank geteilt. Vor allem in der westlichen Perspektive dienen sie dazu, die formale Unterstellung der Gleichheit empirisch zu testen (sie reagieren damit gewissermaßen schon auf das Problem der Verunsicherung über den Status ihrer Gegenüber aus anderen Ländern). Wegen der allgemeinen Unvertrautheit miteinander entsteht unterhalb der informellen Oberfläche eine gesteigerte Aufmerksamkeit für das Verhalten der Arbeitnehmervertreter anderer Länder, die es so bei einem nationalen Treffen nicht gibt.

Die Erwartungen an die vergemeinschaftende Kraft informeller Arrangements sind nicht immer mit der Praxis des informellen Austauschs in Einklang zu bringen – zwar verständigt man sich informell, aber eben doch nur mit denen, die man schon kennt und deren Sprache man spricht. Nach unserer Beobachtung bilden sich Grüppchen entlang der Sprachkompetenz oder clustern sich um Dolmetscher. Letztere übernehmen häufig bei derartigen Gelegenheiten, etwa dem gemeinsamen Essen, die Rolle des Unterhalters für ausländische Gäste.[7] Während sich die Vertreter eines Landes angeregt untereinander unterhalten, bilden die Dolmetscher mit den Gästen ein mehr oder minder eigenständiges Interaktionssystem, das vom restlichen Geschehen weitgehend abgekoppelt ist. Andererseits wird das Verhalten in der direkten Kommunikation umso feiner registriert. Ein deutscher EBR erzählt, er hat

> „(...) kennengelernt die Kollegin (lacht), des is mir au noch nie passiert, also gut, hob i au bissl Probleme, weil i au net fit auf dem Gebiet bin mit Englisch, und die hat dann am Abend zu mir gsagt, wie mir miteinander geredet ham, sie würde gern in Englisch mit mir reden, des hob i scho a bissl blöd gfunden, weil i gsogt

7 So war es auch in dem einleitenden Beispiel, in dem der Dolmetscher als einziger über die Sprachgrenzen hinweg kommunizierte.

> hob, weil sie eigentlich gut Deutsch gesprochen hat /I2: hmm hmm/, also sie hat net schlecht Deutsch gesprochen: äh Warum macht sie des, warum sogt sie etzt i will mit dir in Englisch sprechen /I2: hmm/ und so." (Dt. EBR, Fall 3)

Der deutsche Betriebsrat erfährt den Wunsch seiner Kollegin aus Mittel- und Osteuropa, in eine gemeinsame Fremdsprache zu wechseln, als unangemessene Problematisierung der Verständigungssituation mit der Folge, die eigenen, eingeschränkten Sprachkenntnisse im Englischen aufdecken zu müssen. Er sieht in ihrem Verhalten einen unpragmatischen Unwillen, auf Deutsch zu kommunizieren. Der Gleichheitsanspruch, der hinter dem Wunsch steht, in einer gemeinsamen Fremdsprache zu kommunizieren, stellt sich in der Wahrnehmung des deutschen Betriebsrats als Versuch der Entlarvung der eigenen geringeren Kenntnis dieser Sprache dar. Im Kern handelt es sich um eine Auseinandersetzung um kommunikative Macht: Die Betriebsgewerkschafterin aus Mittel- und Osteuropa spricht schlechter Deutsch als ihr deutscher Kollege und will deshalb ins Englische wechseln, der deutsche Betriebsrat spricht seiner Selbstwahrnehmung nach schlechter Englisch und will deshalb Deutsch sprechen. Das erzeugt nicht nur Irritation, die Einschätzung der Kollegin aus Mittel- und Osteuropa hängt zentral an diesem Punkt.

Die Einbettung des informellen Arrangements ist für Belegschaftsvertreter aus Mittel- und Osteuropa nicht selten mit erheblichen Irritationen verbunden – Teile des Settings werden als Ausschluss erfahren. Über einen informellen Kneipenabend im Anschluss an die Sitzung eines Europäischen Betriebsrats in einer westeuropäischen Großstadt berichtet ein Belegschaftsvertreter aus Ungarn, dass sich die Belegschaftsvertreter westeuropäischer Standorte zusammengeschlossen hätten ...

> „(...) und haben quasi ihre eigene Sitzung gemacht, da, wo eine Art Kommunikation läuft, ist es gut, aber dort waren wir sozusagen abseits und das hat für uns bedeutet, dass wir nicht mal (...), ansonsten hätte ich von zu Hause meine Ersparnisse mitnehmen und sagen müssen, mit diesem Ersparten lade ich Euch ein oder etwas derartiges. Und wir suchen uns immer in diesen teueren Stadtvierteln einen Supermarkt, dort kaufen wir Lebensmittel ein, das sage ich offen, und wir haben so ein Köfferchen, damit wir nicht damit komisch aussehen und wie die Türken mit Plastiktüten in der Hand herumlaufen. Also kaufen wir uns etwas zum Trinken aufs Zimmer, weil es für uns wirklich zu teuer ist." (Tsch. EBR, Fall 1)

Der Arbeitnehmervertreter aus Mittel- und Osteuropa schildert die Erfahrung einer Zweiklassengesellschaft, die durch die Wahl der Veranstaltungsorte und die Organisation der informellen Abendgestaltung etabliert wird. Die negative Seite der auf Repräsentation der Bedeutung des Gremiums ausgelegten und an die westlichen Verhältnisse angepassten Treffen besteht in der exkludierenden und herabwürdigenden Wirkung auf die Teilnehmer, die sich das Spektakel nicht leisten können. Mit Wohlwollen wird entsprechend registriert, wenn Treffen des Eurobetriebsrats in Mittel- und Osteuropa abgehalten werden. Das ändert aber nichts am Dilemma, denn auch dort werden Inseln des Wohlstands (teure Hotels) gewählt, die für Geschäftsreisende und Wohlhabende, nicht aber für Arbeitnehmervertreter zu den selbstverständlichen Orten des alltäglichen Lebens zählen. Die Wahl der Orte wird als Vorleben eines anderen Lebensstandards registriert – eine Praxis, die in einem krassen Missverhältnis zu Solidaritätsformeln und Postulaten einer gemeinsamen Lage als abhängig Beschäftigte steht.[8]

An den Beispielen wird deutlich, dass und wie Rahmungen von und Handlungen in informellen Settings, die für die einen nicht weiter bedenkenswerte Nebensächlichkeiten darstellen, für die anderen massiv irritierend sein können. Westliche Vertreter unterstellen ganz selbstverständlich, dass die gewählten Orte der Begegnung normal, unproblematisch und friktionsfrei seien. Sie bewegen sich in dieser Rahmung des „internationalen Parketts" mit einem hohen Grad an Selbstgewissheit, deuten die Situation als angemessenen und den Rahmen als pragmatisch sinnvoll: Man trifft sich in Hotels, geht gut Essen und wählt die deutsche Sprache, die die meisten irgendwie verstehen. Orte und Rahmung internationaler Treffen sind in dieser Sichtweise „authentisch". Für andere Arbeitnehmervertreter sind die dieselben Orte keineswegs ein selbstverständlicher Handlungsraum, sondern „fremdes Terrain" – zumal im eigenen Land. So fällt ihr Blick auf die Frage, warum diese Settings gewählt werden, wo doch klar sein müsste, dass sie einen tendenziell exkludierenden Charakter in sich tragen. Der Wunsch, z.B. in eine Sprache zu wechseln, die für beide Seiten eine Zweit- oder Fremdsprache ist (um das obige Beispiel aufzugreifen), drückt aus, hier eine Situation auf Augenhöhe herzustellen (gegenüber einem einseitigen Handicap) und aus der unangenehmen Situation herauszukommen, in der Güte des Sprechens einer Fremdsprache von Muttersprachlern permanent evaluiert zu werden. Dieser an sich verständliche Wunsch wird jedoch ganz anders bewertet: So wird das Benehmen, das die mit der Umgebung unvertraute(re)n Akteure an den Tag

---

8 Dass dieser Eindruck in den allermeisten Fällen unbeabsichtigt sein dürfte, ändert am Problem nichts. Es schlägt sich auch in den Erwartungen an Werksbesichtigungen nieder: Westliche Arbeitnehmervertreter sind immer wieder überrascht, in welch gutem Zustand die Werksanlagen in Mittel- und Osteuropa sich befinden – im Gegensatz zur Erwartung, „irgendwie" alte, billige, verlängerte Werkbänke vorzufinden. Diese Beobachtungen beschränken sich nicht auf das West-Ost-Verhältnis. Betriebsräte und Gewerkschafter etwa aus Großbritannien oder Spanien, die ihre Kollegen in Deutschland besuchen, sehen natürlich die teils „luxuriöse" Ausstattung der Betriebsratsbüros, der Werkskantinen etc. Wie gesagt: Entscheidend ist nicht der faktische materielle Unterschied, sondern die Frage, wie er in der Kommunikation aufgegriffen oder nicht aufgegriffen wird, wo er kommuniziert wird und zu welchen Eindrücken er führt. In unserem Fall führt er zur Bestätigung der Stereotype.

legen (nicht mit zum Abendessen gehen, eine andere Sprache wählen wollen etc.), zum Gegenstand der Irritation und Interpretation: Entweder sie sprechen zurückhaltend in der Fremdsprache oder sie verweigern diese, sie kommen nicht mit zum Essen: „Warum machen die das?“ Die Deutungen werden in die latente Funktion der informellen Begegnungen, nämlich Auskunft über die Positionen der beteiligten Akteure zu bekommen, einbezogen. Und in diesem Rahmen bestätigt das wahrgenommene und entlang der eigenen Selbstverständlichkeiten interpretierte Handeln der Anderen die eigenen Vorbehalte. Für die von uns beobachteten informellen Arrangements kann man folglich nicht sagen, dass ein Schuss Vergemeinschaftung beim Bier die wechselseitige Fremdheit reduzieren würde.

6.5 Netzwerke und biografische Räume als Strategien der Vertrauensbildung

Im bisherigen Verlauf der Untersuchung hat sich gezeigt, dass die kulturellen Muster der Selbst- und Fremddeutung insbesondere durch die Punktualität der Treffen, die Sprachbarriere und die Übertragung von im nationalen Rahmen erfolgreichen Formen der Vergemeinschaftung in einen internationalen Rahmen, in dem nicht die gleichen Voraussetzungen gegeben sind, im Kontakt der Arbeitnehmervertreter oftmals nicht verändert werden, sondern sich verhärten (können). In diesem Abschnitt werden wir diskutieren, über welche Mechanismen internationale Kooperationen verfügen, um die Beziehungen zwischen den Belegschaftsvertretern zu stabilisieren. Dies sind insbesondere Netzwerke, ein stabiler Zusammenschluss kleinerer Personenzirkel (vor allem in Form von Ausschüssen, insbesondere des geschäftsführenden Ausschusses des Eurobetriebsrats) oder persönliche Bekanntschaft. Gehalt und Wirksamkeit solcher an Personen gebundener Stabilisatoren hängen vor allem von der Vernetzung „biografischer Räume“[9] und Gelegenheitsstrukturen (Sprachkompetenzverteilung, besondere Biografien, Anlässe) ab.

6.5.1 Netzwerke mit Problembezug

Die Grundlage des Netzwerks in Fall 1 bildet eine inzwischen seit mehreren Jahren weitgehend stabile Kerngruppe von Personen, die dieselbe Sprache beherrschen. Sie können sich jederzeit ansprechen, treffen sich regelmäßig, verfügen über Ressourcen, dies zu tun und vermitteln den Sinn und Zweck des Netzwerks in die einzelnen Standorte hinein.

---

9 Ein biografischer Raum ist der soziale Raum, der durch die Biografie der betreffenden Person eröffnet wird und daher individuell unterschiedlich (vgl. Gottwald et al. 2007).

Zwar sind Sprachkenntnisse asymmetrisch verteilt, doch reichen sie zur Herstellung gemeinschaftsstiftender und damit vertrauensbildender Erfahrungen aus, insbesondere das private Gespräch beim Bier. Die Ortskenntnis der Beteiligten ist entsprechend hoch, zwar lassen sich auch hier Unterschiede in der Kontextsensitivität beobachten, doch sind diese weniger ausgeprägt als in den anderen Fällen. Die bedeutungsgenerierende Macht der Selbst- und Fremdbilder konnte durch die Kommunikation von Angesicht zu Angesicht jedenfalls teilweise eingegrenzt werden. In der Folge stand ein sukzessiver Vertrauensaufbau.

6.5.2 Personen mit transnationalen Biografien

Personen, die in unterschiedlichen Kulturen gelebt haben, fungieren in unserem Sample als kulturelle Übersetzer, und zwar in aller Regel auch dann, wenn sie nicht sprachkompetent, d.h. selbst auf Übersetzer angewiesen sind. Unter einem kulturellen Übersetzer verstehen wir eine Person, die in der Lage ist, die bedeutungsgenerierende Kraft von Selbst- und Fremdzuschreibungen kulturell einzuordnen, d.h. die Funktionsweise interkultureller Kommunikation aus eigener Erfahrung praktisch anwenden zu können. Deshalb können solche Personen als Vermittler zwischen den verschiedenen Standpunkten fungieren und in dieser Funktion als Subjekt des Aufbaus vertrauensvoller Beziehungen dienen.

6.5.3 Übersetzer und biografische Räume

Wir haben bereits darauf hingewiesen, dass auch Dolmetschern über die sprachliche Übersetzung hinaus die Funktion kultureller Übersetzung zukommt, wenn auch aus anderen Gründen. Von einigen Arbeitnehmervertretern wird diese Funktion wahrgenommen und thematisiert, etwa, wenn Dolmetscher als Personen bezeichnet werden, die „mehr als nur Dolmetscher" sind. Sie fungieren als „Unterhalter" der ausländischen Betriebsräte bei verschiedenen Anlässen, als Vertraute, Informanten, verlässliche Partner und schließlich als eine Art „Botschafter" (im Sinne Todorovs 1996), die den Zugang zur Welt der Anderen kontrollieren: Sie erklären deren Funktionsweise, kontextuieren sprachliche Äußerungen und ergänzen Informationen zu Personen und Regionen (so erläuterte ein Dolmetscher das Verhalten tschechischer Betriebsgewerkschafter in einem Fall mit dem Hinweis, es handele sich in der Region um „einfache Leute"). Anhand der Differenz zwischen der Wirkweise von Dolmetschern als Verbindungsglied zwischen Arbeitnehmervertretern und der Arbeitsweise von Eurobetriebsräten mit einer internationalen Biografie lassen sich die personengebundene Stabilisatoren internationaler Kooperationen gut studieren. „Zwischenlösungen", etwa in Form von Vertrauten und Entsandten, verweisen darauf, dass der Bedarf der

Authentifizierung des Informationsflusses (Verlässlichkeit von Aussagen und Partnern) in allen Fällen außerordentlich hoch ist.

6.5.3.1 Dolmetscher

In allen drei Fällen gilt die Auswahl von Dolmetschern als wichtiges Moment in der „Beglaubigung" übersetzter Aussagen. Dies führt dazu, dass vor allem Übersetzer genutzt werden, die man möglichst lange schon gut kennt und einschätzen kann:

> „(...) und manchmal fährt man ja wie gesagt auch an den Standort und die Übersetzer und Übersetzerinnen die sind genauso lange dabei, die werden auch ganz selten ausgetauscht. Also kennt man die auch, man weiß was das für welche sind, wie die übersetzen, die die leben da, die sind, die gehören einfach dazu, das sind nicht einfach nur Übersetzer /I1: mhm/, das ist natürlich auch ein Vorteil ++ es ist schon ein Unterschied ob da + bei jeder Sitzung zehn andere sitzen die du nicht kennst, das hatten wir mal mit Südafrika. Da war das so, da + ist ein paar Sitzungen hinternander immer ein Neuer gekommen (...) aber die anderen sind alle eigentlich durchgängig fast mindestens fünf sechs sieben Jahre dabei ne, + und da lernt man sich halt ein bisschen besser kennen." (Dt. EBR, Fall 2)

Die Formulierung „die leben da" bezeichnet in ihrer Mehrdeutigkeit präzise die über die sprachliche Übersetzung hinausgehende Funktion kulturellen Übersetzens. Die Dolmetscher leben entweder in den entsprechenden Ländern oder sie „leben da" in dem Sinne, dass sie als Mitgereiste aufgrund früherer Erfahrungen mit der fremden Lebensweise vertraut sind. Sie übersetzen nicht einfach Worte, sondern Verhaltensweisen (Todorov 1985, S. 123). Tatsächlich legen unsere Beobachtungen nahe, dass das interkulturelle Konfliktpotential abnimmt, je vertrauter Dolmetscher mit beiden Kulturen sind. Zugleich fungiert die soziale Beziehung zum Dolmetscher als eine Art Ersatz für die durch die Sprachbarriere gehemmte Vertrauensbeziehung zum anderen Arbeitnehmervertreter. Deswegen wird von allen Akteuren die Wichtigkeit des kontinuierlichen Einsatzes der Dolmetscher betont. Wegen ihrer Funktion als kulturelle Übersetzer ist ein Wechsel der Dolmetscher mehr als ein Wechsel des sprachlichen Übersetzers: ein Verlust an Stabilität und ein Verlust des Vertrauens in die Gültigkeit und Aufrichtigkeit von Aussagen, die die Person des Dolmetschers den in einer anderen Sprache gesprochenen Worten eines Kollegen verleiht.

6.5.3.2 Vermittler

In allen drei von uns untersuchten Fällen ist die Verunsicherung über die Güte und Wahrhaftigkeit der aus einem mittelosteuropäischen Land erhaltenen Information erheblich und im Vergleich zu von westeuropäischen Kollegen erhaltenen Informationen deutlich größer. Hier ist die kulturelle Distanz etwa durch Urlaubsreisen oder durch Migration aus diesen Ländern in der Regel niedriger. Die erhebliche Verunsicherung führt in allen Fällen zu Strategien der Authentifizierung von Information. Diese Strategien funktionieren über Personen aus den eigenen Betriebsratsreihen mit einem sprachlichen und kulturellen Bezug zu dem betreffenden Land (z.B. Arbeitsmigranten oder Migranten). Darüber hinaus werden Entsandte (Monteure, Anlaufunterstützer, Ausbilder etc.) „genutzt", um verlässliche Informationen darüber, „was dort vor sich geht", zu bekommen.

6.5.3.3 Grenzgänger

Neben diesen ‚Informanten', eigenen Kollegen mit individuell angeeigneten Sprach- und Landeskenntnissen oder Migrationserfahrung, gibt es noch einen – in unseren Fällen eher seltenen – Typus, den wir als „echten Grenzgänger" bezeichnen. Er unterscheidet sich vom Vermittler dadurch, dass er aktiver Teil der zu übersetzenden Lebenswelt, d.h. in beiden Lebenswelten zu Hause ist. Dem Urteil dieser Kollegen wird ein hohes Gewicht beigemessen, weshalb sie im Betriebsratskollegium gefragt und gesucht sind, ohne dass sie selbst mit internationalen Aufgaben betraut sein müssen. Ein gebürtiger Tscheche schildert seine Einbeziehung so:

> „(...) und ähm das hat sich alles so ergeben aufgrund des der Sprachkenntnisse, dass ich dann da mit einbezogen worden bin und ähm ich dann halt + teilweise als Dolmetscher und teilweise auch als ähm ein bisschen Kenner der Szene da drüben galt." (Dt. BR, Fall 1)

Die Bedeutung der Grenzgänger, die in mehreren Kulturen und Sprachen beheimatet sind, ist kaum zu überschätzen. In unseren Fällen tragen sie dort, wo sie aktiv sind, erheblich zur Stabilisierung der Kooperation bei. Aufgrund ihrer Biografie und den in dieser Biografie erworbenen Kontakten sind sie in der Lage, eine Einschätzung von Personen und Positionen sowie die Übersetzung von Fremd- und Selbstbildern zu leisten, damit Erwartungen stabilisieren und gegebenenfalls Erwartungsenttäuschungen relativieren zu können. Zugleich sind sie Vertraute, die von allen Seiten als Vermittler aktiviert und akzeptiert werden können.

Der professionelle Dolmetscher, der eigene Kollege mit fremdsprachigem Hintergrund oder der „echte Grenzgänger", Mittler zwischen den „Welten", können die direkte Interaktion zwischen den Betriebsräten zwar ergänzen, aber nicht ersetzen.

6.6 Zusammenfassung

Internationale Treffen sind der Ort und normalerweise auch die einzige Möglichkeit für den persönlichen Austausch zwischen den Belegschaftsvertretern von Standorten eines Unternehmens in unterschiedlichen Staaten. Gelingt es in diesem Rahmen nicht, das Problem der – kulturell bedingten – divergierenden Selbst- und Fremdbilder „zu bearbeiten", kann eine interkulturelle Kooperation nur begrenzt erfolgreich sein.

Unsere Untersuchung der Handlungsmuster auf internationalen Treffen zeigt, dass das Handeln der Beteiligten vor dem Hintergrund unterschiedlicher Erfahrungen in unterschiedlichen Kulturen Industrieller Beziehungen und entsprechend unterschiedlicher Wissensvorräte eine unterschiedliche Bewertung erfährt und dass diese Bewertung auf internationalen Treffen oft nicht modifiziert, sondern bestätigt wird. Dieselben „Gegenstände" werden unterschiedlich bewertet und aus den unterschiedlichen Bewertungen werden unterschiedliche Schlüsse gezogen.[10]

Der Entwicklung einer gemeinsamen Deutungspraxis stehen der unterschiedliche Handlungsbedarf der Beteiligten sowie der episodische Charakter internationaler Treffen im Weg: Der Handlungsbedarf mit Blick auf Mittel- und Osteuropa ergibt sich, wie im dritten Kapitel ausgeführt, für die westdeutschen Betriebsräte nicht in erster Linie aus einer abstrakten Interessenlage, sondern ist vermittelt durch die Erfahrung des eigenen Machtverlusts durch zunehmend realistische Möglichkeiten des Managements, aus dem etablierten System der Verhandlung durch Diktate wie Verlagerungsdrohungen auszubrechen. Die Kultur der Interessenaushandlung im deutschen System führt dazu, dass die deutschen Betriebsräte ihre national eingeschränkte Macht international mit den ihnen vertrauten Mitteln der Mandatsübernahme wiederherstellen wollen. Im Rahmen des Selbstbildes des solidarisch ausgerichteten, gleichwohl machtbewussten Vertreters von Arbeitnehmerinteressen, der sein politisches Geschick sowohl kooperativ als auch konfrontativ in der Auseinandersetzung mit dem Management einsetzt und sich dabei auf die Loyalität und Unterstützungsbereitschaft seiner Belegschaft verlassen kann, sieht das, was Arbeitnehmervertreter in Mittel- und Osteuropa tun und wie sie sich auf internationalen Treffen darstellen, selten

---

10 Einschlägige Studien verweisen auf Ansätze der Ausbildung einer solchen gemeinsamen Deutungspraxis innerhalb der Eurobetriebsratsspitzen. Die Frage ist, wie lange eine weiterreichende gemeinsame Verständigungsebene zeitlich stabil bleibt: Hält sie Friktionen stand? Studien zu interkultureller Kommunikation im Wirtschaftsbereich verweisen darauf, dass diese gemeinsamen Praxen häufig durch unterschwellig gehaltene Differenzen im Zeitverlauf brüchig werden, weil „territoriale" Grenzen des Selbst verletzt werden und einen Bedarf nach Abgrenzung nach sich ziehen (vgl. Bolten 1995; Schiffauer 1997, S. 188).

überzeugend aus. Aus der schmerzlichen Erfahrung mit der „Vaterlandslosigkeit“ des eigenen Managements kennt man die Grenzen des „Traums vom immerwährenden Wachstum“, sieht aber die Kollegen aus Mittel- und Osteuropa noch in diesem Traum schlummern. Diesen „Schlummer“ deuten sie als Folge einer Vergangenheit, in der eine Konfliktaustragung durch die sozialistischen Regime unterbunden wurde. In dieser Sicht „können“ die Kollegen aus Mittel- und Osteuropa nichts für ihren Schlaf. Gerade deshalb erscheint der eigene Weg als legitim nicht nur im eigenen Interesse, sondern auch in dem der Vertreter aus Mittel- und Osteuropa: als faires und solidarisches Angebot, als Verzicht, die eigene Machtposition voll auszuspielen (vgl. auch Kotthoff 2006).

Zu diesem Selbstbild der Selbstbeschränkung der eigenen Vertretungsmacht, von der die Kollegen aus Mittel- und Osteuropa profitieren, gesellt sich das Fremdbild des Neides, verbunden mit Zweifeln an der Aufrichtigkeit und Verlässlichkeit (der politischen Positionierung) der Kollegen in Mittel- und Osteuropa – Zweifel, die auf den internationalen Treffen verstärkt oder bestätigt werden. Die Konsequenz ist eine Tendenz bei den westdeutschen Betriebsräten, die Kollegen aus Mittel- und Osteuropa zu „Mitschuldigen“ an der Erosion ihrer eigenen Stellung im System der Industriellen Beziehungen zu machen.

Arbeitnehmervertreter aus Mittel- und Osteuropa sehen sich auf internationalen Treffen mit einem Setting und mit Situationsbeschreibungen *ihrer* Lage konfrontiert, die nicht ihre eigenen sind. Das heißt, sie müssen sich mit dem Anspruch westeuropäischer Arbeitnehmervertreter auseinandersetzen, die der eigenen Auffassung nach die Situation in Mittel- und Osteuropa „objektiv“ erfasst und daher eine feste Vorstellung vom „richtigen“ Verhalten haben. Für die Arbeitnehmervertreter in Mittel- und Osteuropa entsteht die Notwendigkeit, sich mit ihnen auferlegten Deutungen zu befassen, die durch die Bank von geringer Kontextsensitivität, d.h. von einer geringen Kenntnis der Verhältnisse vor Ort charakterisiert sind. Diese Asymmetrie tritt zur faktischen Machtasymmetrie im bilateralen Verhältnis hinzu und drückt sich in der Zuschreibung aus, die westlichen Arbeitnehmervertreter verstünden ihre Lage nicht adäquat. Verstärkt wird dies dadurch, dass in der Perspektive der Belegschaftsvertreter aus Mittel- und Osteuropa überhaupt keine Rede davon sein kann, dass man sich „naive“ Vorstellungen von den Mechanismen des Kapitalismus machen würde – im Gegenteil. Beinahe alle Arbeitnehmervertreter in Mittel- und Osteuropa haben die Erfahrung einer grundlegenden Neuordnung des Wirtschaftssystems nach kapitalistischen Prinzipien hinter sich. Am Wiederaufbau waren sie beteiligt. In gewisser Weise sieht man das, was im „Westen“ befürchtet wird, als Realität im eigenen Land schon verwirklicht. In der Reaktion auf einen westlichen Vertretungsanspruch, der weitgehend frei bleibt von der Kenntnis der Verhältnisse in Mittel- und Osteuropa, ergibt sich eine Strategie der *Selbstbehauptung und die Deutung internationaler Treffen als eines Raumes der westlichen Profilierung – oder eines Instruments der interessengeleiteten Manipulation durch deutsche Betriebsräte.* Die Treffen bestätigen diese Wahrnehmung: Der Stil des Auftretens der deutschen Betriebsräte, ihre Vertrautheit mit führenden Managern, ihre finanziellen Möglichkeiten – all das hilft nicht, die eigenen Vorannahmen im internationalen Kontakt zu revidieren, sondern bestätigt sie.

Angriffsflächen bieten die Inhalte von Aussagen, abgeschnitten von ihrem sprachlichen und lokalen Handlungskontext, in dem sie einen spezifischen, „subjektiven" Sinn ergeben, sowie die performativen Aspekte der Darbietung von Inhalten, die an die angestammten nationalen Handlungsarenen angepasst sind, in denen sie sich bewährt haben. Gerade die Stile des Auftretens und Sprechens werden vor der Folie der eigenen, aus dem eigenen Erfahrungskontext stammenden Wissensbestände interpretiert – und sie sind es, die in der einschlägigen Forschung als „silent language", als „culture without words" (Hall 1990) bezeichnet werden und die besonders missverstehensanfällig sind. Sie werden nur einsichtig durch die Kenntnis der lokal und national eingespielten Handlungspraktiken, denen sie entstammen. Soweit Form und Inhalt entlang der eigenen Maßstäbe gemessen werden, sind sie häufige Quelle von Irritationen und eher Anlass für Zurückhaltung als für weitere Kommunikation. Der Rückgriff auf einen vermeintlich gemeinsamen, allgemeinen Kode des Handelns als Arbeitnehmervertretung verstärkt tendenziell die Problematik: Nicht nur, dass die faktischen Gründe des Handelns unter diesen allgemeinen Kode subsumiert werden, auch die Gemeinsamkeit dieses Kodes ist keine Folge gemeinsamen Austauschs und gemeinsamen Handelns, sondern eine Vorannahme, in der kulturelle Unterschiede der Akteure interpretiert und im Ergebnis verstärkt werden. Deshalb verdichtet sich die Fremdwahrnehmung zu einer Struktur wechselseitiger „Nostrifizierung" (Matthes 1992) unter einem gemeinsamen Dach der Annahme der Interessenkonvergenz, von dem aus das Verhalten wechselseitig als defizitär wahrgenommen wird.

Das Vertrauen der Akteure in die Kapazität internationaler Treffen, gemeinsame Informationsgrundlagen oder Handlungsstrategien zu ermöglichen, ist entsprechend ebenso begrenzt wie das wechselseitige Vertrauen der Akteure, dessen Grundlagen durch die Veranstaltungen nicht eben verbessert werden – mit der wichtigen Ausnahme der biografisch vernetzten Räume und Netzwerke. Gerade weil alle Beteiligten davon ausgehen, nicht über unterschiedliche, sondern über identische Situationsdeutungen zu verfügen, werden Handlungsabsichten unterstellt, die im eigenen Wirkungskreis – und damit im allgemeinen Wirkungskreis „richtiger" Arbeitnehmervertretung insgesamt – als Übertretung des legitimen Handelns betrachtet werden: sei es als ideologische Manipulation, als Ausschluss von informellen Runden, als Vermischung von Management- und

Betriebsratshandeln aus der einen Sichtweise oder als Doppelzüngigkeit, Hintertriebenheit, Unterwürfigkeit etc. aus der anderen Sichtweise.[11]

Vor diesem Hintergrund ist nicht anzunehmen, dass eine Seite bereit ist, *sich die ihr von der anderen auferlegten Relevanzen zu eigen zu machen.* Belegschaftsvertreter aus Mittel- und Osteuropa pochen auf einer eigenständigen Vertretung ihrer Sache. Ihre Kollegen aus Deutschland beharren auf den Vorteilen abgestimmter Strategien. In beiden Fällen wird die Übernahme der jeweiligen Fremdtypisierung zur Bedingung weiterer Kooperation gemacht. Analytisch betrachtet handelt es sich hier nicht um einen Dialog.

Im Ergebnis wird die Kooperation als unbefriedigend wahrgenommen, weil zwischen Wunsch und Wirklichkeit internationaler Abstimmung ein Abgrund klafft. Mehr oder weniger resigniert bilanziert ein Eurobetriebsrat seine Erfahrung der Diskrepanz zwischen politischer Notwendigkeit und Wirklichkeit:

> „Und das ist grad, was ich meine: Unsere Mentalität müssen wir daran ändern, wir sind nicht mehr so das kleine Werk dort oder großes Werk überall das Werk dort und hier oder dort. Wir müssen genau wie unsere Geschäftsführung denken, global",

um kurz darauf auf die tschechischen Kollegen zu kommen:

> „(...) als Mensch kann ich das verstehn. Die versuchen etwas weiter zu kommen, das Leben etwas besser zu haben. Und kümmern sich grade um das, was sie vor Ort haben. Und dann bauen die [die Tschechen ihr Werk aus; d.V.], die werden sich natürlich nicht so schnell mit uns einigen, äh na weil jeder Angst hat, aber egal, also die in Tschechien möchten jetzt wachsen, wir möchten einfach behalten, was wir schon bis jetz äh mit der Zeit gewonnen haben. Die Deutschen natürlich sehen auch, dass diese Billiglohnländer auch ein Problem sind. Und und jeder guckt am Ende für sich selbst." (Spanischer EBR, Fall 3)

Die Grundlagen der Verständigung bilden sich, wenn und soweit sie sich bilden, jenseits der institutionellen Ebene und ihrer informellen Derivate auf der *persönlichen* Ebene vermittels der Verschränkung biografischer Räume. Selbstverständlich bieten die internationalen Treffen Plattformen, um sich öfters zu begegnen und tragen in dieser Hinsicht zur Stabilisierung persönlicher Beziehungen bei. Das geschieht, soweit auf der persönlichen Ebene die Voraussetzungen einer gemeinsamen Sprache, einer biografischen Nähe bzw. Überschneidung und/oder eines gemeinsamen sachlichen Hintergrundes gegeben sind. Personen, die hierfür infrage kommen, können Entscheidungsträger mit einer ausgeprägten

---

11 Das Verhalten von „externen" Personen und Gruppen in dieser Form als (latenten) Verstoß gegen in der eigenen Gruppe geltende Normen zu interpretieren ist ein Phänomen, das häufig mit der Abwertung der betroffenen Gruppe im Verhältnis zur eigenen einhergeht (vgl. Elias/Scotson 1990, S. 18ff.).

Orientierung auf internationale Verständigung, aber teilweise auch „geeignete“ Dolmetscher in den eigenen Reihen sein. Weil solche Netzwerke wesentlich auf den Beziehungen der beteiligten Personen und nicht auf den Institutionen der Zusammenarbeit beruhen, sind die Grenzen der personellen Vernetzung rasch erreicht: Ein Wechsel der Personen oder die fehlende „Chemie“ zwischen Führungspersönlichkeiten werden zur Gefahr für mühsam aufgebaute Beziehungen.

7 Sinnklammer Solidarität?

In den letzten beiden Kapiteln haben wir Schwierigkeiten bei der Herstellung eines *gemeinsamen* Wissensvorrats in der internationalen Kooperation von Arbeitnehmern diskutiert. Wenn wir inhaltlich nach gemeinsamen Sinnklammern der Kommunikation und des Handelns fragen, ist die erste und wichtigste das Verständnis von Solidarität. Solidarität ist eine semantische und eine praktische Klammer der Handlungskoordination internationaler Arbeitnehmervertretung, die sich durch eine starke gemeinsame Handlungsorientierung auszeichnet: Solidarisches Handeln meint, auf ein gemeinsames Ziel hin zu handeln, d.h. im solidarischen Handeln konstituiert sich ein Kollektiv. Im Unterschied zu den nationalen Handlungsarenen, in denen sich die Verständnisse der Praktiken solidarischen Handelns über einen längeren Zeitraum herausgebildet haben, müssen international gemeinsame Spielregeln der Solidarität erst entwickelt werden – so, dass sie in den nationalen und betrieblichen Handlungsarenen anschlussfähig, das heißt nachvollziehbar und unterstützenswert sind.

Wie bei den Selbst- und Fremdbildern der Akteure und ihrer Handlungspraxis auf gemeinsamen Treffen (vgl. Kapitel 5 und 6), spielen auch bei den Solidaritätsverständnissen unterschiedliche nationale Traditionen und vor allem die ehemalige Grenze zwischen West- und Osteuropa eine erhebliche Rolle. Allerdings werden neben Unterschieden auch Schnittmengen deutlich. Trotzdem lässt sich beobachten, dass die Bindekraft einer transnationalen Arbeitnehmersolidarität bisher nicht besonders ausgeprägt ist. Die Diskrepanz zwischen einem in weiten Bereichen geteilten Horizont an Bedeutungen, die mit Solidarität verbunden werden, und der geringen praktischen Relevanz von solidarischem Handeln in der internationalen Vertretung von Arbeitnehmerinteressen wird uns in diesem Kapitel beschäftigen. Weil der Begriff der Solidarität in der Arbeiterbewegung nicht nur eine lange Tradition, sondern auch eine herausgehobene Bedeutung hat, werden wir ihn in einem ersten Schritt erörtern (7.1), um in einem zweiten Schritt Solidarität als Problem der Handlungskoordination an dem empirischen Material unserer Fälle diskutieren (7.2). Wir schließen mit einem zusammenfassenden Fazit (7.3).

7.1 Grundlagen und Aspekte von Solidarität

Wie bei anderen „politischen" Begriffen, z.B. Freiheit oder Gleichheit, steht die Häufigkeit der Verwendung des Begriffs der Solidarität sowohl im lebensweltlichen wie im wissenschaftlichen Gebrauch in umgekehrt proportionalem Verhältnis zur Klarheit seiner Bedeutung. Solidarität wird

> „vielfältig eingesetzt für alles, was mit Hilfe und Unterstützung anderer, mit sozialem Zusammenhalt einer Gruppe oder gesellschaftlichem Zusammenhalt, mit moralischem Konsens aber ebenso mit der Kooperation zum Zwecke des wechselseitigen Nutzens zu tun hat." (Dallinger 2009, S. 21)

Diese Vielfalt der Bedeutungen[1] hat sicher damit zu tun, dass Solidarität, wie andere normativ hoch aufgeladene Begriffe auch, Reden und Proklamationen aller Art einen besonderen Glanz verleiht. Gerade die normative Aufgeladenheit ist ein Anlass, unterschiedliche Handlungen unter diesen Begriff zu subsumieren und sie dadurch zu adeln.

Der Begriff der Solidarität spielt in der Arbeiterbewegung eine prominente Rolle und bezeichnet in einem weiten Sinne die Verbundenheit der Arbeitenden in einer eigenen, von dem bürgerlichen Ausdruck der Brüderlichkeit abgesetzten Weise. Seiner Tradition nach ist Solidarität nicht nur ein politischer Begriff, sondern auch ein Oppositionsbegriff, d.h. er unterscheidet zwischen zwei Lagern und wird auf der Seite verwendet, die ein Ziel gegen eine etablierte Macht durchsetzen will. Es waren die großen Kämpfe der Arbeiterbewegung, wie z.B. die Kämpfe um die gesetzliche Beschränkung des Arbeitstages oder die soziale Sicherung der Lohnabhängigen, die Solidarität als einen politischen Begriff etabliert haben. Solidarität ist in diesem Sinne ein moderner Begriff, der die öffentliche Unterstützung von Personen oder Gruppen bezeichnet, die sich für legitime und normativ breit akzeptierte Ziele einsetzen. Aspekte von Solidarität sind entsprechend die Modernität des Begriffs, die Öffentlichkeit und die normative Qualität der Ziele. Wir werden sie in dieser Reihenfolge diskutieren.

7.1.1 Solidarität als moderner Begriff

Grundlagen der Solidarität innerhalb der Arbeiterbewegung waren die Gleichheit der sozialen Lage, eine gemeinsam geteilte Lebensform, die Übereinstimmung hinsichtlich der zentralen normativen Ziele und die kollektivierende Kraft der Opposition gegen „das Kapital". Diese Aspekte von Solidarität verweisen auf die Modernität des Begriffs. Solidarität in einem modernen Sinn basiert auf der wechselseitigen Fremdheit der Akteure und setzt entwickelte Arbeitsteilung und Warenproduktion voraus. Im Unterschied dazu lässt sich vormoderne Solidarität mithilfe des von Émile Durkheim geprägten Ausdrucks der „mechanischen Solidarität" beschreiben (Durkheim 1992). Durkheim geht es mit der Unterscheidung zwischen organischer Solidarität und mechanischer Solidarität um die Charak-

---

1 Die sozialwissenschaftliche Literatur zum Thema Solidarität ist sehr umfangreich. In dieser Studie kann nicht auf die Bandbreite der Diskussion eingegangen werden, vgl. hierzu u.a.: Dallinger 2009; Beckert et al. 2004; Zoll 2000; Hondrich/Koch-Arzberger 1994.

terisierung eines vormodernen und eines modernen Mechanismus sozialer Integration. Mechanische Solidarität oder Solidarität aus Ähnlichkeit bezeichnet eine immer schon gegebene, traditionelle Übereinstimmung von Individuen in ihren normativen Orientierungen. Im Unterschied dazu bezeichnet organische Solidarität einen Modus sozialer Integration, in dem die Akteure in unterschiedlichen Alltagswelten leben und doch durch Arbeitsteilung voneinander abhängig und aufeinander bezogen sind. Aus Arbeitsteilung folgt indes nur wechselseitige Abhängigkeit, nicht wechselseitige Verbundenheit. Moderne Formen von Solidarität sind keine einfache Folge der Sozialisation in eine bestimmte Lebensweise, sondern müssen erst sukzessive entwickelt und vor allem über Berufsgrenzen hinweg organisiert werden (vgl. Geary 1983).

Nimmt man die sozialstrukturelle Grundlage von Solidarität, die wechselseitige Fremdheit der Akteure, ernst und versteht Solidarität als Verbundenheit von Fremden, ergibt sich für das Verständnis von Solidarität eine zentrale Frage: Wie können Fremde unter Bedingungen der Fremdheit gemeinsam handeln? Theorien kollektiven Handelns geben darauf grundsätzlich zwei Antworten: willentliche Organisation und Selbstvergewisserung über Ziele und normative Orientierungen. Wegen der wechselseitigen Fremdheit der durch Solidarität verbundenen Individuen müssen sich diese ihrer Solidarität allererst versichern, d.h. sich als eine kollektive Handlungseinheit mit gemeinsamen Zielen willentlich konstituieren, und das beinhaltet unter anderem Organisation. Solidarität als Verbundenheit von Fremden bezeichnet deshalb eine Fremdheit, die sich nicht auf alle Bereiche erstreckt. Gemeinsame Orientierungen und die Bekräftigung dieser Orientierungen in mehr oder minder ritualisierten Formen bilden eine Grundlage solidarischen Handelns. Die Gemeinsamkeit dieser Orientierungen ist eine Voraussetzung der Unterstützung der Ziele anderer. In Nationalstaaten westlicher Prägung ist diese Gemeinsamkeit durch nationale Bildungssysteme, nationale Öffentlichkeiten, nationale Rechtssysteme usw. auf eine ganz andere Weise gegeben als international. Das ist ein Grund, warum der Erfolg der langen Tradition von Versuchen der Internationalisierung von Solidarität in der Arbeiterbewegung so bescheiden ist und so weit hinter dem Erfolg der Tradition der Nationalisierung von Solidarität zurücksteht.[2] Im transnationalen Maßstab können sich die Akteure nur beschränkt auf Traditionen und gemeinsam geteiltes Wissen stützen. Sie müssen die gemeinsame Grundlage solidarischen Handelns erst kommunikativ herstellen und vor allem auf eine Weise artikulieren, die ihre Akzeptanz im Rahmen bereits bestehender solidarischer Zugehörigkeiten erlaubt (vgl. Zoll 2000).

---

2 Vgl auch Bourdieu 2005, S. 130. Zur Frage, wie gerade der globale Kapitalismus das Nationale als Zugehörigkeitsordnung hervorbringt, vgl. exemplarisch Anderson 1996.

7.1.2 Öffentlichkeit von Solidarität

Solidarität geht grundsätzlich über eine reine „private" Unterstützungsleistung (etwa ein Geburtstagsgeschenk) hinaus. Eine solidarische Geste oder Gabe ist eine Unterstützungsbekundung von im öffentlichen Raum artikulierten Positionen, Zielen oder abzuschaffenden Missständen und daher ein *politischer Akt.* Dieser oft unterschlagene Aspekt von Solidarität hängt mit seiner gemeinschaftsstiftenden Funktion zusammen. Denn er bekräftigt, ob durch symbolische oder durch materiale Unterstützungsleistungen, die Zugehörigkeit zu demjenigen Kollektiv, das die infragestehende Position vertritt. „Solidarität ist die Bereitschaft, Opfer für das Wohlergehen der anderen Mitglieder *einer* Gruppe zu erbringen" (Beckert et al. 2004, S. 9; Hervorh. d.V.). Wenn Solidarität einen politischen Bezug aufweist, dann muss Solidarität organisiert werden. Wenn Solidarität organisiert werden muss, müssen dafür Ressourcen vorhanden sein. Dieser Aspekt liegt auch im Bereich der „Solidarität mit den Schwachen" vor. In den Formen der Nothilfe z.B. nach Katastrophen kommt der allgemeinste Rahmen einer solidarischen Gemeinschaft, nämlich der der Menschheit, zum Ausdruck. Die Solidarität ist aber auch hier an die Existenz des Werts Menschheit und die Organisation solidarischen Handelns geknüpft (Spendengalas, Kontonummern etc.).

Solidarität bezeichnet ganz allgemein die (öffentliche) Unterstützung von Handlungszielen Anderer aufgrund eines Gefühls oder der Annahme gegenseitiger Verbundenheit. Das gelingt besonders gut, wenn sich die eigene Solidargemeinschaft gegen andere als Kollektiv apostrophierte Gruppen bildet – in unserem Fall: die Manager. Die Mitgliedschaft in einer Solidargemeinschaft verpflichtet zur Obligation, das heißt zur Leistung für kollektive Ziele, ohne notwendig mit einer unmittelbaren Kompensation durch „signifikante Andere" verbunden zu sein (vgl. Hechter 1987 und Dux 2004). Eine zentrale Voraussetzung für die Unterstützungsleistung, sei sie nun symbolisch oder material, bildet die Legitimität der zu unterstützenden Ziele.

7.1.3 Legitimität der Ziele

Solidarität basiert nicht auf einer Gemeinsamkeit der Interessen.[3] Die „Solidarität mit der Dritten Welt" beruht nicht auf gemeinsamen Interessen, sondern auf einer moralisch empfundenen Selbstverpflichtung, andere zu unterstützen, die auf eine Unterstützung dringend angewiesen sind. Doch ist solidarisches Han-

3 Bei einem Zusammenschluss, der rein auf einer Gemeinsamkeit der Interessen ohne gemeinsam geteilten normativen Hintergrund beruht, würde man nicht von Solidarität, sondern eher von einer ‚Interessenkoalition' sprechen. Die Grundlage gemeinsamen Handelns in einer Koalition ist das Kalkül aller Beteiligten, gemeinsam besser die eigenen Interessen durchsetzen zu können.

deln nicht gleichbedeutend mit altruistischem Handeln. Wer Solidarität übt, tut dies mit der Einschränkung, dass das solidarische Handeln nicht den eigenen „Weltansichten" zuwider laufen darf. Solidarisches Handeln bedeutet, die Bedürfnisse anderer zu berücksichtigen oder sich deren Situationsdefinition zu Eigen zu machen – und dies nicht nur punktuell, sondern vermittels eines gemeinsamen Wertbezuges. Dabei mögen die, die sich solidarisieren, auch eigene Interessen realisieren, etwa das Interesse, sich die andere Organisation, der die Solidarität gilt, zu verpflichten.

Die häufig in der Literatur zu findende (vgl. exemplarisch Hondrich/Koch-Arzberger 1992) Verknüpfung von Interesse und Solidarität greift zu kurz. Sie bezieht sich in der Regel nur auf den materiellen Aspekt der Solidarität, nicht auf den normativen.[4] Wenn beispielsweise eine Gewerkschaft streikt, ist die Teilnahme eines ihrer Mitglieder am Streik noch kein Akt der Solidarität. Vielmehr handelt es sich um die Realisierung eines Organisationsinteresses, das den Mitgliedern dieser Organisation gemeinsam ist. Zu einem Akt der Solidarität wird die Teilnahme an einem Streik, wenn es sich um eine Unterstützungsleistung handelt, die darauf abzielt, dass die Streikenden ihre Interessen, die man für unterstützenswert hält, besser durchzusetzen können, ohne dass diese Interessen unmittelbar die eigenen wären. Mit der Differenz der Interessen ist eine Differenz der Betroffenheiten verbunden. Solidarität bedeutet, sich Interessen einer anderen Person oder Organisation zu eigen zu machen, ohne notwendig von der Situation, auf deren Veränderung sich das Handeln derer richtet, mit denen man solidarisch ist, in gleicher Weise betroffen zu sein (jedoch in dem Wissen, davon möglicherweise zukünftig betroffen sein zu können).

Da solidarisches Handeln nicht voraussetzt, dass die Interessen und Betroffenheiten derer, die Solidarität erfahren, und derer, die Solidarität ausüben, deckungsgleich sind, muss es andere Gründe für das Solidaritätshandeln geben. Diese Gründe finden wir in der Wertbeziehung der Solidarität, d.h. darin, dass die normative Qualität des zu erreichenden Zieles – aus Sicht des Unterstützenden – verallgemeinerbar ist. Im Fokus der solidarischen Unterstützung der Interessen Anderer steht nicht zuerst das Interesse als solches, sondern das als normativ legitim anerkannte Interesse. Solidarität ergibt sich nur dann, wenn die Ziele der Anderen aus unserer Sicht legitim und es *wert* sind, unterstützt zu werden. Solidarität bedeutet, etwas mit Absicht für die Ziele anderer zu tun, weil diese Ziele mit Wertvorstellungen verbunden werden, die von dem, der die Soli-

4 Eine Trennung nach Interessen-Solidarität – diese dient der Durchsetzung gemeinsamer Interessen und hat einen exklusiven Charakter – und Gemeinschafts-Solidarität – sie beruht auf einer inneren Verbundenheit und hat einen inklusiven Charakter – (wie bei Rott 2008) ist insofern „willkürlich", als erfolgreiches solidarisches Verhalten auf beiden „Säulen" beruht.

darität ausübt, geteilt werden. Die Macht sozialer Bewegungen basiert wesentlich auf der Behauptung und der Fähigkeit, ihre Ziele verallgemeinern zu können, d.h. als Ziele artikulieren zu können, die im Interesse aller oder wenigstens einer großen Zahl liegen. Die Verallgemeinerung der Ziele ist verbunden mit der Aufforderung an andere, sich diese Ziele zu eigen zu machen, sich zu solidarisieren. Solidarität konstituiert ein Kollektiv: Alle, die die Durchsetzung eines Ziels öffentlich unterstützen, gehören zu einem Wir, das sich von denen abgrenzt, die dieses Ziel nicht nur nicht unterstützten, sondern seine Durchsetzung zu verhindern trachten. Solidarität führt zur Unterscheidung zwischen Mitgliedern und Nicht-Mitgliedern der Solidargemeinschaft, und die Manipulation der Unterscheidungslinie ist sicherlich die wichtigste Quelle der Disziplinierung innerhalb von Solidargemeinschaften (die über keinen Zwangsapparat der Regeldurchsetzung verfügen): Zuwiderhandlung kann zur Exklusion führen.

Aus der Wertbeziehung und der ‚Vertrauensabhängigkeit' von Solidarität erklärt sich die emotionalisierende und moralisch aufgeladene Praxis der Solidarität. Werte sind handlungsorientierend und haben deshalb grundsätzlich eine Beziehung zur eigenen Identität: Die Bejahung der eigenen Werte ist identitätsbekräftigend, ihre Verneinung bedeutet eine Infragestellung der eigenen Identität. Solidarität bringt deshalb nicht nur eine Gesinnung zum Ausdruck, sie bringt auch Zugehörigkeit zum Ausdruck, sie positioniert auf einer von zwei in der Regel polaren Seiten. Deshalb ist sie sozial inklusiv wie exklusiv. Zum Selbstbild der Akteure gehört zentral, auf der richtigen Seite zu stehen und aus diesem Selbstverständnis heraus zu agieren. Dieses Selbstbild ist in seiner Struktur sehr klar und eindeutig. Die Kehrseite dieses hoch normativen Selbstbildes ist eine direkte Folge seiner Klarheit und Eindeutigkeit: Wer nicht auf Seiten des Guten steht bzw. diese verlässt, ist entsprechend moralisch zu verurteilen. Der Abstand zwischen den beiden Seiten ist enorm. Deshalb verpflichtet Solidarität zu konzertierten Aktionen, in denen Handeln grundsätzlich bewertet wird und Indifferenz praktisch ausgeschlossen ist.

Für den, der sich solidarisiert, ist der Akt der Solidarisierung folglich auch ein Ausdruck seiner Identität. Dieser Zusammenhang lässt sich empirisch in fast all unseren Interviews nachweisen: Solidarisches Handeln ist für die Interviewten nicht nur eine Frage des Kalküls, sondern auch eine Frage des Selbstverständnisses und nicht zuletzt Motiv, eine verantwortliche Rolle im Rahmen der Arbeitnehmervertretung zu übernehmen und trotz widriger Umstände auch beizubehalten. Es lohnt sich, für allgemeine Werte zu streiten.[5]

---

5 Das wird etwa in folgender Interviewpassage deutlich: „Wenn du dann so in Entscheidungs, in Entscheidungsgremien kommst, wo du ständig irgendwas entscheiden musst, was du gar nicht willst, also die meisten Entscheidungen, die getroffen werden, willst du ja nicht, die ekeln dich an, die zermürben dich (räuspert sich), und trotzdem ähm habe

Die eben angestellten Überlegungen weisen im Umkehrschluss auf die Umstände hin, wann und warum solidarisches Handeln nicht stattfindet: Wenn der Unterschied der Interessen zum Gegensatz wird, d.h. wenn die Interessen der Anderen als nicht legitim und verallgemeinerbar, sondern als partikular angesehen werden. Der in unserer Untersuchung typische Fall gegensätzlicher oder vermeintlich gegensätzlicher Interessen ist die Konkurrenz der Standorte: Ein Solidarisierung des Arbeitnehmervertreters des Standorts A mit den von Streichungen von Arbeitsplätzen bedrohten Arbeitern und ihren Vertretern des Standorts B kann vor dem Problem stehen, dass die am Standort B verhinderten Streichungen andere Standorte und möglicherweise den eigenen betreffen können. Solidarität als Form gemeinsamen Handelns wirft genau solche Fragen auf: Wie kann eine europäische Harmonisierung der Arbeits- und Lebensbedingungen von den Arbeitnehmern beeinflusst werden, und zwar so, dass die Harmonisierung nicht eine Angleichung „nach unten“ bedeutet? Welche Mittel betrieblicher Interessenvertretung sind im internationalen Standortwettbewerb legitim, welche nicht? Was sollte der Kern der Identität einer europäischen Arbeitnehmerschaft sein? Das sind die Fragen, die hinter dem Spannungsverhältnis allgemeiner, als legitim anerkannter Solidaritätsvorstellungen und konkreten eigenen Interessen stehen. Offensichtlich ist, dass mit diesem Spannungsverhältnis eine der zentralen Konfliktlinien in der standortübergreifenden Solidarität der betrieblichen Interessenvertretung bezeichnet ist, nicht zuletzt deshalb, weil nicht nur die konkreten Interessen situativ unterschiedlich sind, sondern auch das Spannungsfeld zwischen konkreten Interessen und allgemeinen Solidaritätsvorstellungen kulturspezifisch interpretiert wird.

7.2 Solidarität in der internationalen Vertretung von Arbeitnehmerinteressen

Solidarität, ob nun symbolisch in Form von Adressen o.ä. oder material in Form handfester Unterstützungsleistungen ausgeübt, spielt in der internationalen Vertretung von Arbeitnehmerinteressen eine größere Rolle als Appell und eine geringere Rolle als Handlungspraxis, eine größere Rolle auf der Ebene der Einschätzung der Notwendigkeit solidarischen Handelns und eine geringere auf der Ebene dieses Handelns selbst. Ein Grund für diese Diskrepanz liegt darin, dass eine transnationale Solidarität zwischen den Arbeitnehmern aus verschiedenen Ländern erst kommunikativ wie aktiv erzeugt werden muss, da von einem gemeinsam geteilten Traditionsbestand aufgrund der voneinander abweichenden na-

---

ich das für mich gerettet, dass die Ideale, die ich als junger Gewerkschafter eingeatmet habe, noch in mir sind.“ (Dt. BRV, Fall 1) tionalen Entwicklungspfade nur sehr eingeschränkt ausgegangen werden kann. Ein weiterer Grund ist darin zu sehen, dass die Konflikte, in denen Arbeitnehmer standort- und staatenübergreifende Solidarität zeigen können – anders als bei Katastrophen, die viele mit weit entfernt lebenden Menschen solidarisch sein lassen –, aktuell oder zukünftig handfeste Konsequenzen für einen selbst haben können, etwa, wenn Konflikte zwischen Arbeitnehmern und Management an einem Werksstandort in einem Staat der Europäischen Union direkte oder indirekte Auswirkungen auf Standorte in anderen Staaten haben.

Die Solidaritätsverständnisse der Belegschaftsvertreter aus Deutschland und Mittel- und Osteruropa sind, wie sich gleich zeigen wird, von einer großen gemeinsamen Schnittmenge gekennzeichnet. Solidarität kann als eine Sinnklammer der kulturübergreifenden Integration von Arbeitnehmerinteressen dienen, wenn sie die existierenden Formen vor allem lokaler oder nationaler Solidarität bewahrt und einbindet. Eben hier liegt eine der zentralen Schwierigkeiten. Zwar sind auf der Ebene der Bedeutungen, die Belegschaftsvertreter in Europa mit Solidarität verbinden, Übereinstimmungen zu beobachten. Aber in der Frage der solidarischen Umgangs mit anderen und den damit verbundenen Erwartungen und Einschätzungen sind Diskrepanzen festzustellen, die den in Kapitel 5 und 6 erörterten Differenzen weitgehend korrespondieren. Zudem lässt sich zeigen, dass die Praxis solidarischen Handelns in keinem Verhältnis zu der gemeinsamen Schnittmenge der Bedeutungen steht. Unser Material deutet auf zwei Spannungsfelder hin, die diese Diskrepanz verständlich machen: Das erste Spannungsfeld hat mit dem Begriff selbst zu tun und besteht in der Spannung zwischen Solidarität als Norm und Solidarität als Alltagspraxis. Diese Spannung ist im Kern anderen Spannungsfeldern zwischen etablierten und legitimen Normen und ihrer Umsetzung vergleichbar (Gebot der Nächstenhilfe, Verbot von Eigentumsdelikten, Gebot der Gewaltfreiheit im alltäglichen Umgang usw.). Die zweite Spannung haben wir oben schon erwähnt. Sie wird von der Opposition zweier gegenläufiger Prinzipien gebildet, Solidarität und Konkurrenz. Mit der Konkurrenz zwischen Standorten müssen die Vertreter von Arbeitnehmerinteressen alltäglich umgehen; in ihr müssen sie auch die Interessen der Arbeitnehmer ihrer Standorte vertreten. Das macht die Etablierung des gegenläufigen Prinzips der solidarischen Kooperation schwierig.

7.2.1 Die Spannung zwischen dem allgemeinen Verständnis von und der konkreten Praxis der Solidarität

Solidarität ist als Sinnklammer ein Element der kommunikativen und praktischen Beeinflussung sozialer Beziehungen. Damit Solidarität wirkungsmächtig wird, müssen allgemeine Norm und konkrete Solidaritätspraxis plausibel aufeinander bezogen werden. Anhand unserer Interviews lässt sich rekonstruieren, dass erhebliche Unterschiede hinsichtlich Bedeutung und Einschätzung der Bindekraft von Solidarität auf der einen Seite und der Praxis der Solidarität auf der anderen Seite vorherrschen.

Auf einer allgemeinen und abstrakten Ebene liegen die Wert- und Zielvorstellungen und Verhaltensformen, die mit Solidarität in Verbindung gebracht werden, nahe beieinander. Hierzu zählen Fernziele wie eine Verbesserung der Arbeitsbedingungen, das Anrecht auf ein auskömmliches Leben und sichere Arbeitsplätze, Menschlichkeit im Betrieb, die Unterstützung Anderer oder zumindest das Unterlassen von Aktivitäten zum Schaden von Arbeitnehmern an anderen Standorten. Das erhebliche Lohngefälle in Europa wird als Missstand begriffen, den es zu beheben gilt. Erpressung seitens des Managements wird zurückgewiesen und von Arbeitnehmervertretern allernorts gefordert, dagegen Stellung zu beziehen. Vertrauen, Transparenz, Offenheit sind Werte, die eine Arbeitnehmerkooperation bestimmen sollten. Neben der eigentlichen Gremienarbeit soll Raum sein für Begegnungen, die sich nicht auf die Aushandlung von Interessen fokussieren, sondern das gemeinsame Leben der Arbeitnehmer in den Mittelpunkt ihrer Aktivität stellen. Einer der wichtigsten Gründe für die Übereinstimmungen auf der inhaltlichen Ebene ist, dass deren Bestimmung in der Regel über die Abgrenzung zum Management vollzogen wird.

Die kürzeste „Definition" findet sich in der folgenden Interviewpassage:

> *I:* „Was bedeutet für Sie das Wort Solidarität?"
>
> *B1:* „Zusammenarbeit."
>
> *B2:* „Zusammenarbeit, Empathie."
>
> *B1:* „Verwirklichung gemeinsamer Ziele."(Ung. Betriebsräte, Fall 1)

Ganz allgemein wird Solidarität als Zusammenarbeit verstanden, bei der Empathie und die Verfolgung gemeinsamer Ziele im Mittelpunkt stehen. Der praktische Bezug von Solidarität wird durch die Unterstützung zwischen folgenlosen Solidaritätserklärungen und einem aktiven, durch eigenen Einsatz gekennzeichneten Unterstützungshandeln bekräftigt.

> „Alles andere is äh a bissl zu sogn i bin mit euch solidarisch. ober ++ eigentlich mach i nix für euch, Solidarität ist durch Taten zu beweisen und net durch + Erklärungen." (Dt. EBR, Fall 3)

Die Differenzierung zwischen tatsächlicher Unterstützungshandlung und der bloßen Erklärung von Unterstützung wird von fast allen Befragten in der einen oder anderen Form geteilt. Diese Unterscheidung wird oft in der Forderung ausgedrückt, dass Solidarität gelebt werden müsse:

> „Ich glaube, dass das, was ich vorhin ähm ich oder was der [X] gesagt hat, ähm das ist praktische Solidarität (...). Na klar kann man Solidarität groß an die Wand

> schreiben. Solidarisches Handeln + ähm äh unter den Standorten kannst du auch wiederum bloß in der Praxis machen, du musst es leben wollen, aber nicht nur ähm, das sage ich auch wiederum, das nützt auch nichts, wenn die Großkopferten von Solidarität reden und Solidarität leben, + sondern du musst auch + versuchen, dieses solidarische Prinzip runter zu brechen ne." (Dt. BR, Fall 1)

In der Unterscheidung zwischen „Solidarität leben" und „von Solidarität reden" drückt sich nicht nur der hohe normative Anspruch aus, der mit Solidarität verbunden wird, sie verweist auch auf den proklamatorischen Charakter von Solidaritätserklärungen, denen gar nicht zwangsläufig Taten folgen müssen und oft auch nicht folgen. In den meisten Fällen wird die Differenzierung zwischen „Solidarität leben" und „von Solidarität reden" vorgenommen, wenn die Argumentation sich vom Einenden, der Opposition gegen das Management, weg- und zum Trennenden, der Konkurrenz der Standorte, hinbewegt.

Die folgenden Passagen betonen zwei weitere wichtige Aspekte, den allgemeinen Nutzen der Solidarität und ihren Verpflichtungscharakter. Darüber hinaus wird die oben erwähnte Spannung zwischen dem allgemeinen Begriff der Solidarität und der konkreten Umsetzung betont. Umso wichtiger ist die Einschätzung des Gegenübers. Vertrauen in die Aufrichtigkeit des Vertretungshandelns der Anderen wird als eine zentrale Voraussetzung von Solidarität begriffen:

> „Für mich ist Solidarität dass man möglichst + dass alle miteinander klarkommen und möglichst für jeden was bei rüberkommt und dass der eine für den anderen wenn's ernst wird einsteht und das leitet mein Handeln, das ist nicht immer einfach." (Dt. BRV, Fall 1)

> „Ja, äh Solidarität äh jetzt für uns gesehn, würd ich jetzt sagen, äh ich würds einfach mal mit dem Stichwort vertrauensvolle äh Zusammenarbeit untereinander, äh würd ich mal als Oberbegriff so dazu benutzen." (Dt. EBR, Fall 2)

Zur vertrauensvollen Zusammenarbeit gehört auch die Ausdehnung der Beziehungen der Belegschaftsvertreter zueinander über den Rahmen der Interessenvertretung hinaus:

> „(...) das ist praktisch eine Initiative, die noch damit parallel läuft, was eigentlich der europäische Betriebsrat tun sollte, sie sie liegt neben den Organen, der Gedanke, pardon, der Gedanke dieser Tätigkeit ist natürlich. das Leben der Menschen kennen zu lernen, wie sagen wir innerhalb der Arbeitszeit, so auch außerhalb der Arbeitszeit, dort gibt es einfach soziale Fragen, es gibt Fragen, viele Fragen, die einfach mit den Leben dieser den einfachen Menschen verbunden sind." (Tsch. Betriebsgewerkschafter, Fall 1)

Auch was die „Wirkung" solidarischen Handelns betrifft, finden sich gemeinsam geteilte Auffassungen. In unseren Interviews wird deutlich, dass der Informationsaustausch mit in- und ausländischen Kollegen von anderen Standorten gerade mit Blick auf die Verhinderung oder Reduzierung illegitimer Standortkonkurrenz durchgängig als positiv aufgefasst wird – ein Befund, der sich auch in anderen Untersuchungen über Eurobetriebsräte niederschlägt (vgl. Kotthof 2006). Offener Informationsaustausch liegt sowohl im einzelnen als auch im allgemeinen Interesse und wird als Ausdruck von Solidarität verstanden. Umgekehrt wird die willentliche Zurückhaltung wichtiger Informationen als Verletzung der Solidaritätsnorm wahrgenommen. Einigkeit herrscht darüber, dass die europaweite Solidarität verbessert werden muss:

> „Solidarität? Auf jeden Fall! Die spielt ja jetzt schon eigentlich ne große Rolle (...), dass mer da dadurch noch nicht, ich sag mal auf deutsch gesagt, hier des Maximum erreicht haben des steht auch außer Frage, des is so, aber daran kann man ja no arbeiten." (Dt. BR, Fall 1)
>
> „Der Solidarität bei X Firma ein? (...) Äh in einer Skala von zehn am besten, zu null am schlechtesten, ungefähr bei drei." (Dt. gewerkschaftlicher EBR-Betreuer)

Die besonders skeptische Sicht der Arbeitnehmervertreter in Fall 3 beruht auch auf dem in Kapitel 4 geschilderten Umstand, dass es dem Eurobetriebsrat noch nicht gelungen ist, die Standortkonkurrenzen ‚einzuhegen'. Aber auch die Befragten aus den beiden anderen Unternehmen gelangen in der Substanz zu ähnlichen Einschätzungen.

Dass die Schwierigkeiten nicht auf der Ebene des Verständnisses von Solidarität liegen, sondern auf der Ebene der Praxis solidarischen Handelns, wird in folgendem Zitat besonders deutlich:

> „Jä äh, Solidaritätwerte bedeuten natürlich mitzumachen für den andern einfach ganz ganz hart zu stehn (...), also keine Überstunden und vielleicht sogar wenn des so stark ist in einem Werk, wenn des wirklich für beide geführt wird wie so brutal wie hier bei uns war so brutal, (...) so diktatorisch und so, vielleicht mal sagen wo die jetzt, stehn wir in den Morgen ne. Also wir machen hier aus Stunden Streik also etwas, aber das ist sehr schwer, weil das dann auch in die Tasche geht, das ist aber natürlich auch so eine Aktion, also oder vielleicht noch nicht mal fünf Minuten sagen so um zwölf mach mer ne Pause von fünf Minuten vorm Tor und und an de Protests, des ganz sichtbar wird nicht nur vom Konflikt, aber eigentlich also alles macht mit, also es gab Leute, die mehr mitgemacht haben als andere in dem Sinne, die + ja äh, ja aber die nicht nur Worte, sondern den das besonders dass wir uns auch bewegen können. Wenn wir einen Schritt, wenn wir alle gemeinsam nur einen Schritt machen würden, ich bin so überzeugt dass das, das wäre unsere Kraft, das würde die Situation ganz anders, dann würde sich die Geschäftsführung nicht mehr traun äh, die würden etwas vorsichtiger werden, nicht so brutal." (Span. EBR, Fall 2)

Nicht alle sind bereit, sich an einem Streik zu beteiligen, auch nicht an einer kurzfristigen Aktion vor dem Werkstor. Wie realistisch die Hoffnungen auch sein mögen, die in den einen gemeinsamen Schritt gesetzt werden – er findet doch nicht statt.[6] In der zitierten Passage kommt eine erhebliche Spannung zwischen Solidaritätsnorm und Solidaritätspraxis zum Ausdruck. „Nur einen Schritt machen“ – aber selbst das funktioniert nicht. Die Schwierigkeiten, den doch von allen fast einhellig gewünschten Ausbau solidarischer Kooperationen in der Praxis umzusetzen oder die Spannung zwischen allgemeinem Verständnis von Solidarität und der Praxis der Solidarität lassen sich auf die zweite Spannung zwischen Konkurrenz und Solidarität beziehen. Diese Spannung steht neben der im Kern klaren Opposition von Arbeit und Kapital, die die Grundlage des inhaltlichen Verständnisses von Solidarität bildet.

7.2.2 Die Spannung zwischen Konkurrenz und Solidarität

Konstitutiv für die Diskrepanz zwischen Solidaritätsverständnis und Solidaritätshandeln ist in unseren Fällen eine inhaltliche Bestimmung von Solidarität, deren Elemente in einer spannungsgeladenen Beziehung zueinander stehen. Während für das Selbstbild der Gegensatz von Arbeit und Kapital maßgeblich ist, ist für das Solidaritätshandeln nicht nur dieser Gegensatz, sondern auch die Konkurrenz zu anderen Standorten maßgeblich. Mit dieser Verschiebung ändert sich auch die Konfliktlinie: Von der Opposition gegen das Management zur Opposition (mitunter mit dem eigenen Management) gegen einen anderen Standort.

> „Wenn ich die Frage richtig verstanden habe, also die Frage ist für mich nicht so schwierig. Solidarität – Solidarität ist, wenn du dich wirklich beeinträchtigt siehst – wie überall auf der Welt: Wenn es dich nicht beeinträchtigt, bist du solidarisch. (...) Aber Solidarität – wenn es Konkurrenz gibt, die dir...– das kann schwierig werden, nicht wahr? Solidarisch sein mit Leuten, die Sachen unterschreiben, die dich dann beeinträchtigen können – das ist keine Solidarität. Die sind auch nicht solidarisch! Um nicht zu sagen – na, ich mach halt die Arbeit, die die machen, für die Hälfte. Also wer ist hier nicht solidarisch? Wir oder die? Verstehst du, was ich dir zu sagen versuche?“ (Span. Betriebsrat, Fall 2)

Solidarität wird hier eingeschränkt auf eine Floskel, eine Worthülse in einer Sonntagsrede. An den restlichen Tagen der Woche kämpft jeder für sich und ge-

---

6 Im Hintergrund dieser Wahrnehmung stehen erstens Spaltungslinien zwischen brownfield- und greenfield-Regionen und Standorten in Spanien. Neue(re) Industrieregionen konkurrieren auch auf der Grundlage fehlender Verankerung einer Gewerkschafts- und Industriearbeitskultur mit niedrigen Löhnen und schlechteren Arbeitsbedingungen mit den „etablierten“ Industrieregionen – und insbesondere internationale Unternehmen nutzen die erheblichen regionalen Differenzen in der Entlohnung, um die Arbeitsverhältnisse in den „etablierten“ Regionen zu verschlechtern. Zweitens ist Spanien nach der Öffnung der Ost-West-Grenzen für die Automobilindustrie insgesamt in eine europäische Randlage „gerutscht“.

gen die anderen. Der Interviewte bringt das Problem knapp und klar auf den Punkt: Zu der Opposition zwischen Arbeit und Kapital tritt die Opposition zwischen Arbeitnehmern verschiedener Standorte. Diese Opposition hat die Form der Konkurrenz. Zwischen Konkurrenz und Solidarität besteht ein Widerspruch. Jedes der beiden Prinzipien schließt das jeweils andere aus. Solidarität schließt Konkurrenz aus, weil sie auf der gemeinsamen Durchsetzung von Zielen – nicht auf Kosten anderer und gegen andere – basiert. Konkurrenz schließt Solidarität aus, als sie den anderen ja gerade nicht unterstützen, sondern – in diesem Fall – unterbieten will. Weil die Belegschaftsvertreter unterschiedlicher Standorte zunächst Vertreter ihrer Standorte sind, ist es für sie objektiv schwer, sich der Konkurrenz zu entziehen. In einem unserer Fälle führt dies dazu, dass solidarische Beziehungen – und sei es nur der wechselseitigen Information – ganz hinter die Konkurrenz der Standorte zurücktreten.

> *I2:* „Ja. Und Solidarität zwischen unterschiedlichen Standorten?"
>
> *B:* „++ In Spanien gibts das nicht. Des die die + tauschen keine Informationen aus und äh X-Stadt is im Moment äh, äh ziemlich schlecht zu sprechen auf Y-Stadt, weil äh sie meinen, äh Y-Stadt äh nimmt ihnen die Arbeit weg, es is auch im im Gespräch ja."
>
> *I1:* „Und zwischen ähm spanischen und deutschen Standorten, spanischen und französischen Standorten?"
>
> *B:* „Mmh, nein da hab ich nichts bemerkt, nein, nein." (Dt. EBR, Fall 3)

Die Einschätzungen der Praxis des solidarischen Handelns entsprechen in unseren Interviews recht genau dem Ausmaß der Konkurrenz, unter das Standorte gestellt werden. Wo die Eingriffsmacht der Arbeitnehmervertreter größer ist, also vor allem bei den deutschen Vertretern, ist auch die Diskrepanz zwischen der tatsächlichen und der gewünschten Praxis der Solidarität nicht so massiv. Allerdings sind auch hier zunehmend Unterschiede zu beobachten, etwa zwischen westdeutschen und ostdeutschen Standorten, aber auch zwischen traditionell hoch organisierten Regionen wie Südwestdeutschland und „versprengten" Standorten in strukturschwachen Regionen, die zu dem spanischen Fall vergleichbaren Konzessionen bereit sind, um Arbeit bei sich zu halten.

Auch für Akteure, die stärker in der westdeutschen Vertretungslandschaft verankert sind, spielt die Einschränkung oder Verhinderung der Konkurrenz der Standorte eine inzwischen zentrale Rolle beim Solidaritätsverständnis. Im dem folgenden Auszug wird Solidarität direkt als Gegenmittel gegen Konkurrenz begriffen.

> „Der erste Punkt der Solidarität ist für mich, dass man ne gemeinsame Sprache spricht. Also net jetzt net Englisch, sondern dass man einfach äh bei ganz bestimmten Themen äh einfach ne gemeinsame Position hat. So äh das ist für mich

der erste Punkt. Der zweite Punkt ist, Solidarität bedeutet für mich auch, dass sich die Standorte nicht gegenseitig ausspielen lassen. Das ist für mich ein ganz wesentlicher Punkt der Solidarität, weil ich glaub, dass das die beste Unterstützung ist. Weil die andere Möglichkeit ist ja, dass wir sagen, wir setzen 1.000 Leute in nen Zug oder 5.000 Leute in 'nen Zug und fahren jetzt nach Tschechien und demonstrieren dann mit den Kollegen dort um um die Arbeitsbedingungen oder um den Standort. Dann sind wir einen Tag dort, dann gehen wir wieder und sind weg und was passiert dann? Was passiert denn 364 andere Tage im Jahr? So also, das kann man natürlich machen, um die ganze Geschichte mal nach außen wirksam zu machen, aber ich denk die beste Solidarität wo wir hin bekommen können ist, dass jeder Standort dem anderen Standort garantiert: Wir lassen uns nicht gegen euch ausspielen und wenn wir vor einem Thema sind, dann sprechen wir uns ab, welche Position vertreten wir. Also dass jeder Standort weiß, wo die Reise hin geht und dass das miteinander abgesprochen ist. Das ist für mich eigentlich der größte der größte Schritt der Solidarität, weil andere Solidarität, wie gesagt, dass man sich mal auf Demos trifft oder dass dass man mal gemeinsam vor einem Standort demonstriert, das ist halt äh 'ne Moment 'ne Momentgeschichte. Und die Frage ist natürlich, was entsteht aus solchen Demonstrationen in den Köpfen von den Beschäftigten? Ich denk, dass es schon ab und zu mal notwendig ist, dass auch die Beschäftigten selber feststellen, aha da ist 'ne Unterstützung auch aus den anderen Standorten vorhanden, aber ansonsten ist für mich eigentlich der größte Weg der Solidarität, dass man ne gemein, dass man gemeinsame Position hat und und sich net gegenseitig ausspielen lassen. Das ist für mich oberste Priorität der Solidarität. (...) Das ist für mich der Begriff der Solidarität." (Dt. gewerkschaftlicher EBR-Betreuer, Fall 3)

Die Festlegung einer gemeinsamen Position der Standorte und die Einschränkung oder Verhinderung der Konkurrenz der Standorte sind hier die zentralen Elemente der Solidarität. Alle anderen Formen der Solidaritätsbekundungen (z.B. gemeinsame Demonstrationen) schaffen keine dauerhafte Basis (in den Köpfen der Beschäftigten) für Solidarität. Das Problem ist und bleibt natürlich: Wie kann man ohne Sanktionsmechanismen eine gegenseitige Verpflichtung erreichen? Auch die Zuverlässigkeit der Anderen ist (verständlicherweise) unter den gegebenen Rahmenbedingungen ein zentrales Problem für die befragten Arbeitnehmervertreter. Solidarität wird nur möglich auf der Grundlage der Selbstverpflichtung, sich an Absprachen zu halten. Absprachen aber setzen Vertrauen voraus (vgl. hier Kapitel 4.4.1).

7.2.3 Länderspezifische Perspektiven auf die Spannung von Konkurrenz und Solidarität

Die Probleme eines solidarischen, standortübergreifenden Handelns der betrieblichen Interessenvertreter werden vor allem aus der Sicht westlicher Arbeitnehmervertreter durch eine (erpresserische) Produktions- und Standortstrategie des Managements der Automobilindustrie in Europa erzeugt, die auf folgender Grundlage beruht (vgl. exemplarisch Streeck 1998): „Schlappe" Märkte als Folge von Lohnzurückhaltung, Überkapazitäten als Folge der Standortpolitik der Unternehmen, Standortwettbewerb als Folge der Überkapazitäten, Kosten-, Lohn- und Schließungsdruck an einzelnen Standorten als Folge des Wettbewerbs und Nachfrageschwächung als Folge der daraus resultierenden Verlagerungspolitik in Niedriglohnstandorte usw.

Auf der Seite der Arbeitnehmer entsteht – wiederum in westlicher Sicht – dadurch ein potenziell gemeinsamer Handlungs- und „Betroffenheits"-Raum: Von diesem Szenario aus wird einerseits auf ein *gemeinsames Interesse von Standortvertretungen bzw. Gewerkschaften aus unterschiedlichen Staaten* der EU an der Solidarität geschlossen – alle sitzen in demselben (europäischen) Boot. Andererseits legt die Problematik ein egoistisches Verhalten nahe, dem gemäß jeder für seinen Standort eintritt und das sich in der Regionalisierung und Parzellierung der Konfliktlinien niederschlägt.[7] Die im Prinzip von allen Seiten geteilte Einsicht in die Notwendigkeit der Internationalisierung der betrieblichen und gewerkschaftlichen Vertretung von Arbeitnehmerinteressen weist deshalb einen ambivalenten Zug auf: Weil Kosten und Nutzen der unternehmerischen Wettbewerbspolitik Arbeitnehmer und Standorte in unterschiedlicher Weise betreffen, haftet dem Appell an die internationale Solidarität ein Verdachtsmoment an: Nach Solidarität rufen nur die, denen es gerade „dreckig geht". In den Worten eines Mitarbeiters eines europäischen Dachverbands:

> „Klassisch ist, das immer der Bedarf definiert wird von dem den es grad am dreckigsten geht. Das ist klar eh, also ‚wir haben jetzt mitgeteilt gekriegt von unseren achthundert Leuten werden vierhundert entlassen werden wir brauchen jetzt Koordinierung'. Übersetzt heißt das eigentlich nur: Wir können es hier lokal nicht lösen das Problem, bitte löst es in Brüssel eh das, so einfach und so platt muss

---

7 Dieser Zusammenhang wird von Dierk Hirschel prägnant formuliert: „Der Umbau der betrieblichen Prozesse untergräbt die innerbetriebliche Solidarität. Die Konflikte unter der Arbeitnehmerschaft nehmen durch die verschärfte Konkurrenz zu. Die Interessenlagen von Gewerkschaften, Konzern- und Gesamtbetriebsräten, Betriebsräten sowie Belegschaften können kurzfristig divergieren. Im Kampf um regionale Produktionszuweisungen, Investitionen und Beschäftigungsgarantien wird es für Gewerkschaft und Gesamtbetriebsrat immer schwieriger, ein übergeordnetes Interesse der Gesamtbelegschaft zu vertreten. Die Partikularinteressen der einzelnen Standorte gewinnen an Einfluss. (...) Vor dem Hintergrund angedrohter Werkschließungen werden Belegschaften häufig zum Unterlaufen tarifvertraglicher Regelungen und Betriebsvereinbarungen gedrängt. Wo Gewerkschaften und Betriebsräte sich quer stellen, geraten sie möglicherweise plötzlich in Gegensatz zu ihren Kollegen. Auf internationaler Ebene potenzieren sich die Konflikte." (Hirschel 2007, S. 115)

> man das sagen. Also wenn eh wenn er zum Beispiel, wenn dieses Unternehmen mit achthundert Beschäftigten, wenn man da jetzt sagen würde „wir wollen jetzt noch vierhundert Leute einstellen", dann würden die uns nicht anrufen, ja, dann nach Möglichkeit würden sie es auch gar nicht sagen, weil dann die anderen Standorte, wo vielleicht welche abgebaut werden, das mitkriegen könnten, dass man da Neuanstellungen macht." (Vertreter europ. Dachverband)

Die fehlende Bereitschaft, sich eine internationale Sichtweise zueigen zu machen, folgt demnach aus einem spezifischen, kurzfristig orientierten Interessenegoismus der Belegschaftsvertreter der Standorte, der sie in die Hände „ihres" Managements und in die Opposition zu den Belegschaftsvertretern anderer Standorte treibt.

Weil vor allem in Mittel- und Osteuropa Beschäftigung aufgebaut und im Westen eher abgebaut wurde, richten sich die Solidaritätsforderungen im Westen in erster Linie an die Arbeitnehmervertretungen in Mittel- und Osteuropa. Die mittel- und osteuropäischen Arbeitnehmervertreter sehen in den an sie gerichteten Solidaritätsforderungen der deutschen Arbeitnehmervertreter vor allem einen strategischen Umgang mit sich. Aus ihrer Sicht werden Solidaritätsanforderungen an sie gestellt, die sie nicht erfüllen können: Nicht sie, sondern die deutschen Betriebsräte sind wegen ihrer Mitbestimmungsrechte und ihrer Nähe zum Zentralmanagement viel eher in der Position, auf Entscheidungen, die Ort, Kapazität oder Produktlinien der Standorte betreffen, Einfluss zu nehmen. Natürlich sieht man auch in Ungarn, Tschechien und Polen, dass mithilfe solidarischen Handelns ein „race to the bottom" in Europa verhindert werden muss. Aber in diesem Szenario tauchen sie selbst als Bedrohung auf, nicht als Subjekt solidarischen Handelns.

Die internationale Kooperation der lokalen betrieblichen Interessenvertreter gerät genau in dem Moment unter Druck, in dem Solidarität am nötigsten wäre: wenn Arbeitsplätze auf dem Spiel stehen. Da die Betriebsräte am Standort und für den Standort gewählt werden, geraten diese gleichsam in eine Zwickmühle zwischen den Interessen ihrer Wähler und strategischen, eher auf lange Sicht angelegten Überlegungen zur Kooperation mit anderen Standorten. Die auch gemeinschaftsstiftend und „beißhemmend" wirkenden sporadischen internationalen Treffen mit ihren mannigfachen Verständigungsunterbrechungen (vgl. Kapitel 6) werden in ihrer Bindekraft weiter eingeschränkt durch die Standortbezogenheit des Handelns der Belegschaftsvertretungen und durch ein inzwischen bekanntes Muster der Selbst- und Fremdwahrnehmung: Die Selbstbeschreibung der Solidarität der Stärke im Westen wird im Osten als Interessenhandeln der westlichen Belegschaftsvertreter erlebt, das Selbstbild, dem „schwachen" Osten zu helfen, wird als Herablassung erfahren. Das Fremdbild deutscher Betriebsräte, Belegschaften und Belegschaftsvertretungen in Mittel- und Osteuropa seien mitverantwortlich für Produktionsverlagerungen, gilt zu Recht als Zumutung.

Auch in den Perspektiven auf die Spannung von Solidarität und Konkurrenz lassen sich also kulturspezifischen Muster beobachten, die für die Praxis der Akteure eine Rolle spielen, auf der Ebene des Verständnisses aber in kulturneutralen Beschreibungen „verschwinden", daher kaum kommunikativ und reflexiv eingeholt und so einer gemeinsamen Bearbeitung zugänglich gemacht werden können.

7.2.4 Kulturspezifische Perspektiven auf Solidarität

Zu den genannten Gründen für unterschiedliche Solidaritätsverständnisse entlang der ehemaligen Grenze zwischen West und Ost treten solche hinzu, die sich im Wesentlichen aus der unterschiedlichen Geschichte der Industriellen Beziehungen erklären.

Der Blick der Arbeitnehmervertreter aus Deutschland auf die Möglichkeiten solidarischer Kooperationen in der Zukunft und auf die Gegenwart solidarischer Praxis ist der ungebrochenste und der mit der stärksten politischen Orientierung. Dieses Verständnis solidarischen Handelns spiegelt das gestaffelte System der deutschen Industriellen Beziehungen wider. Gremien dienen – auf der Grundlage des übergreifenden Solidaritätsanspruchs – der Formulierung politischer Positionen.

Das Solidaritätsverständnis der Belegschaftsvertreter aus Mittel- und Osteuropa ist deutlich gebrochener, was vor allem mit der wirtschaftlichen und politischen Transformation und den sozialen Verwerfungen, die damit verbunden waren und sind, zusammenhängt.

> „Solidarität ist so ein Wort, das leider etwas abgewertet wurde. Das ist die erste Bemerkung. Aber es gibt Bereiche, wo ich mir nicht vorstellen kann, dass es die Solidarität nicht geben sollte." (Vertreter tsch. Gewerkschaftsdachverband)

Aus tschechischer Sicht bestimmt eine zweimalige Abwertung der Solidarität das heutige Verständnis: Die erste war verursacht durch die ideologische Indienstnahme durch das sozialistische Regime und die zweite nach 1989 durch die Abwertung aller kollektiven Regelungen (vgl. Srubar 1996; Delhey 2001) im Zuge der Durchsetzung neoliberaler Wirtschaftskonzepte und vor allem durch das Verhalten der Eliten in der Transformation, insbesondere der maßlosen Aneignung gesellschaftlichen Reichtums, die den Prozessen nahe kommt, die Marx als „ursprüngliche Akkumulation" beschrieben hat (Marx 1993: Kapitel 24). Eine Erosion der institutionellen und der normativen Dimensionen der Solidarität in der Gesellschaft war und ist die Folge. Zwei Konsequenzen werden aus diesem Erfahrungshintergrund abgeleitet. „Echte“ Solidarität lässt sich erstens nur unter der Bedingung existenzieller Bedrohung aktivieren:

> „Solange ich in Europa nicht so bezahle wie bei den Tschechen, und das gilt auch allgemein, und jetzt stopfen Sie sich die Ohren zu, also solange die Menschen nicht mit der Fresse in der Erde wühlen, werden wir nicht viel zur Solidarität beitragen können. Es muss sie einfach erwischen, dass man wirklich die Notwendigkeit sieht, zusammen zu rücken, sich zu engagieren, irgendwie zusammen zu kämpfen gegen die Missstände und dazu werden sie nur durch Druck gebracht und nicht durch ihr eigenes Denken.“ (Tsch. Gewerkschafter, Fall 1)

Solange keine existentielle Bedrohung gegeben ist, werden sich zweitens die Standortvertreter wie rationale Egoisten verhalten:

> „Und eine andere problematische Sache ist auf der Seite der Arbeitnehmervertreter aus den einzelnen Ländern, weil sich dort eindeutig beweist, dass sie nach dem Prinzip entscheiden, dass das Hemd näher ist als die Jacke, das heißt, sie interessiert: wird die Produktion in unserer Niederlassung erhalten, wird die Anzahl der Arbeitsplätze nicht zurückgehen, wird es eine neue Produktionsgestaltung geben. Und wenn sie zufrieden sind, dann ist die Solidarität mit anderen bei Null.“ (Tsch. Gewerkschafter, Fall 1)

Der letzte Satz gibt der allgemeinen Einschätzung, jeder sei sich selbst der nächste, eine besondere Wendung: Wenn die eigenen Interessen befriedigt werden, besteht kein Interesse mehr daran, sich für andere einzusetzen. Wenn Solidarität nötig wird, hat die Arbeitnehmervertretung versagt.

Im Verständnis der deutschen Vertreter von Arbeitnehmerinteressen spielen Gremienarbeit und vor allem Unterstützungsleistungen durch Stellvertretungshandeln eine herausgehobene Rolle.

> „A gutes Beispiel is, äh wenn jetzt die spanischen Kollegen reinkommen ++ äh dass sie diese wirtschaftliche Schieflage, die bei ihnen existieren soll, ich hör ja da noch mehr Gerüchte in Deutschland, ich hör dann also, Spanien macht [Z-Stadt] macht nicht Gewinn, also die sind irgendwie auf der Nulllinie oder eher fast in der Verlustebene. Das heisst des is ja auch ne Bedrohung also ne existenzielle Bedrohung auch fürs Unternehmen, des muss da glaub i muss mer au mal äh au wenn mer vielleicht des net so guat findet da muss mer's aber auf jeden Fall mal so sehen, also so geht's des geht einfach dann net. So und dann is halt die Frage + was können wir konkret tun, um die dann zu unterstützen +++ und so versteh ich einen Solidaritätsbegriff in dem Augenblick, also ich kann konkret tun, dass ich mit den Geschäft des kann die Kollegin [Y] in Spanien net, die kann net zum [Z] gehen, unserm Geschäftsführer Deutschland, und mit dem reden und sogn Herr [Z] (...). Und drum hob i des au als Beispiel einfach gsagt, äh nur was der Kollegin oder dem Standort hilft, ++ das was ich in Deutschland machen kann, is für mich Solidarität.“ (Dt. EBR, Fall 3)

Die konkrete solidarische Unterstützung anderer Standorte geschieht im eigenen „Revier“, hier in Form der Intervention in der Unternehmenszentrale. Diese Gewichtung des Solidaritätsverständnisses erklärt sich nicht nur aus der für das deutsche System Industrieller Beziehungen charakteristischen Nähe von Management und Betriebsrat, sondern auch daraus, dass in allen von uns untersuchten Fällen die zentrale Geschäftsleitung ihren Sitz in Deutschland hatte – ein Faktum, das nicht mit der kulturellen Praxis in unterschiedlichen Systemen Industrieller Beziehungen zu tun hat, sondern mit der Differenz von Zentrum und Peripherie. Die Kombination ermöglicht es Eurobetriebsräten (die ja meist noch andere Funktionen innehaben), am Sitz der zentralen Leitung stellvertretend zu intervenieren. Solidarität gilt hier als eine moralische Haltung, die Mittel, die man hat, auch im Interesse anderer einzusetzen – *selbst wenn es die Anderen nicht sehen können.* Die moralische Qualität solidarischen Handelns macht dieses Handeln zu einem Teil der jeweiligen Identität (vgl. 7.1.3).

Dieses Solidaritätsverständnis beinhaltet, dass Prozesse der Abwägung auch zuungunsten von Forderungen einzelner, entfernter Standorte ausfallen können. Ein Betriebsratsmitglied in zentralen Entscheidungsgremien muss das Wohl des Ganzen in anderer Weise im Blick haben, als Vertreter in den Randbezirken betrieblicher Arbeitnehmermacht – und kann das auch, weil man im Zentrum in der Regel über einen anderen Informationshintergrund verfügt. Umso wichtiger wird deshalb die moralische Selbstbindung, die Entscheidungsfindung wird zur „Gratwanderung“:

> „Poah + das ist eine gute Frage, solidarisch zu handeln, ja gut das beste Beispiel ist natürlich ++ sich öffentlich a erstmal zu positionieren ähm+ ich sage mal zu unseren Gunsten darf nicht zu anderen Lasten gehen, also das was wir ähm entsprechend ähm + für unsere Kollegen und Kollegen erreichen durch irgendwelche Tarifverträge + das ist ja jetzt speziell im letzten Jahr ähm sage ich mal so eine + Gratwanderung gewesen, ähm das darf halt einfach nicht zu Lasten anderer gehen, wir sehen also schon immer zu, dass man ähm Vorschläge erarbeitet, weil es geht ja tatsächlich auch anders (überzeugt), dass man wirklich ähm Kapazitäten entsprechend verteilen kann (...). Das gibt es also schon, also da + entsprechend mit darauf hinzuweisen, weil wir ja hier nun mal meistens immer in der Situation sind, dass wir + durch die Mitbestimmung in Deutschland entsprechend dann auch den Einblick in diese ganzen Geschichten haben.“ (Dt. VKL, Fall 1)

Hier wird eine klare Beziehung zwischen der Überlegenheit des privilegierten Einblicks und der Selbstbindung an Gerechtigkeitsnormen hergestellt. Die Berücksichtigung der anderen im Handeln für die eigene Belegschaft macht den Kern des Solidaritätsverständnisses aus. Die eigene Stärke wird als Horizont von Alternativen erfahren, in dem der westdeutsche Arbeitnehmervertreter das Wohl der eigenen Standortbelegschaft nur bis zur Grenze der Schädigung des Wohls der Standortbelegschaften anderswo in den Vordergrund stellen soll – zumindest dann, wenn dies wissentlich geschehen würde. Man kann diesen Befund für Westdeutschland verallgemeinern: Der rücksichtsvolle Umgang mit der eigenen Stärke durch überlegene Information und den eigenen Handlungsoptionen gehören ebenso zum Selbstbild solidarischen Handelns wie der Bildungsauftrag gegenüber den Belegschaften und Belegschaftsvertretern von Standorten, die nicht über die gleichen Möglichkeiten verfügen. Dieser Bildungsauftrag, den sich deutsche Interessenvertreter auch gegenüber den eigenen Belegschaften häufig zuschreiben, wird in der folgenden Passage ganz deutlich:

> „Die Frage ist ist sind + sind die polnischen Kollegen unsere Konkurrenten +++ oder sind die, die veranlassen (mit Nachdruck), dass in Polen produziert wird, + mehr produziert wird als hier + die Verantwortlichen, sind die ungarischen Kollegen + die, auf die wir sauer sein ähm müssen (...), weil ähm Ungarn sollte nun nicht zu ähm ähm Lasten X-Standort ähm gehen. Wer hat denn die + Produktion nach ähm äh Ungarn ähm ähm geschoben + das waren die Vorstände, das muss man deutlich machen ++++ Solidarität ist auch eine ne + für mich sind das immer so so Schlaglichter ne + Solidarität (gravitätisch) + vorwärts zum {roten?} Parteitag ähm so, die die Frage der der des praktischen Lebens (...), dass wir das, was wir an Solidarität im Kopf haben, auch weiter transformieren können in die Mannschaften hinein und dass die das auch macht, dass die da auch mit hinfährt, das ist ja das ist ein Gedanke, aber ein Gedanke muss mit Leben, muss mit Inhalt gefüllt werden, und ich bin stolz drauf, dass wir ähm, das ist auch ein Stück Solidarität ähm jetzt nicht für die anderen ähm ähm ähm ähm + (haut wieder auf die Tischplatte) ähm. Letzte Woche ähm als, wir den den die Fläche ähm den Warnstreik gemacht hat, ähm das ist überhaupt keine Frage gewesen, da waren hier gut hundert hundertfuffzig zweihundert Leute draußen mit ++ weil das auch unsere (mit Nachdruck) Lohnrunde ist, aber auch, wenn es nicht unsere Lohnrunde wäre, ist das selbstverständlich, das ist aber ein Prozess, der entsteht, das ist auch wieder ein Prozess äh +++ an dem man lange arbeiten muss, den man aber auch vorleben muss. Das ist auch noch 'ne andere Sache, auch +++ ähm solche Leute wie Betriebsräte, Vertrauensleute, Vertrauensleuteleitung muss so was vorleben. Ich kann das nicht nur delegieren." (Dt. BR, Fall 1)

Solidarität muss vorgelebt werden (z.B. über die Teilnahme an Warnstreiks) und kann daher nicht nur an die Belegschaften delegiert werden. Die eigentliche Aufgabe aber ist eine Bildungsaufgabe: Solidarität mit anderen in den Köpfen der Belegschaften zu verankern, um dadurch ein Instrument zu schmieden für die Verhandlungen mit dem Management: die streikbereite Belegschaft – streikbereit auch für Polen oder Ungarn.

Genau an dieser Stelle gerät das internationale solidarische Handeln in die genannten Spannungsfelder: Das gelebte Wort kippt in das gesprochene Wort, dessen Bewährung in der Praxis aussteht. Wegen der Spannungsfelder bleibt die

die Solidaritätserklärung in einem Punkt ambivalent: Sie ist mit der Drohung verknüpft, dass man – bei weiterem Verlust von Arbeitsplätzen – auch anders könne.

Die Position des Arbeitnehmervertreters aus Westdeutschland, so nachvollziehbar sie auch sein mag, steht in einem harten Kontrast zu der Wahrnehmung aus einer „fremden" Perspektive. Gremienpolitik und Belegschaftsbildung haben nicht nur strukturelle Voraussetzungen (etwa einen entsprechenden Einfluss der betrieblichen Interessenvertretung). Gerade der Anspruch auf Authentizität und die Praxis der Delegation von Verantwortung und Entscheidungen an gut informierte Entscheidungszirkel werden in einer mittel- und osteuropäischen Perspektive ganz anders wahrgenommen:

> „(...) auf diesen XX [Firmenname] Gewerkschaftskonferenzen ist die Solidarität öfter zur Sprache gekommen. Und dort wurde eine solche Bemerkung vorgetragen – ich möchte jetzt keinen Namen dazu nennen, von wem, oder wie – aber letztendlich enthält sie sehr viele Wahrhaftigkeiten, dass die Solidarität unter den Ländern, oder unter den Standorten soweit anhält, solange das Produktionsinteresse nicht in den Vordergrund rückt. Also das, welche Produkte [i.O.: Produktname], mit wie vielen Stückzahlen, in welchem Land, in welchem Standort produziert wird, liegt nicht an der Solidarität. Das ist steinhartes Produktionsinteresse, finanzielles Interesse, und wenn ich jetzt in Ungarn das Interesse meiner Mitarbeiter vertreten möchte, dann ist es mein Interesse, dass dieses Produkt hier hergestellt wird. Das gleiche Interesse hat der polnische Kollege, das gleiche in Deutschland (...) über welche Solidarität sprechen wir denn? Wie kann man das vergleichen? Weil wenn ich international solidarisch bin, dann ist es nicht sicher, dass ich die Interesse meiner eigener Mitarbeiter vertrete oder mit denen solidarisch bin." (Ung. Betriebsrat, Fall 1)

Vordergründig stellt der Interviewte die Möglichkeit internationaler Solidarität unter den Bedingungen „steinharter Produktionsinteressen" infrage. Was in der Tat abgelehnt wird, ist die Maskierung von – legitimen! – partikularen Interessen unter dem Titel der „Solidarität unter den Ländern". Abgelehnt wird auch die Möglichkeit, dass der Belegschaftsvertreter eines Standorts eine standortübergreifende Perspektive einnehmen könne, von der aus die verschiedenen Solidaritätsansprüche verglichen und bewertet werden könnten. Unterstütze ich einen Standort in einem anderen Land, gerate ich in ein Spannungsfeld mit der Aufgabe, für die ich von „meiner" Belegschaft gewählt bin. Die Zentralisierung von Macht im Namen internationaler (oder transnationaler) Solidarität erscheint aus dieser Sicht inakzeptabel.

International werden Handlungen, mit denen es (graduell unterschiedlich) gelingt, Solidarität anzuzeigen und daraus Forderungen abzuleiten, Bewertungen unterzogen, die voneinander abweichen. Das Vertrauen in die und die Vertrautheit mit der Delegation von Verhandlungsmacht an westdeutsche Arbeitnehmervertreter ist aus der Sicht mittelosteuropäischer Interessenvertreter riskant. Aus deren Perspektive wäre eine solidarische Unterstützung eine, die ihnen hilft, bei sich „zu Hause“ Strategien zum Wohle der Kollegen zu entwickeln. Dies betrifft etwa Rationalisierungsvorgaben, denen ostmitteleuropäische Werke unterworfen sind und mit denen deutsche Belegschaftsvertreter schon Erfahrungen gesammelt haben. Insgesamt kann man sagen, dass die mittel- und osteuropäischen Arbeitnehmervertreter Solidaritätszumutungen deutlich stärker an die Fähigkeit knüpfen, sie auch tatsächlich erfüllen zu können.

7.2.5 *Standortgebundenheit der Interessenvertretung und Grenzen der Solidarität*

Neben den unterschiedlichen Verständnissen von Solidarität bildet die Beziehung zwischen Standortvertretung und Standortbelegschaft eine institutionelle Schranke der Solidarität – und zwar eine Schranke, die sich mit zunehmendem Konkurrenzdruck zunehmend schließt. Diese durch das System der Arbeitnehmervertretung unter den gegenwärtigen ökonomischen Bedingungen selbst etablierte Schranke ist ein – wenn nicht das – Haupthindernis der Solidarisierung von Kollegen in Europa. Gerade die erfahrenen und erfolgreichen Betriebsräte und Betriebsgewerkschafter sehen, dass sie ihre Belegschaften bislang nur eingeschränkt „mitnehmen“ können.

> „Das ist kein son Erfolg, den du mitm Präsentierteller in die Belegschaft tragen kannst.“ (Dt. BR, Fall 1, Standort B)
>
> *I2:* „Sehen sie dann auch die Möglichkeit, sowas wie eben internationale Solidarität äh zu erzeugen oder zu erhalten?
>
> *B:* Möglich wärs hier, aber ob die Leute mitmachen, ob man die bewegen kann? Bei uns in der Betriebsversammlung wenn äh wenn Betriebsversammlung bei uns is ja äh, mehr wie die Hälfte kommt ja gar nicht dazu, die Leute ham ja keine Lust und kein Bock und keine Zeit. Man so ne Aktion durchführen könnte äh, und es soll dort Solidarität global, ++ hm weiß nicht ob es klappen würde.“ (Dt. EBR, Fall 2)
>
> „Also das machen wir vor allem darum, weil wir glauben, dass das die Sicht, dass sich das Bild ändert, wir sind davon überzeugt, selbstverständlich, ich denke, dass es nie gelingt, einfach zu erklären und zu bearbeiten und die Leute so zu überzeugen, damit sie es so sehen können, wie es notwendig ist das zu sehen.“ (Tsch. Betriebsgewerkschafter, Fall 1)

In diesen Passagen wird die Ambivalenz einer erfolgreichen internationalen Abstimmung der Belegschaftsvertreter ausgesprochen deutlich: Die Kooperation der Standorte hat das Standortmanagement eines seiner zentralen Druckmittel beraubt. Aber der Erfolg bleibt für die Belegschaft unsichtbar. Noch schwieriger wird die Situation, falls Absprachen zwischen Standorten getroffen werden, die zu einer Minderung der Standortkonkurrenzen führen sollen und damit verbunden sind, in konzerninternen Ausschreibungen zugunsten der Belegschaften anderer Standorte auf einen aggressiven Wettbewerb zu verzichten. Dann wird der Sachverhalt so kompliziert, dass er in die jeweilige Belegschaft kaum zu vermitteln ist. Dies liegt nicht nur daran, dass die Zusammenhänge für die Belegschaft schwer durchschaubar sind, sondern auch daran, dass diese von der standortübergreifenden Betriebsratsarbeit nichts oder fast nichts mitbekommt. Diese Schranke der Solidarisierung bleibt in ihrem Kern auch dort bestehen, wo Wege ihrer Umgehung gesucht werden.

> „Jeder Standort sollte sich verpflichten, dass im Falle einer Arbeitsunterbrechung kein anderer Standort diese Arbeit übernimmt, das ist so das Gröbste, was wir tun können, das gelingt uns aber bisher nicht. Wenn jemand darüber spricht, heißt es noch nicht, dass er das auch in der Praxis kann, also ist es die grundlegende Sache, die wir wirklich tun müssten, d.h. ein Rahmendokument eines Kollektivvertrags, der maximale und minimale Forderungen enthält." (Poln. Betriebsgewerkschafter, Fall 1)

Ein Gremium beschließt oder verabredet, etwas zu tun, das nicht jeder Teilnehmer bei sich umsetzen kann. Das zu beschließende Rahmendokument dient der Versicherung, dass der Verweis auf die Nichtdurchsetzbarkeit ‚offiziell' anerkannt wird. Durch ein gemeinsames Dokument können Ansprüche an Standorte („maximale Forderungen") auf einer wechselseitig nachvollziehbaren Grundlage zurückgewiesen werden: Wir können das nicht – was heißt: wir würden gerne, aber können eben nicht. Der Verweis auf die Rahmenbedingungen des eigenen solidarischen Handelns findet sich bei Interviews mit deutschen Betriebsräten und Eurobetriebsräten ausgesprochen selten, sicherlich auch deswegen, weil ihre rechtlichen, institutionellen und faktischen Spielräume ausgeprägter sind.

7.2.6 Internationale Solidarität und kulturelles Verstehen

Um Solidarität als gemeinsame Sinnklammer in der internationalen Zusammenarbeit von Arbeitnehmervertretern nutzen zu können, muss die gleiche Voraussetzung erfüllt sein, die auch das interkulturelle Verstehen erfordert: Die Fähigkeit, die Differenz der Perspektiven zu verstehen und zur Grundlage des eigenen Handelns machen zu können. Einige der von uns interviewten Arbeitnehmervertreter verbinden Solidarität und Verstehen miteinander:

> „Ja, Solidarität ähm im im Grunde, +++ is zum einen äh das das das Verständnis des äh das Verstehen des Anderen. Äh ihn wenn wo es geht zu unterstützen, wo ich die Möglichkeiten habe, äh ihn zu unterstützen ja äh, im Grunde is es das eigentlich hätt ich jetzt gesagt, also Verstehen und entsprechend ihn unterstützen zu können, mal einfach definiert." (Dt. EBR, Fall 1)

Hier wird eine Beziehung zwischen der Einschätzung der eigenen Möglichkeiten und dem Fremdverstehen lose hergestellt. In der folgenden Passage aus einem anderen Interview wird die Problemartikulation *der anderen Seite* zur Grundlage des eigenen Handelns gemacht und die Differenz der Systeme der Industriellen Beziehungen und der Erfahrungsräume reflexiv in das eigene Handeln einbezogen: Unterstützungsbedarf kann auch dann bestehen, wenn aus der eigenen Sicht in dieser Situation kein Unterstützungsbedarf besteht. Diese Fähigkeit der Akzeptanz (und Unterstützung) einer vom eigenen Standpunkt abweichender Perspektive als anderer und dennoch legitimer Perspektive wird durch eine internationale Biografie wesentlich gefördert.

> „Wenn jetz äh äh irgendwo wenn wir ein Unternehmen haben oder wie auch immer, wo wir jetz wir ham ein Werk in ein, ein Land wo ähm die n spezifisches Problem haben, des is natürlich auch nich Solidarität, wo die meisten sagen: Ja wat wolln die denn, das ham wir schon seit zwanzig Jahren (...), und da muss man natürlich auch solidarisch sagen: Ja okay, auch diesem Problem müssen wir uns annehmen, auch wenn die Kollegen jetzt das was die, oder das Problem, was die haben, das gibts schon in Spanien seit zwanzig Jahren, in Deutschland seit dreißig. Äh das is natürlich das spielt immer ne Rolle, diese Solidarität, weil dann die an ... die andere Solidarität mhm da sin wir noch nich hin, also da sin wir noch nich gekommen in den in den Fall, dass wir sagen, wir müssen jetz mit den Kollegen aus Tschechien uns solidarisch erklärn, weil da n Werk zugemacht wird. Also deswegen sprech ich von der Solidarität, wie wir sie jetz erlebt ham, des is ja auch 'ne Solidarität, zu sagen: Okay, der französische Kollege, der ungarische Kollege, der hat jetz 'n Anliegen, die ham ein Problem, das können die, das müssen die normalerweise, äh also jetz zu Hause lösen, aber die kommen ja nich weiter, die sin seit drei Jahren, das nehmer uns jetz mal an. Und das is natürlich auch n bisschen solidarisch, auch mal dat die andern Kollegen mal verstehn: Jawoll, ja gut, das is zwar, verstehn wir zwar nich ganz, weil, warum die da nich in der Lage sind da, in Frankreich, in Ungarn, in Tschechien dieses Problem zu lösen, warum die denn jetzt, der Vorsitzende oder der Ausschuss da drei vier mal da hinfahrn muss und, und das is auch irgendwo eine gelebte Solidarität also." (EBR, Fall 2)

Wie der Interviewte andeutet, findet diese Form der kleinteiligen Hilfe nicht nur Unterstützer. Für einige westdeutsche Belegschaftsvertreter handelt es sich um einen Fall der *Ressourcenverschwendung*, wenn zentrale Akteure unbedeutende Konflikte an Standorten beilegen helfen, die eigentlich vor Ort gelöst werden müssten oder könnten. Diese Einschätzung basiert auf der Übertragung der eigenen Perspektive auf die Verhältnisse an anderen Standorten: Weil man am eigenen Standort diesen Typ von Konflikt lösen könnte, müssten auch Belegschaftsvertreter an anderen Standorten dazu in der Lage sein. Im Unterschied dazu wird in der zitierten Passage gerade das nicht getan. Nicht die eigene Perspektive bildet die Grundlage der Einschätzung, sondern die unterstellte Legitimität der anderen Perspektive. Die Folgen dieser Anerkennung einer anderen als der eigenen Perspektive bezeichnet der Interviewte als Form „gelebter Solidarität" und bringt damit eine neue Figur ins Spiel: Sie lässt sich den Grund des Handelns von außen geben und geht davon aus, dass eine erhobene Forderung kraft der Stelle, die sie erhebt, legitim ist, auch wenn sie nicht unmittelbar einsichtig erscheint. In den Worten des Interviewten:

> „Wenn man kein Verständnis hat für die für die anderen, dann gibts auch keine Solidarität, weil diese dieser diese ausgesprochene Solidarität, die nütz mir nich weiter, also wenn ich Verständnis hab, wenn ich verstehe, dass Kollegen, dass wir halt in Europa bei XX [Firmenname], dass wir halt eben noch äh das is so in dem EBR dass wir als Unternehmen oder Standorte viel mehr profitiern momentan von dem EBR als andere, das is auch irgendwie auch für mich eine gelebte Solidarität, und das muss auch sein." (EBR, Fall 2)

7.3 Zusammenfassung

Bei den von uns befragten Arbeitnehmervertretern drückt sich das Spannungsfeld solidarischen Handelns – Teil des Kollektivs einer nationale Grenzen überschreitenden Arbeitnehmerschaft und Vertreter von Arbeitnehmerinteressen eines konkreten Standortes zu sein – in einer Spannung von normativem Verständnis und praktischer Relevanz von Solidarität aus. Wie unterschiedlich die Formen der Artikulation der Spannung auch sein mögen – in allen Fällen führen sie auf das das Problem der Diskrepanz zwischen solidarischen Ansprüchen und pragmatischen Handlungszwängen.

Wie die Selbstbilder, Fremdbilder und Handlungsmuster ist auch das Solidaritätsverständnis kulturell geprägt. Aus der Position der Stärke im Verhandlungssystem der deutschen Muttergesellschaften heraus begreifen viele deutsche Betriebsräte solidarisches Handeln als Ausnutzung dieser Position zum Wohle aller. Bei unseren deutschen Gesprächspartnern sind der wiederholte und oft gewollte Verzicht zugunsten der Kollegen im Ausland und der Einsatz für eine Verbesserung der Arbeitssituation auch an Standorten außerhalb Deutschlands wesentliche Aspekte von Solidarität. Die Kehrseite dieses internationalistisch angelegten Verständnisses von Solidarität sind Solidaritätsaufforderungen an Kollegen aus Mittel- und Osteuropa, die bis in die Programme der europäischen Gewerkschaftslandschaft reichen und die Spannung zwischen der Unterscheidung Arbeit-Kapital und der Konkurrenz von Standorten in einem Unternehmen ein Stück weit verschieben: Die Forderung nach Solidarität aus Mittel- und Osteuropa basiert auf der Unterstellung, dass die Belegschaften dort mitverantwortlich für den Druck seien, den das Management auf die Belegschaften im Westen ausübt, dass sie also unsolidarisch handelten.

Die Perspektive der Konkurrenz zwischen Belegschaften und eines damit verbundenen unsolidarischen Verhaltens von Belegschaften und Belegschaftsvertretern im Osten ist die Perspektive westlicher, insbesondere deutscher Arbeitnehmervertreter. Für Belegschaftsvertreter aus Mittel- und Osteuropa dagegen hat Standortkonkurrenz wenig mit solidarischem oder unsolidarischem Handeln von Arbeitnehmern und viel mit Entscheidungen in den Unternehmenszentralen zu tun, auf die sie keinen Einfluss haben.

Die Betriebsgewerkschafter in Mittel- und Osteuropa arbeiten in einem rauen Klima unter schwierigen Bedingungen. Das in den Kämpfen zur Verbesserung der sozialen Lage ihrer Belegschaften Erreichte ist in ihren Augen nicht auch Folge westlicher Solidarität. Dazu bedürfte es eines Verhältnisses von Gleichen zueinander. Die mittel- und osteuropäischen Belegschaftsvertreter sehen sich von ihren Kollegen aus Deutschland aber herabgesetzt, entsprechend wird deren Unterstützung nicht „auf Augenhöhe", sondern maximal als Mildtätigkeit erfahren. Sich selbst in den Solidaritätsforderungen westlicher Arbeitnehmervertreter als zu behebenden Missstand betrachtet zu sehen, erscheint ihnen nachvollziehbar keine Grundlage einer Solidarität von Arbeitnehmern in Europa oder der Verständigung darüber. Forderungen, die auch aufgrund des eigenen Repertoires an Mitteln gar nicht erfüllt werden können, können schwerlich als „Bemessungsgrundlage" des eigenen Handelns akzeptiert werden.

Die Kollegen aus Mittel- und Osteuropa und aus Westeuropa eint die Einschätzung der Relevanz von Solidarität und dass sie „sein" soll. Diese Solidarität verbindet Arbeitnehmer miteinander und gegen die Vertreter des Managements der Unternehmen. Sie ist tief im kollektiven Gedächtnis der Arbeitnehmervertretung in Europa verankert. Da jedoch für Solidarität gilt, was für alle anderen Inhalte interkultureller Kommunikation auch gilt: dass mit zunehmender Handlungsferne die Übersetzungsbedürftigkeit zunimmt (vgl. Srubar 2006), muss man mit interkulturell im Detail unterschiedlichen Verständnissen von Solidarität rechnen; unser Material bestätigt das. Sie betreffen nicht zwangsläufig die „Definition" des Begriffs, die typischerweise auf Unterstützungsleistungen für andere bezogen wird, sondern die davon abgeleiteten normativen Selbst- und Fremdanforderungen.

Solidarität ist in interkulturellen Kontexten nicht einfach abrufbar – das Gegenteil ist der Fall: Sobald das Solidaritätshandeln über die Solidaritätsadresse hinausgeht, bedarf es einer allererst herzustellenden Gemeinsamkeit für eine Zusammenarbeit. In diesem Sinne ist Solidarität noch keine Sinnklammer der Kooperation von Arbeitnehmervertretern in Europa. Damit sie das werden kann, bedarf es einer Verständigung über kulturelle Traditionen, Wahrnehmungs- und Handlungsmuster, in der die Differenz der Perspektiven artikuliert und reflektiert werden kann und einer Verständigung über die Spannungsfelder, in denen sich solidarisches Handeln vollzieht.

Wie in den Kapiteln fünf und sechs gezeigt, münden internationale Treffen von betrieblichen Interessenvertretern nicht (automatisch) in eine homogenisierende, gemeinsam geteilte Weltsicht – trotz einer vermeintlich gleichen sozialen Lage: der des Lohnarbeiters. Denn diese macht sie auch zu Konkurrenten. Konkurrenten sind sie weniger individuell, sondern kollektiv: als Kollegen an Standorten, als von nationalen Organen vertretene Interessengruppen. Gerade diese Spannung kann durch Sonntagsreden und Lippenbekenntnisse nicht gelöst werden.

> „Wir müssen irgendwie vergessen, was Schlimmes unter uns passiert ist, und wir müssen als global sehn, was auf uns kommt. Entweder ändern wir das und das heißt natürlich, ich weiß genau dass wir nicht sofort einen einen Streik oder sonst was anfangen können, das ist ja nicht so leicht. Aber + etwas kann man schon machen. Und wir müssen jetzt auch mehr als ein Werk global, also mehr wenn wir so weiter so einzeln bleiben ham wir das schon verlorn.“ (Span. EBR, Fall 3)

Die praktisch von allen Interviewten geteilte Kritik an der Formelhaftigkeit und Abstraktheit so vieler Forderungen nach und Bekundungen von Solidarität in der internationalen Vertretung von Arbeitnehmerinteressen[8] mag ein erster Schritt auf dem Weg zur Etablierung einer gemeinsamen Sinnklammer sein.

---

8 Diese in ihrer Bedeutung leere Solidarität finden wir häufig in internationalen Kontexten. Dies betrifft keineswegs nur die Arbeitnehmervertretung, auch etwa in der Solidaritätspraxis globalisierungskritischer Bewegungen wird Solidarität gelegentlich zum Schlagwort und zum Ersatz für eine solidarische Praxis.

8 Schluss: Internationale Kooperation und Solidarität von Arbeitnehmern in Europa

> „Von vornherein auf einer Bündnis-‚Einheit' als Ziel zu bestehen, setzt voraus, daß Solidarität – um jeden Preis – eine unerläßliche Vorbedingung für das politische Handeln ist. Doch stellt sich die Frage, welche Art Politik eigentlich diese Art Vorwegnahme der Einheit erfordert. Vielleicht ist es für ein Bündnis gerade notwendig, die eigenen Widersprüche anzuerkennen und mit diesen ungelösten Widersprüchen zum Handeln überzugehen. (...) Denn es stellt sich die Frage, ob die ‚Einheit' nicht auf der Ebene der Identität eine ausschließende Norm der Solidarität aufstellt, die eine Reihe politischer Aktionen ausschließt?" (Butler 1991, S. 35f.)

Gegenstand dieser Untersuchung war das Handeln von betrieblichen Arbeitnehmervertretern, die international zusammenarbeiten. In einem ersten Schritt wurden Rahmenbedingungen ihres Handelns untersucht, wie: die unterschiedlichen Kulturen Industrieller Beziehungen, die Organisation der internationalen Zusammenarbeit in den jeweiligen Unternehmen, die unterschiedliche Vertretungswirksamkeit von Belegschaftsvertretungen und der Einfluss der Standortkonkurrenz. Auf dieser Grundlage haben wir in einem zweiten Schritt die internationale Zusammenarbeit von Arbeitnehmervertretern aus Deutschland und aus Mittel- und Osteuropa im Hinblick auf die wechselseitigen Selbst- und Fremdbilder (Kapitel 5), die Handlungs- und Ausdrucksmuster auf internationalen Treffen (Kapitel 6) und das Verständnis von und die Praxis der Solidarität (Kapitel 7) untersucht.

Der entscheidende Vorteil unseres kultursoziologisch angeleiteten Vorgehens besteht darin, die Selbst- und Fremdbilder der Belegschaftsvertreter und ihr Handeln in der internationalen Kooperation, das durch kulturspezifische Wissensvorräte strukturiert wird, nicht vorschnell auf ein Element der Handlungsbedingungen zu beziehen und daraus erklären zu müssen oder von empirisch wenig gedeckten Voraussetzungen ausgehen zu müssen, etwa der, dass es gemeinsame Interessen gebe oder dass die deutschen Belegschaftsvertreter ein „objektives Interesse" an der Verbesserung der Arbeits- und Entlohnungssituation ihrer Kollegen aus Mittel- und Osteuropa hätten. Vielmehr haben wir erstens diese Vorannahmen als durch das Material zu beantwortende Fragen begriffen. Zweitens haben wir die Ebene der symbolischen Thematisierung des Handelns und der Handlungsbedingungen als eine eigenständige Ebene begriffen, die im Handeln der Akteure praktisch relevant wird und die Kurzschlüsse nach Art einer Zurechnung von Handlungen auf vermeintlich „objektive" kulturunabhängige Bedingungen verbietet. In diesem Zugang sehen wir eine der wichtigsten Leistungen dieses Buches, weil er eine Brücke zwischen der Soziologie der Industriellen Beziehungen und der Kultursoziologie schlägt, von der beide Seiten nur profitieren können: Der Soziologie der Industriellen Beziehungen eröffnet sich die Möglichkeit, nicht länger nur auf funktionalistische oder interessenrationale Handlungsmodelle zurückgreifen zu müssen, der Kultursoziologie eröffnet sich die Perspektive eines kulturalistisch unverkürzten Blicks auf Interessenkonflikte und Machtdifferenzen.

Entsprechend besteht eines unserer wichtigsten Ergebnisse in dem Nachweis, dass die Muster des Handelns und Deutens in den von uns untersuchten Kooperationen erstens unterschiedlich sind, weil sie auf kulturspezifischen Wissensvorräten aufbauen und zweitens nicht nur deshalb unterschiedlich bleiben, weil in ihnen unterschiedliche Interessenlagen zum Ausdruck kommen, sondern auch, weil sie sich in den Situationen des Kontakts auf internationalen Treffen bislang nur schwer ineinander übersetzen lassen. Dieses Ergebnis ist ein Beleg für die Abhängigkeit der Deutungs- und Handlungsmuster der Akteure von ihrer Einbettung in unterschiedliche Kulturen. Diese Einbettung bzw. die nicht stattfindende Reflexion auf die Einbettung führt auf gemeinsamen Treffen oft dazu, dass wechselseitig Stereotype bestätigt werden, d.h. der Kontakt nicht zwangsläufig zu einer Verbesserung der Zusammenarbeit führt, auch nicht zum Aufbau gemeinsamer Wissensvorräte. Warum das so ist, haben wir in den vorangegangenen Kapiteln diskutiert. Im Folgenden werden die wichtigsten Ergebnisse der Studie zusammengefasst (8.1). Wir schließen mit einer Reflexion auf praktische Implikationen unserer Untersuchung (8.2).

8.1 Kulturelle Grundlagen betrieblicher Arbeitnehmervertretung in Europa

Als Gründe für die in der einschlägigen Forschung wie von den Arbeitnehmervertretern selbst beobachteten Schwierigkeiten in ihrer internationalen Kooperation gelten Interessenunterschiede zwischen den einzelnen Standorten, Probleme des Aufbaus einer vertrauensvollen Kooperation oder die fehlende „Chemie" in der Begegnung herausgehobener Akteure. Die Analyse hat sich bisher weitgehend damit zufrieden gegeben, auf „hard facts" wie Macht, unterschiedliche Systeme Industrieller Beziehungen usw. zu verweisen. Auch die von uns befragten Arbeitnehmervertreter nehmen in der Mehrzahl diese Perspektive ein. Kulturell verursachte Konfliktlinien jenseits der immer wieder thematisierten Sprachprobleme „verschwinden" hinter Annahmen über die soziale Lage der Akteure. Die betrieblichen und gewerkschaftlichen Interessenvertreter gehen in der überwiegenden Mehrheit davon aus, in ihrer Funktion als betriebliche Interessenvertreter gleich zu handeln und dabei gleiche, kulturunabhängige Interessen zu verfolgen – die Interessen ihrer Belegschaften und ihrer Standorte. In diesem funktionsbezogenen Selbstbild spielen kulturellen Unterschiede nur an der Oberfläche eine Rolle, etwa als nationale (unpünktliche Südeuropäer usw.) oder individuelle Eigenheiten (Temperament usw.). Solche Unterschiede sind Gegenstand des Ärgers und des Witzes, sie stellen aber kein wirkliches Hindernis für eine Zusammenarbeit dar. Vielmehr ist man in der sozialen Position des Arbeitnehmers, der dem Management gegenübersteht und für seine Interessen kämpfen muss, gemeinsam verbunden. Von dieser Harmonie der gleichen sozialen Lage und der Verortung auf der richtigen Seite heben sich das strategische Agieren gegen andere Standorte, Desinformation und Zurückhaltung von Information, „versteckte Fouls" und allerlei andere unschöne Praktiken deutlich ab, die von den Akteuren in der Zusammenarbeit beobachtet oder vermutet werden. Gegen diese Praxis werden dann der Appell an die gemeinsame Lage ins Feld geführt und Maximen des Handelns beschworen, die der Durchsetzung partikularer Interessen Einhalt gebieten sollen, wie z.B. die Forderung nach einer „internationalen Solidarität", der gemäß die Durchsetzung von Arbeitnehmerinteressen an einem Standort eine Schranke an der Verletzung von Arbeitnehmerinteressen an anderen Standorten haben soll. Im Ergebnis steht das Erstaunen darüber, dass der Appell so wenig fruchtet. Einige Gründe hierfür konnten wir in dieser Studie aufzeigen.

Eine zentrale und unterschiedlich wahrgenommene Konfliktlinie zwischen deutschen Belegschaftsvertretern und ihren Kollegen aus Mittel- und Osteuropa verläuft in dem in Kapitel 7 untersuchten Spannungsfeld von Konkurrenz und Solidarität: Die deutschen Betriebsräte werfen „dem Osten" vor, auf Kosten ihrer Belegschaft Arbeitsplätze aufgebaut zu haben – unter der aktiven Beteiligung der dortigen betrieblichen Arbeitnehmervertreter. Die mittel- und osteuropäischen Arbeitnehmervertreter halten ihren deutschen und westlichen Kollegen vor, trotz aller Absichtserklärungen und Mandatsübernahmen nicht wirklich an einer reziproken Kooperation interessiert zu sein, sondern primär die Sicherung der eigenen Arbeitsplätze zu betreiben. Die Gründe für die von den deutschen Betriebsräten forcierte Zusammenarbeit sind in dieser Perspektive nicht vor allem solidarischer, sondern vor allem strategisch-kalkulierender Natur.

Warum die jeweilige Seite sich verhält, wie sie sich verhält, wird wechselseitig nicht nur mit Interessen, sondern auch mit Erfahrungs- und Mentalitätsunterschieden erklärt. So hätten die mittel- und osteuropäischen Kollegen noch gar nicht die wahre Härte des Kapitalismus und der Globalisierung kennen gelernt (Rationalisierung, Leistungsverdichtung und Abbau von Arbeitsplätzen etc.), seien durch sozialisatorische Defizite als Spätwirkung des Sozialismus in ihrer Durchsetzungskraft beschränkt oder in ihrer Verlässlichkeit niedrig. Umgekehrt erleben die Belegschaftsvertreter aus dem Osten ihre Kollegen aus dem Westen als großspurig und in Auftreten und Vertretungsanspruch anmaßend. Gerade das als herabsetzend empfundene Auftreten auf internationalen Treffen dokumentiert in dieser Perspektive, was die deutschen Betriebsräte meinen, wenn sie von Solidarität reden: Die Stärkung der eigenen Vertretungsmacht.

In solche Deutungen fließen Wertungen und Annahmen ein, die erst vor dem Hintergrund der Erfahrungsräume verständlich werden, in denen sie gebildet wurden. Das gilt für die Annahme einer Identität von Arbeitnehmerinteressen in Europa natürlich auch: Sie ist nicht das Resultat der Erfahrung internationaler Zusammenarbeit, sondern die Generalisierung einer Zuschreibung, in Husserls Worten: eine „leere Antizipation", in Bacons ein „Idol". Solche Generalisierungen werden als Messlatte an das beobachtete Verhalten der Arbeitnehmervertreter anderer Länder angelegt. Diese Messlatten basieren auf kulturellen Deutungsmustern. Weil ihre Kulturalität verdeckt bleibt, gerät aus dem Blick, dass die Messlatten die Realität zuungunsten des jeweils anderen verschieben: Es ist ja weder so, dass deutsche Betriebsräte absichtlich ihren mittelosteuropäischen Kollegen die Arbeit wegnehmen wollten. Und auch die Annahme, diese würden „auf Kosten" ihrer westlichen Kollegen oder gar in Kollaboration mit dem eigenen Management die Gunst der Stunde nutzen, liegt bei näherer Betrachtung im Jenseits der Plausibilität. Kurz: Die Verkennung der kulturellen Grundlagen der betrieblichen Arbeitnehmervertretung in Europa führt im Ergebnis dazu, dass sie in anderer Form thematisch werden – einer Form, die handfeste Auswirkungen auf ihre Zusammenarbeit hat.

Rekonstruiert man die zurückliegenden Jahre der Entwicklung von Selbst- und Fremdbildern, gewinnt man zwei Geschichten, die auseinander weisen: Aus deutscher Sicht stellt sich die Internationalisierung der Arbeitnehmervertretung so dar:

a) In den frühen 1990er Jahren werden die mittelosteuropäischen Arbeitnehmervertreter beim Strukturaufbau der Vertretungsarbeit solidarisch unterstützt. Die Unterstützung folgt weniger eigenen Interessen, die Standorte Mittelosteuropas sind auf der „mentalen Landkarte" weit entfernt, und die Unterstützung wird im Sinne einer Art Fernsolidarität und Aufbauhilfe verstanden.
b) Im Zuge des Ausbaus von Produktionskapazitäten bei niedrigen Löhnen mausern sich die mittelosteuropäischen Standorte zu Bedrohung der westeuropäischen Belegschaften, auf die mit der versuchten Einbeziehung der Standortvertreter reagiert wird: mit Ausdehnung des „membership space" auf diese Standorte und dem Ansinnen, für sie ein Vertretungsmandat einzuholen, um die national eingebüßte Wirksamkeit der Arbeitnehmervertretung international wieder herzustellen. Wo ein Einlenken der Belegschaftsvertreter aus Mittel- und Osteuropa sich nicht abzeichnet, wird die Möglichkeit, nun selbst aktiv in den Standortwettbewerb – auch gegen die ostmitteleuropäischen Standorte – einzutreten, in Aussicht gestellt.

Die „Entwicklungsstufen“ stellen sich in Mittel- und Osteuropa anders dar:

a) Die frühe Phase wird entweder als eine Phase der Ignoranz des Westens gegenüber dem Osten oder als mildtätige Aufbauhilfe reflektiert.
b) Die zweite Phase wird als Tendenz des „Einverleibtwerdens“ erfahren und als mehr oder minder durchschaubares Manöver betrachtet, europäische Betriebsratsarbeit als westliche Profilierungsplattform zu nutzen, um selektive und exklusive Netzwerke aufzubauen. Für die gegenwärtige Situation wird die Notwendigkeit identifiziert, eine Situation gleicher Augenhöhe zwischen westlichen und mittelosteuropäischen Belegschaftsvertretern herzustellen.

Will man diese Unterschiede in der wechselseitigen Wahrnehmung und ihre Reproduktion im aufeinander bezogenen Handeln verstehen und erklären, muss man die kulturellen Aspekte der Zusammenarbeit berücksichtigen. Während man in Deutschland auf eine jahrzehntelange erfolgreiche Arbeitnehmervertretung mit recht stabilen politischen und ökonomischen Rahmenbedingungen zurück blicken kann, sind die Rahmenbedingungen der Arbeitnehmervertretung in Mittel- und Osteuropa durch eine tief greifende ökonomische Krise und eine gesellschaftliche Reorganisation nach kapitalistischen Prinzipien gekennzeichnet. Im Zuge dieser Umwälzungen wurden die Institutionen der Industriellen Beziehungen delegitimiert und mussten neu aufgebaut und etabliert werden, die institutionelle Absicherung ist deutlich prekärer. Aufgrund der historisch unterschiedlichen Entwicklung ist auch das Verhältnis zum Management ein anderes. In Deutschland ist die persönliche Nähe der Betriebsratsspitzen zu den Top-Managern Ausdruck der eigenen Stärke und Zeichen der dem Management aufgezwungenen Anerkennung der Position der Arbeitnehmervertretung. In Mittelosteuropa ist ein solches Verhältnis mehr oder weniger undenkbar, da hier die Arbeitnehmervertreter die Erfahrung gemacht haben, dass man dem Management prinzipiell nicht vertrauen kann und „gentlemen's agreements“ nutz- und sinnlos sind.

Allerdings verlieren inzwischen auch deutsche Betriebsräte Durchsetzungsmacht. Ihre Reaktion bewegt sich innerhalb der Kultur des deutschen Systems der Industriellen Beziehungen: Man versucht, das Vertretungsmandat auf ausländische Standorte auszudehnen und so die Position gegenüber dem eigenen Management zu stärken. Dieses treuhänderische Sprechen für Andere ist im System der Industriellen Beziehungen in Deutschland etabliert und akzeptiert. Wir haben die internationale Orientierung der deutschen Betriebsräte als Versuch analysiert, einen Machtverlust im nationalen Handlungsraum international mit Mitteln zu kompensieren, die sich in der nationalen Arbeitnehmervertretung bewährt haben. Weil die im nationalen Raum bewährten Mittel international weder bewährt noch überhaupt etabliert sind, führt dieser Versuch zu Irritationen auf Seiten der Belegschaftsvertreter aus Mittel- und Osteruropa und in der Folge zu Erwartungsenttäuschen auf deutscher Seite.

Die in den jeweiligen Systemen Industrieller Beziehungen ausgebildeten Selbstverständlichkeiten und Handlungsorientierungen stellen jenen Fundus des Wissens und der kulturellen Praktiken des Handelns sowie der Fremd- und Selbsteinschätzung bereit, der die internationale Zusammenarbeit perspektivisch einfärbt. Die Reziprozitätsannahmen der Akteure bewegen sich in einem Feld weitgehender Unvertrautheit mit den Vertretungspraktiken an anderen Standorten. Die Fremdbilder basieren wechselseitig auf den eigenen Wissensvorräten. Ein gemeinsamer Wissensvorrat existiert nicht oder wenn, dann in Ansätzen nur bei den Spitzen der EBR.

Alle Beteiligten eint der Wunsch nach besserer Information über und Absprache gegen das jeweilige lokale und oft auch gegen das zentrale Management. Doch die Motive der Zusammenarbeit, die Vorstellungen über deren Ziele und die Herangehensweisen an sie unterscheiden sich deutlich. Mit Sicherheit basieren diese Unterschiede auch auf unterschiedlichen Interessen der einzelnen Standortvertreter, aber die unterschiedlichen Umgangsweisen lassen sich nicht auf unterschiedliche Interessen reduzieren. Und es sind diese unterschiedlichen Umgangsweisen, in denen die Akteure für sich selbst völlig einsichtige Strategien, Deutungen und Handlungen entwickeln, die, aus *der „Gegenperspektive" betrachtet, eine andere, bisweilen bedrohliche Bedeutung haben.*

Die Begegnung der Arbeitnehmervertreter auf internationalen Treffen gilt gemeinhin als ein Mittel, die wechselseitige Fremdheit der Akteure zu reduzieren, einen gemeinsamen Wissensvorrat aufzubauen und insbesondere im informellen Teil dieser Treffen Vertrauen herzustellen. Gerade der Aufbau persönlichen Vertrauens ist in der internationalen Zusammenarbeit zentral, weil das Vertrauen in die noch jungen Institutionen der Zusammenarbeit gering ist. Doch die gemeinsamen Treffen und ihre restriktiven Rahmenbedingungen – Sporadizität, Sprachunterschiede, Zeitknappheit bei gleichzeitig notwendiger intensiver Beschäftigung mit den Partnern, die Unwirksamkeit spezifischer informeller Praktiken der Vergemeinschaftung und der Beurteilung von Kollegen etc. – führen zu einer Bestätigung der wechselseitigen Fremdbilder: Ortswahl, Sprachwahl und Art des Auftretens bestätigen und verstärken das bei den Arbeitnehmervertretern aus Mittel- und Osteuropa verbreitete Fremdbild eines pompös und überheblich auftretenden, ihnen gegenüber strategisch agierenden, nah am Management stehenden Betriebsrates aus Deutschland. Ihr Stil des Auftretens und ihr Habitus verstärken und bestätigen das bei deutschen Betriebsräten typische Bild eines zurückhaltenden, passiven, rückständigen und nicht klar einzuschätzenden Betriebsrates aus Mittel- und Osteruropa.

Weil die Arbeitnehmervertreter auf internationalen Treffen nahe liegender Weise auf Stile des Auftretens, Detaillierungsgrade ihrer Darstellungen usw. zurückgreifen, die ihnen aus ihren nationalen Handlungsräumen vertraut sind, in denen sie gut etabliert und die dort allen Beteiligten bekannt sind, die aber in einem internationalen Rahmen weder bekannt noch vertraut sind, führen die Treffen nicht zum Aufbau eines gemeinsamen Wissensvorrats oder zur Revision der ebenfalls aus dem eigenen Kontext mitgebrachten Fremdbilder, sondern zur Verunsicherung und Irritation. Gemeinsame Rituale zum Aufbau der in der internationalen Kooperation so wichtigen personalen Vertrauensbeziehungen scheitern oft an sprachlichen Grenzen und wechselseitigen Erwartungsenttäuschungen.

In allen Fällen waren mit internationalen Treffen Erfahrungen der Herabsetzung auf Seiten der Arbeitnehmervertreter aus dem Osten verbunden, in der Regel bezogen sich diese auf die Erfahrung, mit dem Lebensniveau der Belegschaftsvertreter aus dem Westen nicht mithalten zu können. Die Differenz der Lebensniveaus ist den Akteuren zwar in der Regel abstrakt verfügbar (sie wissen das), das Wissen hat aber für ihr praktisches Handeln keine Konsequenzen. Dieser Punkt ist wichtig, weil Erfahrungen der Herabsetzung typischerweise einen nachhaltig negativen Einfluss auf einen offenen Umgang miteinander haben. Gerade für Betriebsräte aus Deutschland, die mit dem Leitbild des Co-Managers groß geworden sind, ist das nicht immer leicht zu verstehen, denn für sie ist ein repräsentatives Auftreten Ausdruck ihres Gewichts gegenüber dem Management.

Vor dem Hintergrund der allgemeinen Annahme der Identität der Situation läuft die Einschätzung der anderen über lebensweltliche Verfahren, die sich in einem „kulturell homogenen" Kontext bewährt haben. Diese stoßen aber an objektive Grenzen in einem internationalen Umfeld. Auch das wird von den Teilnehmern registriert – und so „rutschen" externe Personen in die Rolle von „Kulturexperten", etwa Dolmetscher oder „Entsandte" aus dem eigenen Land.

Die Analyse bestätigt die schon eingangs geäußerte Vermutung, dass es keine empirischen Belege für die These einer sich langsam, aber linear verstetigenden „kulturellen" Europäisierung gibt, wenn man „Europäisierung" als Vereinheitlichung versteht. Versteht man sie so, dann ist das Gegenteil der Fall. Die Plausibilität dieser Überlegung wird durch die Beobachtung untermauert, dass die *Intensität der Wahrnehmung voneinander abweichender Perspektiven mit der Intensivierung und vor allem Konkretisierung der internationalen Zusammenarbeit steigt.* Die Probleme im Rahmen interkultureller Gremien verstärken sich also, je enger und strategischer die Zusammenarbeit werden soll.

Auch die wahrscheinlich zentrale Sinnklammer internationaler Kooperationen von Arbeitnehmervertretern – Solidarität – erwies sich als abhängig von den unterschiedlichen Traditionen der Systeme Industrieller Beziehungen und den unterschiedlichen Erfahrungsräumen der Akteure. Solidarität gehört zum festen Bestandteil des sprachlichen und handlungsorientierenden Repertoires der an der Untersuchung beteiligten Arbeitnehmervertreter. Unterschiede betreffen weniger die „Definition“, die typischerweise auf Unterstützungsleistungen für andere bezogen wird, sondern die davon abgeleiteten normativen Selbst- und Fremdanforderungen.

Zu der Kluft zwischen der sprachlich artikulierten Bedeutung von Solidarität und der praktisch geübten Solidarität gesellt sich die Spannung zwischen zwei Konfliktlinien: Als Arbeitnehmer solidarisch gegenüber den anderen Arbeitnehmern zu sein und als Arbeitnehmer eines Standortes (oft gemeinsam mit dem lokalen Management) in Konkurrenz zu den Arbeitnehmern anderer Standorte zu stehen. Diese Spannung manifestiert sich in der Zuschreibung deutscher Betriebsräte, ihre Kollegen in Mittel- und Osteuropa seien mehr oder weniger aktiver Teil der Verlagerung von Produktionslinien nach Mittel- und Osteuropa, während für die Belegschaftsvertreter aus Mittel- und Osteuropa für die Verlagerung das – mitbestimmte – zentrale Management in Deutschland verantwortlich ist. Auch für sie spielt die Konkurrenz der Standorte eine erhebliche Rolle: Das Interesse der deutschen Belegschaftsvertreter an einer Kooperation mit ihnen ist aus ihrer Perspektive vor allem deren Eigeninteresse geschuldet. Diese Einschätzung wird vor dem Hintergrund einer sozialistischen Vergangenheit getroffen, die den im Westen unproblematischen Rekurs auf Solidarität insgesamt problematisch werden lässt. Westliche Solidaritätsforderungen nehmen schnell eine identitätsbedrohende Tonlage an, in der die Anerkennung der eigenen Aufbauleistungen verweigert wird.

Die gemeinsame Sinnklammer Solidarität kann in der internationalen Zusammenarbeit von Arbeitnehmervertretern nicht einfach ab- oder aufgerufen werden – sie muss vielmehr erst hergestellt werden. Da die typischen Wertvorstellungen, die typischen Wissensbestände, die typischen Optionen, die sich im Anschluss an eine Handlung als Handlungsmöglichkeiten eröffnen und die typischen Deutungen der Handlungen anderer kulturspezifisch ausgeprägt, d.h. nicht deckungsgleich zwischen unterschiedlichen kulturellen Kontexten sind, bedarf es einer Verständigung über die kulturellen Traditionen zwischen den Arbeitnehmervertretern. Sie ist bisher unterblieben, weil ihre Notwendigkeit durch ein von allen geteiltes abstraktes Selbstverständnis verdeckt wird, man befinde sich in einer ähnlichen sozialen Lage.

8.2 Praktische Implikationen

Die Frage, was praktisch aus den Ergebnissen dieser Studie zu folgern sei, ist nicht nur schwer zu beantworten, weil es uns nicht in erster Linie um die praktische Intervention, sondern um eine elementare Voraussetzung einer solchen Intervention ging: die Klärung der kulturellen Grundlagen der internationalen Kooperation von Arbeitnehmervertretern. Sie ist darüber hinaus nicht leicht zu beantworten, weil jede Deutung – auch unsere – einen Raum von Möglichkeiten öffnet, in dem die Praktiker viel kompetenter zu Hause sind und über dessen Schließung sie nach eigenen Kriterien entscheiden. Vor diesem Hintergrund scheinen aus unserer Perspektive vier Punkte recht klar. Die ersten drei betreffen die internationale Zusammenarbeit von Arbeitnehmervertretern in Europa, der vierte die Forschung zum Thema.

1) Unsere Studie deutet darauf hin, dass die Schwierigkeiten in der interkulturellen Kooperation abnehmen, wenn Personen an zentraler Stelle beteiligt sind, die über eine internationale Biografie oder langjährige kontinuierliche Erfahrung in unterschiedlichen Kulturen verfügen. In solchen Biografien wird oft die Fähigkeit und Fertigkeit entwickelt, die kulturelle Differenz von Perspektiven wahrzunehmen und zu akzeptieren. Die Vernetzung biografischer Räume zentraler Akteure (und des „Nachwuchses“) wird daher zu einer der wichtigen Aufgaben der kommenden Jahre werden. Wie im sechsten Kapitel ausgeführt, bilden sich um transnational erfahrene Akteure herum Solidaritätsverständnisse und -praktiken, die die Legitimität von Solidaritätsforderungen nicht auf ein abstraktes Schema beziehen, sondern auf die Legitimität der Forderung selbst.

2) In interkulturellen Schulungen sollte verstärkt ein Augenmerk auf die kulturelle Relativität der jeweils eigenen Zuordnungs-, Verständigungs- und Bewertungspraktiken geworfen werden, d.h. auf Techniken, die ermöglichen, die eigenen Erwartungen in den Blick zu nehmen und zu sehen, inwieweit sie Erwartungen an andere mit bedingen.

3) Die sehr unterschiedlichen Handlungsreichweiten an Standorten sind häufig nicht Thema. In den Fällen, in denen Erwartungen „an Andere“ adressiert wurden, die enttäuscht wurden, hat die Zusatzinformation, dass sie aus situativen oder strukturellen Gründen nicht eingehalten werden konnten, das Verhältnis wesentlich entspannt. Akzeptiert man die Heterogenität der lokalen Situationen, entsteht die Möglichkeit, abzustimmen, inwiefern konzertierte Aktionen oder Positionen entwickelt werden können, die sich auf die Frage beziehen, ob ein Standort nun mit seinen spezifischen Problemen selber umzugehen habe, oder ob eine Unterstützung auf internationaler Ebene für spezifische lokale Probleme sinnvoll und notwendig wäre, ohne dass das Problem an anderen Standorten gleichermaßen auftreten müsste.

4) Für die wissenschaftliche Forschung zum Thema lässt sich aus unseren Ergebnissen schließen, dass kultursoziologische Überlegungen die Soziologie der Industriellen Beziehungen bereichern. Als gängige Erklärungsmuster für die Schwierigkeiten in der internationalen Kooperation von Arbeitnehmern galten bisher Unterschiede der rechtlichen Rahmen, der politischen Konstellationen in den jeweiligen Staaten, der Systeme der Industriellen Beziehungen und ihren Traditionen und schließlich unterschiedliche Traditionen der jeweiligen gewerkschaftlichen Organisationen im Umgang mit Konflikten. Wenn sich Akteure konkret begegnen, spielen aber weniger objektive, etwa aus dem institutionellen Vergleich abgeleitete Unterschiede eine Rolle. Die Unterschiede spielen vielmehr durch die Perspektiven der Akteure hindurch ihre verständigungsfördernde und -behindernde Rolle. Auch gute Kenntnisse der rechtlichen und strukturellen Handlungsbedingungen im Land X informieren letztlich nicht darüber, wie ein Arbeitnehmervertreter im Land X unter diesen Bedingungen handelt. Die – in diesem Sinne zu verstehenden – kulturellen Praktiken betrieblicher Arbeitnehmervertretung in Europa sind bislang unterbelichtet geblieben. Daran hat sich seit der emphatischen Forderung etwa Kendalls in den 1970er Jahren, gegenseitiges Wissen über die konkreten Handlungsweisen betrieblicher Interessenvertreter aufzubauen, kaum etwas geändert (Kendall 1977). Wir haben gezeigt, dass erst eine Kombination von Untersuchungen zu strukturellen Unterschieden der Systeme Industrieller Beziehungen und zu *kulturellen Praktiken* der Akteure die Möglichkeit eröffnet zu sehen, was bisher nicht gesehen wurde: Die kulturellen Grundlagen internationaler Arbeitnehmervertretung. Für die Debatte über die Rolle der Arbeitnehmerinnen und Arbeitnehmer in Europa könnte das eine Quelle der Inspiration sein.

Literatur

Abelshauser, Werner 2003: Kulturkampf. Der deutsche Weg in die Neue Wirtschaft und die amerikanische Herausforderung. Berlin: Kulturverlag Kadmos

Abelshauser, Werner 1983: Wirtschaftsgeschichte der Bundesrepublik Deutschland. Frankfurt/M.: Suhrkamp

Adorno, Theodor W./Frenkel-Brunswik, Else/Levinson, Daniel J./Sanford, Nevitt 1950: The Authoritarian Personality. New York: Harper & Row

Alexander, Jeffrey C. 2006: The Civil Sphere. New York: Oxford University Press

Allport, Gordon W. 1958: The Nature of Prejudice. Garden City/New York: Doubleday Anchor Books

Altmeyer, Werner 2001: Interessenmanager vor neuen Herausforderungen. Eine empirische Studie über Belegschaftsvertretungen in Deutschland, Frankreich, Spanien und Großbritannien. Baden-Baden: Nomos

Altmeyer, Werner 2005: Managementstile und Betriebsverfassung in Mittelosteuropa. HR-Management, Führung und Arbeitnehmervertretung in den osteuropäischen EU-Beitrittsländern. In: Personalführung, Jg. 38/Heft 9, S. 54–63

Anderson, Benedict 1996: Die Erfindung der Nation. Zur Karriere eines folgenreichen Konzepts. Mit einem Nachwort von Thomas Mergel (2. Auflage). Frankfurt/M., New York: Campus

Armingeon, Klaus 2006: Trade Unions and Industrial Relations in Post-Communist Nations. A comparison with established democracies. Paper for the Conference of Europeanists, Chicago March 2006 (Internet: www.councilforeuropeanstudies.org/pub/papers/Armingeon.pdf; zuletzt aufgesucht am 9.1.2009)

Artus, Ingrid/Liebold, Renate/Lohr, Karin/Schmidt, Evelyn/Schmidt, Rudi/Strohwald, Uwe 2001: Betriebliches Interessenhandeln. Band 2: Zur politischen Kultur der Austauschbeziehungen zwischen Management und Betriebsrat in der ostdeutschen Industrie. Opladen: Leske + Budrich

Baecker, Dirk 1994: Postheroisches Management. Ein Vademecum. Berlin: Merve

Baranoswka, Anna 2008: Poland. In: Kogan, Irena/Gebel, Michael/Noelke, Clemens (eds.): Europe Enlarged. A handbook of education, labour and welfare regimes in Central and Eastern Europ. Bristol: Policy Press, pp. 269–294

Baum-Ceisig, Alexandra 2005: Tarifpolitik im Zuge der Osterweiterung. In: Baum-Ceisig/Faber 2005, S. 183–204

Baum-Ceisig, Alexandra/Faber, Anne (Hg.) 2005: Soziales Europa? Perspektiven des Wohlfahrtsstaates im Kontext von Europäisierung und Globalisierung. Wiesbaden: VS

Beck, Ulrich 2004: Der kosmopolitische Blick oder: Krieg ist Frieden. Frankfurt/M.: Suhrkamp

Beckert, Jens/Eckert, Julia/Kohli, Martin/Streeck, Wolfgang (Hg.) 2004: Transnationale Solidarität. Chancen und Grenzen. Frankfurt/M., New York: Campus

Beckert, Jens/Eckert, Julia/Kohli, Martin/Streeck, Wolfgang 2004: Einleitung. In: Beckert, Jens/Eckert, Julia/Kohli, Martin/Streeck, Wolfgang (Hg.): Transnationale Solidarität. Chancen und Grenzen. Frankfurt/M., New York: Campus, S. 9–14

Berger, Peter L./Luckmann, Thomas 2007: Die gesellschaftliche Konstruktion der Wirklichkeit. Frankfurt/M.: Fischer

Bergmann, Joachim/Brückmann, Erwin/Dabrowski, Hartmut 2002: Krise und Krisenerfahrungen. Einschätzungen und Deutungen von Betriebsräten und Vertrauensleuten. Arbeitsheft Nr. 25 der Otto-Brenner-Stiftung. Berlin: Otto-Brenner-Stiftung

Bispinck, Reinhard/Schulten, Thorsten 1999: Flächentarifvertrag und betriebliche Interessenvertretung. In: Müller-Jentsch, Walther (Hg.): Konfliktpartnerschaft. Akteure und Institutionen der Industriellen Beziehungen (3. Auflage). München, Mering: Hampp, S. 185–212

Bluhm, Katharina 2006: Kostenorientierte Arbeitspolitik und lokale Bindungen – Strategien deutscher Unternehmen in Mittelosteuropa. In: WSI-Mitteilungen, Jg. 59/Heft 8, S. 440–445

Bluhm, Katharina 2007: Experimentierfeld Ostmitteleuropa? Deutsche Unternehmen in Polen und der Tschechischen Republik. Wiesbaden: VS

Blumer, Herbert 1973: Der methodologische Standort des symbolischen Interaktionismus. In: Arbeitsgruppe Bielefelder Soziologen (Hg.): Alltagswissen, Interaktion und gesellschaftliche Wirklichkeit, Bd. 1. Reinbek: Rowohlt, S. 80–101

Bohle, Dorothee 2002: Europas neue Peripherie. Polens Transformation und transnationale Integration. Münster: Westfälisches Dampfboot

Bolten, Jürgen 1995: Grenzen der Internationalisierungsfähigkeit. Interkulturelles Handeln aus interaktionstheoretischer Perspektive In: Bolten Jürgen (Hg.): Cross Culture – Interkulturelles Handeln in der Wirtschaft. Sternenfels: Verl. Wissenschaft & Praxis, S. 24–42

Bourdieu, Pierre 2005: Was heißt Sprechen? Zur Ökonomie des sprachlichen Tauschs. Mit einer Einführung von John B. Thompson (2. erweiterte und überarbeitete Ausgabe). Wien: Braumüller

Buhmann, Heinrich/Lucy, Herbert/Weber, Rolf (Hg.) 1984: Geisterfahrt ins Leere. Roboter und Rationalisierung in der Automobilindustrie. Hamburg: VSA

Bukodi, Erzsébet/Róbert, Péter 2008: Hungary. In: Kogan, Irena/Gebel, Michael/Noelke, Clemens (eds.): Europe Enlarged. A handbook of education, labour and welfare regimes in Central and Eastern Europe. Bristol: Policy Press, pp. 183–212

Butler, Judith 1991: Das Unbehagen der Geschlechter. Frankfurt/M.: Suhrkamp

Cleff, Thomas 1997: Industrielle Beziehungen im kulturellen Zusammenhang. Eine theoretische und empirische Untersuchung kultureller Einflüsse auf die Einstellung zu Regelungen Industrieller Beziehungen in Deutschland, Frankreich, Großbritannien, Italien, Schweden, Spanien, Türkei und den USA. München, Mering: Hampp

Coser, Lewis A. 2009: Theorie sozialer Konflikte. Wiesbaden: VS

Dallinger, Ursula 2009: Die Solidarität der modernen Gesellschaft. Wiesbaden: VS

Delhey, Jan 2001: Osteuropa zwischen Markt und Marx. Soziale Ungleichheit und soziales Bewusstsein nach dem Kommunismus. Hamburg: Krämer

Deppe, Frank 2005: Der Umbau des Sozialstaates in Europa und die Probleme der Gewerkschaften. In: Baum-Ceisig/ Faber, S. 78–94

Deppe, Joachim/Hoffmann, Reiner/Stützel, Wieland (Hg.) 1997: Europäische Betriebsräte. Wege in ein soziales Europa. Frankfurt/M., New York: Campus

Deppe, Rainer 1991: Bilanz der verlorenen Zeit. Industriearbeit, Leistung und Herrschaft in der DDR und Ungarn. In: Deppe, Rainer/Dubiel, Helmut/ Rödel, Ulrich (Hg.): Demokratischer Umbruch in Osteuropa. Frankfurt/M.: Suhrkamp, S. 126–150

Deppe, Rainer/ Tatur, Melanie 2002: Rekonstitution und Marginalisierung. Transformationsprozesse und Gewerkschaften in Polen und Ungarn. Frankfurt/M., New York: Campus

Durkheim, Émile 1992: Über soziale Arbeitsteilung. Frankfurt/M.: Suhrkamp

Durand, Jean-Pierre 2007: The Invisible Chain. Constraints and Opportunities in the New World of Employment. Chippenham, Eastbourne: Antony Rowe Ltd.

Dux, Günter 2004: Die Moral in der prozessualen Logik der Moderne. Warum wir sollen, was wir sollen. Weilerswist: Velbrück

Dvorakova, Zuzana 2003: Trade unions, work councils and staff involvement in the modernising Czech Republic. In: The International Journal of Public Sector Management, Vol. 16, I. 6, pp. 424–433

Ebbinghaus, Bernhard/Göbel, Claudia/Koos, Sebastian 2008: Mitgliedschaft in Gewerkschaften. Inklusions- und Exklusionstendenzen in der Organisation von Arbeitnehmerinteressen in Europa. Mannheim: Mannheimer Zentrum für Europäische Sozialforschung, Working Paper 111

Eberwein, Wilhelm/Tholen, Jochen/Schuster, Joachim 2000: Die Europäisierung der Arbeitsbeziehungen als politisch-sozialer Prozeß. München, Mering: Hampp

Eckardt, Andrea 2003: Diskutieren, Streiten, Mitgestalten! 30 Jahre Kampf um Arbeit im weltgrößten Motorenwerk Volkswagen Salzgitter. Hamburg: VSA

Elias, Norbert/ Scotson, John L. 1990: Etablierte und Außenseiter. Übersetzt von Michael Schröter. Frankfurt/M.: Suhrkamp

EIRO 2007: Industrial relations developments in Europe 2006 (Internet: http://www.eurofound.europa.eu/eiro/comparativestudies_2007.htm; zuletzt aufgesucht am 28.04.2010)

Erwägen – Wissen – Ethik 2007, Jg. 18/Heft 2. Stuttgart: Lucius & Lucius

European Foundation for the Improvement of Living and Working Conditions 2002: The Europeanisation of industrial relations in a global perspective: A literature review. Luxembourg: Office for Official Publications of the European Communities

European Foundation for the Improvement of Living and Working Conditions 2004: European works councils in practice. Luxembourg: Office for Official Publications of the European Communities

Fabian, Johannes 1983: Time and the Other: How Anthropology Makes Its Object. New York: Columbia University Press

Friedrich-Ebert-Stiftung (FES) 1999: Gewerkschaften und Arbeitsmarkt in Ostmitteleuropa: Tschechien, Slowakei, Polen, Estland, Litauen, Lettland (ein Informationsdienst der Abteilung Internationaler Dialog; Politikinformation Osteuropa; 77). Bonn: Friedrich-Ebert-Stiftung (Electronic ed.: Bonn: EDV-Stelle der FES, 1999)

Friedrich-Ebert-Stiftung (FES) 2004: Gewerkschaftsnachrichten aus Ungarn – Referat von Béla Galgóczi auf der internationalen Konferenz der Otto-Brenner-Stiftung in Prag am 18. Mai 2004 zum Thema „Effekte für Unternehmenskultur und Standortentwicklung in den neuen Mitgliedsländern der EU“ (Internet: www.fesbp.hu/ger/GNU2004-1.doc; zuletzt aufgesucht am 30.03.2010)

Fitzgerald, Ian/Sterling, John (eds.) 2004: European Works Councils. Pessimism of the intellect, optimism of the will? London, New York: Routledge

Geary, Dick 1983: Arbeiterprotest und Arbeiterbewegung in Europa 1848–1939. München: C. H. Beck

Gebel, Michael 2008: Labour markets in Central and Eastern Europe. In: Kogan, Irena/Gebel, Michael/Noelke, Clemens (eds.): Europe Enlarged. A handbook of education, labour and welfare regimes in Central and Eastern Europe. Bristol: Policy Press, pp. 35–62

Geißler, Torsten 2000: Tarifautonomie in der Transformation. Ein Vergleich der Lohnbildungsinstitutionen in Polen und Ostdeutschland. Hamburg: Kovac

Geremek, Bronislaw 2008: Ost und West: Geteilte europäische Erinnerung. In: König, Helmut/ Schmidt, Julia/Sicking, Manfred (Hg.): Europas Gedächtnis. Das neue Europa zwischen nationalen Erinnerungen und gemeinsamer Identität. Bielefeld: transcript, S. 133–146

Giddens, Anthony 1976: New rules of sociological method: a positive critique of interpretative sociologies. London: Hutchinson

Giddens, Anthony 1997: Jenseits von Links und Rechts. Die Zukunft radikaler Demokratie. Frankfurt/M.: Suhrkamp

Girtler, Roland 2001: Methoden der Feldforschung. Wien: UTB

Gottwald, Markus/Klemm, Matthias/Sebald, Gerd/Weyand, Jan 2007: Die Heterogenität von Wissen als Herausforderung für organisationales Wissens- und Innovationsmanagement. In: Gronau, Herbert (Hg.): 4. Konferenz Professionelles Wissensmanagement. Erfahrungen und Visionen. Berlin: GITO-Verlag, S. 202–210

Hall, Edward T. 1990: The Silent Language. New York: Ancor Books

Hall, Peter A./Soskice, David (eds.) 2001: Varieties of Capitalism. The Institutional Foundations of Comparative Advantage. Oxford: University Press

Hansen, Lise Lotte 2004: Does the Future of Unions Depend on the Integration of Diversity? In: Industrielle Beziehungen, Jg. 11/Heft 1+2, S. 129–142

Hauser-Ditz, Axel/Hertwig, Markus/Pries, Ludger/Rampeltshammer, Luitpold 2010: Transnationale Mitbestimmung. Zur Praxis Europäischer Betriebsräte in der Automobilindustrie. Frankfurt/M., New York: Campus

Hechter, Michael 1987: Principles of group solidarity. Berkeley: University of California Press

Heidling, Eckhard/Deiß, Manfred/Meil, Pamela/Schmierl, Klaus. 2004: Restrukturierung nationaler Interessenvertretung. In: Beck, Ulrich/ Lau, Christoph (Hg.): Entgrenzung und Entscheidung: Was ist neu an der Theorie reflexiver Modernisierung? Frankfurt/M.: Suhrkamp, S. 360–383

Heine, Hartwig 1985: Betriebliche Konfliktaustragung in der Krise. In: Boguslawskis, Gerd-Uwe/Irrek, Bodo (Hg.): Ohne Utopien kann der Mensch nicht leben. Beiträge zur Gewerkschaftsarbeit. Göttingen: SOVEC, S. 71–92

Héthy, Lajos 1994: Tripartism in Eastern Europe. In: Hyman, Richard/Ferner, Anthony (eds.): New Frontiers in European Industrial Relations. Oxford: Blackwell, pp. 312–336

Hirschel, Dierk 2007: Tarifpolitik und Gewerkschaften in der Globalisierung. In: Sell, Axel/ Wiegand-Kottisch, Maren (Hg.): Wirtschafts- und Beschäftigungspolitik in der Globalisierung. Spielräume regionaler, nationaler und internationaler Akteure. Hamburg: Lit Verlag, S. 113–116

Hoen, Herman W. 2008: ‚It's the Institutions, Stupid.' Eine Bestandsaufnahme der ökonomischen Transformationsforschung. In: Bönker, Frank/Wielgohs, Jan (Hg.): Postsozialistische Transformation und europäische (Des-)Integration. Marburg: Metropolis, S. 99–115

Hondrich, Karl-Otto/Koch-Arzberger, Claudia 1992: Solidarität in der modernen Gesellschaft. Frankfurt/M.: Fischer

Horkheimer, Max 1987: Traditionelle und Kritische Theorie. In: Horkheimer, Max: Gesammelte Schriften, Bd. 4. Frankfurt/M.: Suhrkamp, S. 162–216

Hürtgen, Stefanie 2008: Transnationales Co-Management. Betriebliche Politik in der globalen Konkurrenz. Münster: Westfälisches Dampfboot

Hürtgen, Stefanie 2008a: Globalisierung, Leistung, Co-Management. Zur konzeptionellen Neubestimmung von betrieblicher Interessenvertretung. In: Dröge, Kai/Marrs, Kira/ Menz, Wolfgang (Hg.): Rückkehr der Leistungsfrage. Berlin: edition sigma, S. 221–237

Ilessy, Miklos/Kirov, Vassil/Makó, Csaba/Stoeva, Svetla 2007: Labour relations, collective bargaining and employee voice in SMEs in central and eastern Europe. In: transfer – European Review of Labour and research, Vol. 13, I. 1, pp. 95–113

Jung, Arlena/Klemm, Matthias/Schmidt, Gert/Simeunovic, Vlado/Srubar, Ilja 2004: Culture Matters – The Success Story of the Volkswagen-Skoda Venture. In: Faust, Michael/ Voskamp, Ulrich/Wittke, Volker (ed.): European Industrial Restructuring in a Global Economy: Fragmentation and Relocation of Value Chains. Göttingen: SOFI, S. 201–217

Judt, Tony 2006: Die Geschichte Europas seit dem Zweiten Weltkrieg. Bonn: Bundeszentrale für politische Bildung

Kädtler, Jürgen 2006: Sozialpartnerschaft im Umbruch. Industrielle Beziehungen unter den Bedingungen von Globalisierung und Finanzmarktkapitalismus. Hamburg: VSA

Kaelble, Hartmut 2007: Sozialgeschichte Europas. 1945 bis zur Gegenwart. Bonn: Bundeszentrale für politische Bildung

Katz, Elihu/Lazarsfeld, Paul F. 1964: Personal Influence. The Part Played by People in the Flow of Mass Communications. New York: First Free Press Paperback Edition, The Free Press of Glencoe

Kaufman, Bruce 2008: Paradigms in Industrial Relations: Original, Modern and Versions Inbetween. In: British Journal of Industrial Relations, Vol. 46, I. 2, pp. 314–339

Kendall, Walter 1977: Gewerkschaften in Europa. Hamburg: Hoffmann und Campe

Klemm, Matthias/Mense-Petermann, Ursula 2009: ‚Knowledge Transfer' and Cross-Cultural Learning – Problems and Chances of Cultural Difference in Learning and Knowledge Processes. In: Langer, Josef/Pavicic, Jurica /Alfirevic, Niksa (eds.): Knowledge Region: Alps-Adriatic Challenges. Volume I – General Perspective. Frankfurt/M.: Peter Lang, pp. 161–170

Klemm, Matthias/Popp, Michael 2008: The Renaissance of Car Production in Central Eastern Europe: Knowledge Exchange and Cultural Dynamics at Škoda Auto. In: Furukawa, Sumiaki/Schmidt, Gert (eds.): The Changing Structure of the Automotive Industry and the Post-Lean Paradigm in Europe. Comparisons with Asian Business Practices. Kyushu: University Press, pp. 180–205

Knudsen, Herman 2004: European Work Councils – Potentials and Obstacles on the Road to Employee Influence in Multinational Companies. In: Industrielle Beziehungen, Jg. 11/ Heft 3, S. 203–220

Kohl, Heribert 2002: Arbeitsbeziehungen in Mittel- und Osteuropa: Betriebsräte als neue Form der Interessenvertretung? In: WSI-Mitteilungen, Jg. 55/Heft 7, S. 410–415

Kohl, Heribert 2008: Halb so wild. In: Mitbestimmung, Jg. 54/Heft 5, S. 42–45

Kohl, Heribert/Platzer, Hans-Wolfgang 2003: Arbeitsbeziehungen in Mittelosteuropa. Baden-Baden: Nomos

Kohl, Heribert/Lehndorff, Steffen/Schief, Sebastian 2006: Industrielle Beziehungen in Europa nach der EU-Erweiterung. In: WSI-Mitteilungen, Jg. 59/Heft 7, S. 403–409

Kohler, Harald 2009: Deutschland. In: Schmid, Josef/Kohler, Harald (Hg.): Arbeitsbeziehungen und Sozialer Dialog im alten und neuen Europa. Baden-Baden: Nomos, S. 49–89

Kohler, Harald/Gold, Stewart 2009: Tschechien. In: Schmid, Josef/Kohler, Harald (Hg.): Arbeitsbeziehungen und Sozialer Dialog im alten und neuen Europa. Baden-Baden: Nomos, S. 199–232

Koselleck, Reinhart 2000: Zeitschichten. Studien zur Historik. Frankfurt/M.: Suhrkamp

Kotthoff, Hermann 1998: Mitbestimmung in Zeiten interessenpolitischer Rückschritte. Betriebsräte zwischen Beteiligungsofferten und „gnadenlosem Kostensenkungsdiktat“. In: Industrielle Beziehungen, Jg. 5/Heft 1, S. 76–100

Kotthoff, Hermann 2006: Lehrjahre des Europäischen Betriebsrats. Zehn Jahre transnationale Arbeitnehmervertretung. Berlin: edition sigma

Kovács, János Mátyás 2003: On the Eve of a Gloomy Feast. Narratives of Solidarity in the Enlarging Europe. Vortrag auf der IWM-Konferenz in Wien vom 10.10–11.10.2003: „After the the Enlargement. The Conditions of European Solidarity“

Kubicek, Paul J. 2004: Organized Labor in Postcommunist States. From Solidarity to Infirmity. Pittsburgh: University Press

Kutter, Amelie/Trappmann, Vera 2008: EU-induzierter Wandel? Europäisierung und Transformation in Ostmitteleuropa. In: Bönker, Frank/Wielgohs, Jan (Hg.): Postsozialistische Transformation und europäische (Des-)Integration. Marburg: Metropolis, S. 175–193

Lecher, Wolfgang 2000: Arbeitsbeziehungen in Mittelosteuropa vor der EU-Integration. In: WSI-Mitteilungen, Jg.53/Heft 2, S. 118–122

Lecher, Wolfgang/Nagel, Bernhard/Platzer, Hans-Wolfgang 1998: Die Konstituierung Europäischer Betriebsräte – Vom Informationsforum zum Akteur? Baden-Baden: Nomos

Lecher, Wolfgang/Platzer, Hans-Wolfgang/Rüb, Stefan/Weiner, Klaus-Peter 1999: Europäische Betriebsräte – Perspektiven ihrer Entwicklung und Vernetzung. Baden-Baden: Nomos

Lecher, Wolfgang/Platzer, Hans-Wolfgang/Rüb, Stefan/Weiner, Klaus-Peter 2001: Verhandelte Europäisierung. Die Einrichtung Europäischer Betriebsräte – Zwischen gesetzlichem Rahmen und sozialer Dynamik. Baden-Baden: Nomos

Lecher, Wolfgang/Rüb, Stefan 1999: The Constitution of European Works Councils: From Information Forum to Social Actor. In: European Journal of Industrial Relations, Vol. 5, I. 1, pp. 7–25

Liebold, Renate 1996: Innerbetriebliche Beziehungen in ostdeutschen Industriebetrieben: Die (ost)deutsche Einheit zwischen Management und Betriebsrat. In: Bergmann, Joachim/ Schmidt, Rudi (Hg.): Industrielle Beziehungen. Institutionalisierung und Praxis unter Krisenbedingungen. Opladen: Leske + Budrich, S. 213–235

Luhmann, Niklas 1980: Gesellschaftliche Struktur und semantische Tradition. In: Luhmann, Niklas: Gesellschaftsstruktur und Semantik. Studien zur Wissenssoziologie der modernen Gesellschaft, Bd.1. Frankfurt/M.: Suhrkamp, S. 9–71

Luhmann, Niklas 1992: Die Wissenschaft der Gesellschaft. Frankfurt/M.: Suhrkamp

Lukács, János 1990: Neue Strukturen zwischen Markt und Staat in Osteuropa? Transformationsprobleme in Ungarn: Zwischen Privatisierung und Interessenvertretung. In: Zapf, Wolfgang (Hg.): Die Modernisierung moderner Gesellschaften. Verhandlungen des 25. Deutschen Soziologentages in Frankfurt/M. 1990. Frankfurt/M., New York: Campus, S. 293–302

MacShane, Denis 1994: The Changing Contours of Trade Unionism in Eastern Europe and the CIS. In: Hyman, Richard/Ferner, Anthony (eds.): New Frontiers in European Industrial Relations. Oxford: Blackwell, pp. 337–367

Mänicke-Gyöngyösi, Krisztina 1991: Bürgerbewegungen, Parteien und „zivile“ Gesellschaft in Ungarn. In: Deppe, Rainer/Dubiel, Helmut/Rödel, Ulrich (Hg.): Demokratischer Umbruch in Osteuropa. Frankfurt/M.: Suhrkamp, S. 220–233

Mannheim, Karl 1985: Ideologie und Utopie. Frankfurt/M.: Klostermann

Mansfeldová, Zdenka 1999: Social Partnership in the Czech Republic. In: Kirschbaum, Stanislav J. (ed.): Historical Reflections on Central Europe. Houndmills: Macmillan Press, pp. 207–218

Marx, Karl 1969: Zur Kritik der politischen Ökonomie. In: Marx-Engels-Werke, Bd. 13. Berlin: Dietz, S. 3–171

Marx, Karl 1993: Das Kapital. In: Marx-Engels-Werke, Bd. 23. Berlin: Dietz

Martínez Lucio, Miguel 1998: Spain: Regulating Employment and Social Fragmentation. In: Ferner, Anthony/Hyman, Richard (eds.): Changing Industrial Relations in Europe. Oxford: Blackwell, pp. 426–458

Matthes, Joachim 1992: The Operation Called „Vergleichen“. In: Matthes, Joachim (Hg.): Zwischen den Kulturen? Die Sozialwissenschaften vor dem Problem des Kulturvergleichs. Göttingen: Otto Schwartz & Co, S. 75–99

Mauss, Marcel 1990: Die Gabe. Frankfurt/M.: Suhrkamp

Mead, George H. 1973: Geist, Identität und Gesellschaft. Frankfurt/M.: Suhrkamp

Minssen, Heiner/Riese, Christian 2007: Professionalität der Interessenvertretung. Arbeitsbedingungen und Organisationspraxis von Betriebsräten. Berlin: edition sigma

Mitscherlich, Alexander/Mitscherlich, Margarete 1985: Die Unfähigkeit zu Trauern. Grundlagen kollektiven Verhaltens. Mit einem Nachwort der Autoren zur unveränderten Neuausgabe. München: Piper

Mrozowicki, Adam/Hootegem, Geert van 2008: Unionism and Workers' Strategies in Capitalist Transformation: The Polish Case Reconsidered. In: European Journal of Industrial Relations, Vol. 14, I. 2, pp. 197–216

Müller, Torsten/Hoffmann, Aline 2001: EWC Research: A Review of the Literature. Warwick Papers in Industrial Relations Number 65 (Internet: http://www2.warwick.ac.uk/fac/soc/wbs/research/irru/wpir/wpir65.pdf; zuletzt aufgesucht am 19.03.2009)

Müller, Torsten/Hoffmann, Aline 2002: Eurobetriebsräte unter der Lupe. Zusammenfassender Bericht über die Forschungsliteratur. In: Industrielle Beziehungen, Jg. 9/Heft 1, S. 103–111

Müller, Torsten/Platzer, Hans-Wolfgang/Rüb, Stefan 2004: Globale Arbeitsbeziehungen in globalen Konzernen? Wiesbaden: VS

Müller-Jentsch, Walther (Hg.) 1991: Konfliktpartnerschaft. Akteure und Institutionen der Industriellen Beziehungen. München, Mering: Hampp

Müller-Jentsch, Walther 2000: Industrielle Beziehungen. Frankfurt/M., New York: Campus

Müller-Jentsch, Walther 2007: Strukturwandel der Industriellen Beziehungen. ‚Industrial Citizenship' zwischen Markt und Regulierung. Wiesbaden: VS

Münch, Richard (2008): Die Konstruktion der europäischen Gesellschaft. Frankfurt/M., New York: Campus

Offe, Claus 1991: Das Dilemma der Gleichzeitigkeit. In: Merkur, Jg. 45/Heft 4, S. 279–292

Ost, David 2005: The Defeat of Solidarity – Anger and Politics in Postcommunist Europe. Ithaca, London: Cornell University Press

Otte, Thomas 2002: Das System der kollektiven Entgeltaushandlung in Polen. In: Industrielle Beziehungen, Jg. 9/Heft 4, S. 441–462

Parsons, Talcott 1973: Beiträge zur soziologischen Theorie (hg. von Dietrich Rüschemeyer). Neuwied: Luchterhand

Platzer, Hans-Wolfgang 2005: Europäisches Sozialmodell und Arbeitsbeziehungen in der erweiterten EU. Ein Problemaufriss. In: Baum-Ceisig/Faber 2005, S. 152–182

Polanyi, Karl 2010: The Great Transformation. Politische und ökonomische Ursprünge von Gesellschaften und Wirtschaftssystemen. Frankfurt/M.: Suhrkamp

Pries, Ludger 2003: Deutsches Mitbestimmungsmodell unter Globalisierungsdruck. Vortrag auf dem Workshop: Mitbestimmung und betriebliche Sozialpolitik unter Druck von europäischer Integration und Globalisierung, Frankfurt/M., 11. Dezember 2003

Rehder, Britta 2006: Legitimitätsdefizite des Co-Managements. Betriebliche Bündnisse für Arbeit als Konfliktfeld zwischen Arbeitnehmern und betrieblicher Interessenvertretung. In: Zeitschrift für Soziologie, Jg. 35/Heft 3, S. 227–242

Renn, Joachim 2006: Übersetzungsverhältnisse. Perspektiven einer pragmatistischen Gesellschaftstheorie. Weilerswist: Velbrück

Rott, Veronika 2008: Europäische Kooperation und Solidarität. Eine Analyse der Bedingungen für die Kooperation von Arbeitnehmervertretern am Beispiel der Delta Gruppe bei General Motors. Berlin: Lit Verlag

Rüb, Stefan 2009: Die Transnationalisierung der Gewerkschaften: Eine empirische Untersuchung am Beispiel der IG Metall. Berlin: edition sigma

Schiffauer, Werner 1997: Fremde in der Stadt. Frankfurt/M.: Suhrkamp

Schmidt, Gert 1986: Einverständnishandeln – ein Konzept zur „handlungsnahen" Untersuchung betrieblicher Entscheidungsprozesse. In: Seltz, Rüdiger/Mill, Ulrich/Hildebrandt, Eckart (Hg.): Organisation als soziales System. Kontrolle und Kommunikationstechnologie in Arbeitsorganisationen. Berlin: edition sigma, S. 57–70

Schroeder, Wolfgang 2004: Arbeitsbeziehungen in Mittel- und Osteuropa – Weder wilder Osten noch europäisches Sozialmodel. Bonn: Friedrich-Ebert-Stiftung (Internet: PDF-File Europäische Politik/Politikinformationen Osteuropa; 119 Electronic ed.: Bonn: FES Library, 2004 ISBN 3-89892-271-5)

Schroeder, Wolfgang/Weinert, Rainer 2003: Zwischen Verbetrieblichung und Europäisierung. Oder „Can the German Model Survive"? In: Industrielle Beziehungen, Jg. 10/Heft 1, S. 97–117

Schütz, Alfred 1944: The Stranger: An Essay in Social Psychology. In: The American Journal of Sociology, Vol. 49, I. 6, pp. 499–507

Schütz, Alfred 1945: The Homecomer. In: The American Journal of Sociology, Vol. 50, I. 5, pp. 369–376

Schütz, Alfred 1964: Collected Papers II. Studies in Social Theory. Edited and introduced by Arvid Brodersen. The Hague: Nijhoff

Schütz, Alfred 2004: Der sinnhafte Aufbau der sozialen Welt. In: Alfred Schütz Werkausgabe, Bd. II (hg. von Martin Endreß und Joachim Renn). Konstanz: UVK

Schütz, Alfred/Luckmann, Thomas 2003: Strukturen der Lebenswelt. Konstanz: UVK

Schwarz, Anna 2008: Vom Paradigma der ‚nachholenden Modernisierung' zum cultural turn: Sozialwissenschaftliche Transformationsforschung im Rückblick. In: Bönker, Frank/ Wielgohs, Jan (Hg.): Postsozialistische Transformation und europäische (Des-)Integration. Marburg: Metropolis, S. 23–40

Segert, Dieter 2002: Die Grenzen Osteuropas. 1918, 1945, 1989 – Drei Versuche im Westen anzukommen. Frankfurt/M., New York: Campus

Silver, Beverly J. 2005: Forces of Labor. Arbeitsbewegungen und Globalisierung seit 1870. Berlin, Hamburg: Assoziation A

Soeffner, Hans-Georg 2007: Methodologischer Kosmopolitismus – Die Erhaltung kultureller Vielfalt trotz wirtschaftlicher und kultureller Globalisierung. In: Dreher, Jochen/Stegmaier, Peter (Hg.): Zur Unüberwindbarkeit kultureller Differenz. Grundlagentheoretische Reflexionen. Bielefeld: transcript, S. 97–112

Sofsky, Wolfgang/Paris, Hans 1994: Figurationen sozialer Macht. Frankfurt/M.: Suhrkamp

Srubar, Ilja 1996: Neoliberalismus, Transformation und bürgerliche Gesellschaft. In: Balla, Bálint/Sterbling, Anton (Hg.): Zusammenbruch des Sowjetsystems. Herausforderung für die Soziologie. Hamburg: Krämer, S. 61–80

Srubar, Ilja 2005: Die pragmatische Lebenswelttheorie als Grundlage interkulturellen Vergleichs. In: Srubar, Ilja/Renn, Joachim/Wenzel, Ulrich (Hg.): Kulturen vergleichen. Sozial- und kulturwissenschaftliche Grundlagen und Kontroversen, Wiesbaden: VS, S. 151–171

Srubar, Ilja 2006: Handeln, Denken, Sprechen. Der Zusammenhang ihrer Form als genetischer Mechanismus der Lebenswelt. In: Wenzel, Ulrich/Bretzinger, Bettina/Holz, Klaus (Hg.): Subjekte und Gesellschaft. Zur Konstitution von Sozialität. Weilerswist: Velbrück, S. 70–116

Srubar, Ilja 2007: Phänomenologie und soziologische Theorie. Aufsätze zu pragmatischen Lebenswelttheorie. Wiesbaden: VS

Stirling, John/Tully, Barbara 2004: Power, Process, and Practice: Communication in European Works Councils. In: European Journal of Industrial Relations, Vol. 10, I. 1, pp. 73–89

Straková, Jana 2008: Czech Republic. In: Kogan, Irena/Gebel, Michael/Noelke, Clemens (eds.): Europe Enlarged. A handbook of education, labour and welfare regimes in Central and Eastern Europe. Bristol: Policy Press, pp. 123–149

Strauss, Anselm 1998: Grundlagen qualitativer Sozialforschung. München: Fink

Streeck, Wolfgang 1998: Industrielle Beziehungen in einer internationalisierten Wirtschaft. In: Beck, Ulrich (Hg.): Politik der Globalisierung. Frankfurt/M.: Suhrkamp, S. 169–202

Swidler, Ann 1986: Culture in Action: Symbols and Strategies. In: American Sociological Review, Vol. 51, I. 2, pp. 273–286

Swidler, Ann 2003: Talk of Love. How Culture Matters. Chicago and London: The University of Chicago Press

Szabó Máté 1991: Soziale Bewegungen, Mobilisierung und Demokratisierung in Ungarn. In: Deppe, Rainer/Dubiel, Helmut/Rödel, Ulrich (Hg.): Demokratischer Umbruch in Osteuropa. Frankfurt/M.: Suhrkamp, S. 206–220

Tatur, Melanie 1991: Zur Dialektik der „civil society" in Polen. In: Deppe, Rainer/Dubiel, Helmut/Rödel, Ulrich (Hg.): Demokratischer Umbruch in Osteuropa. Frankfurt/M.: Suhrkamp, S. 234–255

Taylor, Charles 2009: Ein säkulares Zeitalter. Frankfurt/M.: Suhrkamp

Tholen, Jochen/Czíra, Ludovit/Hemmer, Eike/Kozek, Wieslawa/Mansfeldová, Zdenka 2006: Direktinvestitionen deutscher Unternehmen in Mittel- und Osteuropa – Fallstudien zu den Auswirkungen auf die Arbeitsbeziehungen in Polen, Tschechien und der Slowakei. München, Mering: Hampp

Tholen, Jochen (ed.) 2007: Labour Relations in Central Europe. The Impact of Multinationals' Money. Hampshire: Ashgate

Tietel, Erhard 2006: Konfrontation — Kooperation — Solidarität. Betriebsräte in der sozialen und emotionalen Zwickmühle. Wiesbaden: VS

Todorov, Tzvetan 1985: Die Eroberung Amerikas. Das Problem des Anderen. Frankfurt/M.: Suhrkamp

Tomasello, Michael 2006: Die kulturelle Entwicklung des menschlichen Denkens. Frankfurt/M.: Suhrkamp

Vickerstaff, Sarah E./Thirkell, John E. 2000: Instrumental Rationality and European Integration. Transfer or Avoidance of Industrial Relations Institutions in Central and Eastern Europe? In: European Journal of Industrial Relations, Vol. 6, I. 2, pp. 237–251

Voß, Eckhard 2003: Entwicklung der Industriellen Beziehungen und Unternehmenskulturen in Polen – Länderexpertise im Auftrag des Forum Mitbestimmung und Unternehmen. Hamburg: Wilke, Maack und Partner (wmp consult)

Voß, Eckhard/Wilke, Peter 2003: Modelltransfer oder Anpassung an lokale Verhältnisse? Managementstile, Führungsmodelle und betriebliche Arbeitsbeziehungen bei ausländischen Unternehmen in Tschechien, Ungarn und Polen. Hamburg: Wilke, Maack und Partner (wmp consult; Internet: http://wilke-maack.de/seiten/service03.htm; zuletzt aufgesucht am 10.09.2009)

Waddington, Jeremy 2003: What do Representatives Think of the Practices of European Works Councils? Views from Six Countries. In: European Journal of Industrial Relations, Vol. 9, I. 3, pp. 303–325

Waddington, Jeremy 2006: Was leisten Europäische Betriebsräte? Die Perspektive der Arbeitnehmervertreter. In: WSI-Mitteilungen, Jg. 59/Heft 10, S. 560–567

Weber, Tina/Foster, Peter/Egriboz, Kursat Levent 2000: Costs and Benefits of the European Works Councils Directive. Department of Trade and Industry, Employment Relations Research Series No. 9 (Internet: http://www.berr.gov.uk/whatwedo/employment/research-evaluation/errs/page13475.html; zuletzt aufgesucht am 30.03.2009)

Wellhöner, Volker 1996: „Wirtschaftswunder" – Weltmarkt – westdeutscher Fordismus. Der Fall Volkswagen. Münster: Westfälisches Dampfboot

Weiss, Manfred 2002: Die soziale Dimension. In: Langewiesche, Renate/Toth, Andras/ Schürkens-Becker, Biggi (Hg.): Die Einheit Europas. Zur politischen, wirtschaftlichen und sozialen Dimension der EU-Erweiterung. Münster: Westfälisches Dampfboot

Weyand, Jan 2011: Soziologie des Antisemitismus. (Manuskript)

Whitall, Michael 2000: The BMW European Works Councils: a Cause for European Industrial Relations Optimism? In: European Journal of Industrial Relations, Vol. 6, I. 1, pp. 61–83

Winter, Johannes 2005: Polen. Arbeitnehmervertreter auf dem Rückzug? In: Eurasisches Magazin 12-05 vom 21.12.2005, S. 22–27 (Internet: http://www.eurasischesmagazin.de/ artikel/?artikelID=20051209; zuletzt aufgesucht am 20.12.2008)

Wittel, Andreas 1997: Belegschaftskultur im Schatten der Firmenideologie. Berlin: edition sigma

Znaniecki, Florian 1940: The social role of the man of knowledge. New York: Columbia

Zoll, Rainer 2000: Was ist Solidarität heute? Frankfurt/M.: Suhrkamp